AI 시대의 교육목회와 미디어

인공지능 시대에 다시 쓰는
기독교교육과 미디어 개론

AI 시대의 교육목회와 미디어

유지윤, 이수인, 이숙경, 전병철 지음

꿈미래

변화하는 시대에 기독교교육은 무엇을 어떻게 해야 하는가? 이 책은 바로 이 질문에 대해 많은 고민을 던지고 그 해법을 찾아가도록 돕는다. 현시대를 일컬어 인공지능의 시대라고 부른다. 우리 삶의 거의 모든 영역에서 인공지능이 막강한 영향력을 발휘하고 있다. 이 책은 이러한 시대에 인공지능과 미디어를 어떻게 활용하여 하나님의 사람을 성숙하게 세워 가야 할지를 명확하게 보여 주는 지침서이다. 기준 없이 살아가는 다음세대에게 신앙적 분별력을 길러 주기 위해 애쓰고 수고하는 오늘날의 기독교교육자들에게 이 책을 강력 추천한다.

_____ 함영주 교수(총신대학교 기독교교육학과)

지식 폭발의 시대를 살아가는 현대인들은 그 어느 때보다 빠른 기술의 발전과 그로 인해 야기되는 다양한 사회 변화를 경험하고 있다. 이러한 변화는 기대감과 두려움을 공존하게 한다. 이 책은 급격한 변화의 시대를 살고 있는 그리스도인에게 시대를 읽는 통찰과 변화를 이해하고 활용하는 능력을 제공한다. 변하는 시대에 변하지 않는 복음을 적절하게 가르치고 배우는 방법을 이 책을 통해 깨달을 수 있다. 좋은 스승을 만난 기분이 드는 책이다.

_____ 신승범 교수(서울신학대학교 기독교교육학과)

기독교교육, 미디어, 그리고 인공지능. 이 세 가지 주제를 하나로 묶어 연구한다고 하면, '생성형 AI와 같은 인공지능 미디어를 기독교교육에서 활용하는 방안에 대한 실용적 제안' 정도의 결과물을 예상하게 된다. 하지만, 이 책은 인공지능 미디어의 사용이 대중화될 시대에 기독교교육은 어떠해야 하는가에 초점을 맞추고 있다. 저자들은 기독교교육에서의 미디어란 무엇인지를 이해하고, 그것이 매개하는 것을 해석하며, 나아가 기독교가 전수하는 가치가 인공지능 미디어의 상용화 시대에 어떠한 사회적 의미를 갖게 될지를 상상하는 것이 인공지능 시대의 기독교교육이 추구해야 할 방향임을 주장한다. 그런 면에서 이 책은 당장 인공지능 미디어를 활용하는 방법보다 훨씬 더 중요한 내용, 즉 새로운 미디어의 시대에 필요한 기독교교육학의 연구 방향성을 담고 있다. 마지막으로 이 책을 읽을 분들에게 한 가지 조언을 드리자면, PART 3 인공지능 시대의 미디어 사역의 첫 번째 글을 먼저 읽고, 처음으로 돌아가 나머지 글들을 읽기를 바란다. 미디어에 대한 선 이해를 바탕으로 이 책을 읽으면 본의를 훨씬 더 잘 파악할 수 있기 때문이다.

_____ 이민형 교수(성결대학교 파이데이아학부)

이 책은 빠르게 변화하는 기술 미디어 환경 속에서 기독교교육이 마주한 위기와 대응 방안을 시의적절하게 다루고 있다. 특별히 챗GPT와 같은 생성형 AI 기술이 가져올 교육환경 변화에 대해 막연히 두려워하기보다 적극적으로 대응할 것을 제안한다. 이런 맥락에서 이 책은 기술 미디어 환경의 변화를 이해하려는 동시에 기독교교육의 본질에 대해 깊이 고민하라는 이중적 과제를 모두 포함하여 제시하고 있다. 이 책은 미디어를 잇는 쉽고 유용한 입문서이다.

_____ 김상덕 교수(CBS토론 진행)

오랫동안 기다렸던 책이 나왔다. 코로나19 이후에 가속화된 미디어의 변화는 기독교교육의 현장을 혼란스럽게 했다. 메타버스도 적응이 되지 않았는데 인공지능이라니⋯. 상황이 이렇다 보니 미디어의 변화에 눈을 감아 버리는 이들도 있었다. 이제는 눈을 뜨고 이 책을 읽어 보길 바란다. 기독교교육의 미디어 사용에 대한 신학적, 교육학적, 세계관적, 실용적인 개념을 정립할 수 있을 것이다. 교육은 항상 미디어를 통해 전달되었다. 미디어가 발달할수록 교육은 더욱 입체적이고 창의적으로 진보하였다. 미디어의 발달은 기독교 교육의 위기가 아닌 기회다. 이제는 '백문불여일견'(百聞不如一見)의 시대를 넘어 '백문불여일용'(百聞不如一用)의 시대가 되었다. 인공지능에 대해서 아는 것을 넘어, 활용할 수 있어야 한다. 이 책이 기독교교육의 인공지능 활용에 관한 네비게이션이 되어 줄 것이다.

_____ 주경훈 목사(꿈이있는미래 소장)

목차

머리말

이 책의 제목을 보고 '교육이면 교육이고 미디어면 미디어지, 교육과 미디어는 뭘까?'라고 생각하는 분들이 있을 것 같습니다. 그러나 교육과 미디어는 떼려야 뗄 수 없는 관계로 인류 역사 속에서 끊임없이 서로 영향을 미쳐 왔습니다. 미디어라고 하면 TV나 유튜브, 혹은 페이스북이나 인스타그램 같은 소셜 미디어만 떠올리는 분들이 많지만, 사실 미디어는 사람들의 생각과 감정을 전달하는 말, 글, 책, 그림, 사람, 심지어 공간이나 환경까지도 포함합니다. 따라서, 미디어 없이 교육은 이루어질 수가 없습니다. 또한 말과 글, 그리고 이후 등장한 인쇄 기술 등의 발전으로 실현된 대중 교육은 수많은 사람에게 배움의 기회를 제공해 이들의 소통 역량을 향상시키고, 이후 새로운 미디어의 출현을 도왔습니다. 미디어는 교육을 가능케 하고, 교육은 미디어를 발전시켜 온 것입니다.

특히 지난 수년간 겪은 코로나 팬데믹은 교육에 있어 미디어가 얼마나 중요한 것인지 그 소중함을 다시 일깨워 주었습니다. 아무리 뛰어난 교사와 학생들이 있다고 해도, 이들을 이어 줄 미디어가 없다면 어떤 교육의 실천도 일어날 수 없었습니다. 이에 아신대학교(구 아세아연합신학대학교)의 기독교교육 전공 교수들은 기독교교육과 미디어를 융합적으로 가르치기 위해 지속적으로 노력해 왔고, 이러한 여러 노력이 결실을 맺어 국내 신학교 최초로 '기독교교육과 미디어학과'라는 새로운 학과를 만들게 되었습니다. 이 책은 아신대학교 기독교교육과 미디어학과 교수들이 마음과 생각을 모아 펴내는 첫 번째 책으로, 기독교교육과 미디어학과라는 새로운 전공 학과에서 어떤 내용을 다루는지 그 개론적인 내용을 소개하기 위해 저술되었습니다.

또한 이 책을 저술하기로 뜻을 모으고 집필을 진행하는 동안 우리가 살아가는 세상은 다시 한번 큰 변화의 흐름을 경험하고 있습니다. 챗GPT를 중심으로 하는 생성형 AI 서비스들의 등장으로 전 세계, 그리고 사회의 모든 영역에서 큰 충격을 받은 것입니다. 특히 우리가 연구하고 있는 교육과 미디어 영역에는 전체 패러다임이 흔들릴 정도의 큰 변화가 찾아왔습니다. 이에 집필자들은 각자 맡은 주제 속에서 앞으로 다가올 인공지능 시대의 전망과 그 대응책을 함께 고민해 보았습니다.

그래서 이 책은 다음과 같은 내용으로 진행됩니다. 먼저 PART 1에서 챗GPT를 중심으로 한 생성형 AI의 교육적 가능성과 그 한계점을 살펴봅니다. 그리고 PART 2에서는 인공지능 시대의 기독교교육을 어떻게 해 나가야 할 것인지를 정리합니다. 교회교육, 기독교세계관교육, 기독교가족생활교육, 기독교다문화교육, 그리고 기독교학교교육에 이르는 다양한 주제를 통해 교회나 주일학교만이 기독교 교육의 장이라고 생각했던 좁은 인식의 틀을 넓힐 수 있을 것입니다. 마지막 PART 3에서는 미디어 사역을 주된 논점으로 다룹니다. 미디어의 바른 개념들을 정리하며, 교회의 미디어 사역의 방향과 가능성을 살피고, 대중문화 개념을 다시 정리하며 교회의 문화사역의 방향성을 조망합니다. 그리고 마지막 장에서는 생성형 AI 시대에 가장 심각한 위협 중 하나로 떠오른 가짜 뉴스 문제와 그 대응책으로서의 미디어 리터러시를 간단히 정리합니다. 이 책을 통해 기독교교육과 미디어를 함께 고민하며, 앞으로 다가올 시대에 하나님 나라의 확장을 위해 어떻게 노력해 나가야 할지, 그 작은 실마리라도 잡을 수 있게 되기를 바랍니다. 특히 교육과 미디어라는 이 시대에 가장 효과적인 도구를 통해 이 세상을 변혁시키기를 소원하는 학생들에게 기초적인 길잡이가 되고 좋은 시작점이 되어 줄 수 있기를 소원합니다.

마지막으로 이 책이 나오는 데 도움을 주신 모든 분에게 감사를 드립니다. 존경받는 스승이자 참 교육자셨던 고(故) 이영덕 박사님과 사모 고(故) 정확실 박사님, 그리고 부모님의 뜻을 따라 연구기금을 지원해 주신 해 주신 후손께도 다시 한번 깊은 감사를 표합니다. 또한 아시아와 세계 복음화의 전진 기지인 아신대학교의 총장님과 모든 선배 교수님, 이 책이 세상에 나올 수 있도록 힘써 주신 도서출판 꿈미의 편집부와 주경훈 목사님에게도 감사를 드립니다. 그리고 오랜 시간 ACTS 교육연구소의 소장으로 섬기시며 이영덕 박사님의 뜻이 이루어질 수 있도록 애써 주시고, 현실에 안주하지 않고 학과를 바른 방향으로 인도해 주셨던 이숙경 교수님께 감사를 드립니다. 올해 1학기를 마지막으로 아신대학교에서의 모든 가르침의 사역을 마무리하시고 은퇴하시는 교수님께 이 책을 헌정합니다.

"$E=mc^2$"

교육은 미디어를 통해 예수 그리스도(십자가)를 전하는 것입니다.

(Education is communicating the Christ/Cross via Media!)

2023. 8

아신대학교 기독교교육과 미디어학과 교수 일동

PART

1

인공지능이
도대체 뭔가요?

챗GPT,
교육적 가능성과 한계[1]

───────────────── 이수인

챗GPT, 넌 누구니?

지난 2022년 11월 30일(한국 시간으로는 12월 1일) 등장한 챗GPT는 전 세계, 그리고 거의 모든 영역에 엄청난 충격으로 다가왔다. 사람들은 만나기만 하면 자연스럽게 챗GPT 이야기를 하고, 앞으로 우리가 AI와 살아갈 세상이 어떤 모습이 될지 생각해 보기도 했다. 이 주제가 반갑고 즐거운 사람도 있지만, 대다수의 사람에게는 그다지 쉽게 와닿지 않는다. 많이 들어보기는 했지만 정확하게 그것이 무엇을 의미하는지는 잘 모르기 때문이다. 자, 그렇다면 과연 챗GPT는 무엇이고, 왜 이것이 오늘날 이렇게 화제가 되는 것일까? 우선 챗GPT에 대한 개략적인 이해에서 출발하는 것이 좋을 것이다. 그래서 필자는 일단 챗GPT에 접속해 직접 질문을 던졌다. "챗GPT를 잘 모르는 일반인들에게 챗GPT를 소개해 줄래?" 그랬더니 몇 초의 시간이 흐른 후 챗GPT는 다음과 같은 답을 내놓았다.

안녕하세요! 저는 챗GPT입니다. 챗GPT는 OpenAI에서 개발한 대규모 언어 모델로, 인공지능 기술을 활용하여 대화를 할 수 있는 챗봇입니다.

챗GPT는 매우 큰 양의 데이터를 학습하여, 사람들이 일상적으로 사용하는 언어와 문맥을 이해하고 적절한 대답을 생성할 수 있습니다. 따라서 사용자들이 질문을 하거나 대화를 걸면, 가능한 한 빠르게 응답할 수 있도록 합니다.

챗GPT는 다양한 분야에서 활용될 수 있습니다. 예를 들어, 고객 상담, 의학 분야에서의 질문 응답, 언어 교육 등에 활용될 수 있습니다.

챗GPT를 이용하면 사용자들은 더욱 편리하게 서비스를 이용할 수 있으며, 기업들은 인적 자원을 절약하면서 고객 만족도를 높일 수 있습니다.

정말 놀랍지 않은가? 이렇게 분명하고 자세한 답이 무려 10초도 안 되는 시간에 정리되어 나왔다. 그렇지만 이 책을 보시는 독자들 가운데 IT 기술에 대해 생소하신 분들도 있을 수 있으니 조금 더 자세하게 풀어 보도록 하겠다.[2] 우선 챗GPT는 자기 자신을 챗봇(Chatbot)으로 소개하는데, 챗봇이란 텍스트를 기반으로 사용자와 대화하는 대화형 로봇을 의미한다. 예전에 '심심이'라는 챗봇이 있었다. 대화 상대가 필요한 사람, 심심하고 외로운 사람을 타깃으로 하는 것이었다. 그 외에도 고객 안내나 상담 및 판매를 맡는 상업적 용도에 이르기까지 다양한 챗봇이 우리의 일상에서 사용되고 있다.

그런데 챗GPT도 수많은 챗봇 중 하나일 뿐인데, 왜 큰 화제가 되었을까? 그 이유는 챗GPT가 OpenAI라는 회사에서 개발한 대규모 언어 모델을 기반으로 하는 챗봇이기 때문이다. 여기서 어려운 용어가 하나 튀어나왔다. '언어 모델'이란 무엇일까? 언어 모델은 자연어[3] 처리 분야에서 사용되는 기계 학습 모델 중 하나로, 문장, 단어 또는 글자 순서의 확률을 예측하는 모델이다. 즉, 언어 모델은 이전의 단어들을 기반으로 다음에 올 단어를 예측하는 것이다.

예를 들어, "나는 학교에 _____."라는 문장이 있다. 이 문장에서 빈칸에 들어갈 단어는 무엇일까? 챗GPT는 이런 문제에 대한 답을 찾을 때, 이전에 나온 단어나 문장을 기반으로 다음에 올 단어나 문장의 확률을 예측하고 가장 적합한 단어와 문장을 생성한다. 그렇기 때문에 챗GPT는 문장의 의미와 문맥을 파악하여 인간과 자연스러운 대화를 나눌 수 있는 것이다. 물론 챗GPT가 그냥 이런 일들을 할 수 있는 것은 아니다. 대용량의 텍스트 데이터를 사전에 학습해서(Pre-trained) 자연어 이해 및 생성(Generative) 능력을 갖추게 되었기 때문에 가능한 일이다.

이제 챗GPT에 대해 어느 정도 기본적인 이해를 갖추게 되었으리라 생각한다. 그런데 이번에 등장한 챗GPT 이전에도 인공지능이 대중적 관심을 얻었던 때가 있었다. 바로 지난 2016년 이세돌 9단과 바둑을 두었던 알파고(AlphaGo)이다. 그렇다면 알파고와 챗GPT는 어떤 차이가 있을까? 챗GPT와 알파고는 모두 인공지능 기술을 활용하여 개발된 시스템이지만, 그 용도와 구조에 차이가 있다. 우선 알파고는 구글(Google)의 딥마인드(DeepMind)가 개발한 인공지능 기반의 바둑 프로그램으로, 딥러닝과 강화학습 기술을 적용하여 바둑의 규칙과 기보를 학습하고, 이를 기반으로 예측하고 선택하는 데 초점을 맞추고 있다. 즉, 알파고는 바둑이라는 게임에서 최적의 수를 선택하는 것에 중점을 둔 기술이다. 반면, 챗GPT는 위에서 설명했듯이 대규모 언어 모델이다. 그래서 딥러닝과 자연어 처리 기술을 활용하여, 대화의 문맥을 이해하고 이에 맞는 적절한 응답을 생성하는 것에 중점을 둔다. 따라서 챗GPT는 최적의 선택이나 행동을 결정하는 것보다는 인간과 자연스러운 대화를 해 나가는 것에 더 중점을 두고 있다.

이와 같은 차이가 있기 때문에 알파고 때보다 챗GPT의 등장은 모든 인류에게 훨씬 더 큰 충격을 안겨 주고 있다. 기본적으로 알파고는 바둑 프로그램이기 때문에 바둑을 두지 않는 사람에게는 그렇게 큰 의미가 없었다. 게다가 전문 프로그래머가 아니면 알파고에는 접근할 수조차 없었다. 그렇지만 챗GPT는 기본적으로 대화형 인공지능 챗봇이기 때문에 타이핑만 할 수 있다면 누구나 이 인공지능과 대화할 수 있고, 현재 OpenAI에서 무료로 서비스를 제공하고 있기 때문에 계정을 만들기만 하면 챗GPT와의 대화를 통해 교육, 엔터테인먼트, 비즈니스를 비롯한 예술 창작 활동에 이르기까지 수많은 일을 할 수 있다.

놀라운 사실은 지금까지의 필자가 설명한 내용이 다른 책이나 논문의 내용에서 가져온 것이 아니라 온전히 챗GPT와의 대화를 통해 배운 사실을 정리한 것에 불과하다는 것이다. 필자도 학교에서 기독교교육과 미디어를 가르치고 있기는 하지만, 인공지능의 전문가는 아니기에 처음에 챗GPT가 등장했을 때 굉장히 낯설고 어려웠다. 그런데 위에 이야기한 것처럼 "챗GPT를 잘 모르는 일반인에게 챗GPT를 소개해 줄래?"라고 질문한 뒤 챗GPT가 해 준 설명 중 모르는 것을 하나하나 물었더니 어느덧 다른 사람들에게 설명할 수 있을 정도로 챗GPT에 대해 이해하게 되었다. 정말 새로운 배움의 세계임을 인정하지 않을 수가 없다.

이렇게 챗GPT는 강력한 성능을 발휘하여 지금까지 등장한 어떤 인터넷 서비스보다 빠른 속도로 사람들을 끌어들이고 있다. 2022년 11월 30일(한국시간 12월 1일) 출시한 이후 단 두 달 만에 월 사용자 1억 명을 돌파했다. 월 사용자 1억 명을 달성하는 데 틱톡(TikTok)이 9개월, 인스타그램(Instagram)이 30개월이 걸렸던 것을 생각해 보면(변문경 외, 2023), 얼마나 빠른 속도로 인간의 삶 가운데로 파고들고 있는지 잘 알 수 있다. 자 그렇다면 이제 앞으로 다가올 인공지능의 시대를 어떻게 준비해야 할까? 우선 챗GPT의 가능성을 먼저 살펴보자.

챗GPT의 가능성

1) 신앙교육에 도움을 줄 가능성

일단 챗GPT가 신앙교육에 어느 정도는 도움이 될 것임은 분명하다. 필자는 『챗GPT 목사님 안녕하세요』라는 책을 쓰면서 챗GPT의 가능성을 살펴보기 위해 다양한 질문을 해 보았다. 신앙교육의 목표나 기독교교육의 정체성 등 꽤 답하기 어려울 수 있는 본질적인 질문부터 시작해, 초등학생도 이해할 수 있는 복음의 본질에 대한 메시지와 교회에 가기 싫어하는 청소년에게 주일예배 참여를 권면하기 위한 메시지까지 부탁까지 해 보았다. 사실 이런 질문들은 기독교교육을 공부하는 전공자에게도 쉽지 않은 내용인데, 잘 정리된 답변을 수 초 만에 내놓았다. 또한 청소년이 고민할 수 있는 문제에 대해 질문해 보았다. 세상에 만연한 악을 어떻게 이해해야 하는지, 하나님의 사랑이 잘 느껴지지 않을 때 어떻게 해야 하는지, 그리고 이성 교제 시 스킨십에 대한 고민까지 질문했는데, 큰 문제를 발견할 수 없을 정도로 성경적인 관점으로 잘 대답해 주었다.

챗GPT는 그동안 교회의 목사님과 사역자들에게 얻을 수 있었던 질문의 답을 그리 어렵지 않게 내놓았다. 즉, 이제는 성경을 읽다가 내용에 관한 의문이나 신앙적인 질문이 생겼을 때, 쉽게 답을 얻을 수 있는 상황이 펼쳐진 것이다. 특별히 아이들이 곤란한 질문을 할 때 목사님에게 가서 물어보라고 할 수밖에 없었던 교사나 부모

가 더 이상 얼굴을 붉히거나 목회자에게 미룰 필요 없이 아이들과
함께 챗GPT에 질문하고 함께 토론할 수 있게 되었다.

2) 차별화되고 개별화된 맞춤 신앙교육의 가능성

또한 챗GPT를 통한 개인별 맞춤 신앙교육의 가능성도 살짝 보
인다. 그동안 교육학자 중 인공지능이 교육에서 사용되는 것을 환영
하는 사람들이 있었다. 인공지능이 학생 한 사람 한 사람에게 차별
화되고 개별화된 맞춤 교육을 할 수 있다는 이유였다(박휴용, 2021).
사실 한 명의 교사가 20-30명의 학생을 한 반에 몰아넣고 수업
을 진행하는 한국의 교육 상황 속에서는 차별화 및 개별화된 맞
춤 교육은 불가능하다. 그러나 챗GPT와 같은 인공지능이 도와준
다면 실현이 가능해진다. 사실 챗GPT가 등장하기 이전에도 여러
교육 서비스 회사가 학생의 수준을 식별하여 각 수준에 맞는 적절
한 학습과제를 부여하고, 학습에 대한 체계적인 피드백을 제공하
는 등 기초적인 인공지능 기반의 학습 서비스들을 제공하고 있기
는 했지만, 부족함이 있었다. 그런 면에서 이번에 확인한 챗GPT의
능력은 한마디로 게임 체인저(Game changer)가 되기에 충분해 보인
다. 특히 2022년 11월 출시되어 화제를 일으켰던 챗GPT는 3.5 버
전이었고, 2023년 3월 15일에 출시된 4.0 버전은 다시 한번 큰 폭
의 업그레이드가 이루어졌는데 이번 버전에서는 텍스트만 처리할
수 있었던 3.5 버전과는 달리 이미지까지 처리가 가능해 멀티 모달

(Multi-modal) 인공지능으로서의 가능성까지 보여 주었다(허진, 정혜진, 2023). 멀티 모달 인공지능이란 챗GPT 3.5 버전처럼 텍스트(문자) 하나만으로 소통하고 사고하는 것이 아니라 시각, 청각, 촉각 등 다양한 모달(감각)을 처리하고 사고할 수 있는 인공지능을 이야기한다(김동원, 2023). 물론 챗GPT 4.0 버전은 텍스트(문자) 이외에 이미지 하나만을 처리할 수 있기에 진정한 의미에서의 멀티 모달 인공지능이라 불리기에는 한계가 있는 것도 사실이지만, 향후 이미지, 음성, 사람의 몸짓, 시선과 표정, 그리고 다양한 생체 신호까지 받아들이고 사고할 수 있는 인공지능이 개발되게 된다면 이는 정말 엄청나게 강력한 개인 교사가 될 수 있다. 학생들이 입력하는 답뿐만 아니라 학생들의 얼굴을 스캔하고 그들의 생체 정보를 조사하여 이들이 학습에 잘 집중하고 있는지, 혹시 어려워하고 있지는 않은지, 반대로 너무 쉽지는 않은지 파악할 수 있다. 그에 따라 난이도 및 진도를 조절해 학생들의 수준과 현재 상태에 가장 적절한 학습과제 및 피드백을 제공할 것이다. 정말 미래 사회에서나 가능할 것으로 생각해 온 이상적인 개인 교사가 되는 것이다.

그리고 이와 같은 챗GPT 가능성은 앞으로의 교회학교와 기독교교육의 콘텍스트에서 큰 도움이 될 것이다. 현재 한국 사회와 교회의 가장 큰 고민 중 하나는 저출산으로 인한 학령인구의 급격한 감소이다. 이로 인해 일반 학교와 유치원이 문을 닫아야 하는 형편이 되었고, 그동안 교회교육의 핵심이었던 주일학교 역시 아이들이 줄어 운영하기 힘들어졌다. 물론 그런 어려운 형편 속에서도 주일학교를 지속하기 위해 노력하고 있지만, 학년마다 아이들이 있는 것이 아니라 일부 학년에 소수의 학생이 있는 경우가 많다. 이런 상황에서는 학년의 구별 없이 통합해서 소그룹을 운영해야 하는데, 교육부서를 위한 설교 역시 특정 학년에 맞출 수 없기 때문에 부서 담당자의 고민이 깊다. 이와 같은 어려운 상황 속에서 교회학교 사역자들에게 챗GPT가 제공할 수 있는 차별화 및 개별화 교육은 정말 큰 도움이 될 것이다.

또한 챗GPT를 통한 각 개인별 맞춤 교육은 장년을 위한 신앙교육에도 귀하게 사용될 수 있을 것이다. 현재 한국 교회의 장년 성도는 나이로 그룹을 나누어 전도회 활동을 하거나, 교회 내 수준별 양육 프로그램들(새신자 훈련이나 제자훈련)에 참여하고 있다. 또는 자신의 관심사에 따라 주제별 교육 프로그램들(성경대학이나 주제별 성경공부)에 참여하기도 한다. 그러나 아무리 교회의 성도를 위한 다양하고 체계적인 교육 프로그램들이 제공된다고 해도 30대부터 시작하여 80대에 이르는 남녀 성도의 모든 영적 필요와 관심을 각 수준에 맞게 채워 줄 수 없다. 그러므로 각 개인의 관심사와 영적 필요들을 개별적으로 맞춰 줄 수 있는 인공지능 기반의 신앙교육 프로그램은 한국 교회 장년교육의 패러다임을 완전히 바꿔 놓을 수 있을 것으로 보인다.

3) 목회자 및 교사의 부담 감소

챗GPT가 등장하기 이전부터 많은 교육 전문가가 인공지능 기술이 교사의 행정 업무를 대신해 줄 수 있을 것이며, 교사가 본질적인 사역 즉, 가르치는 일에 집중할 수 있도록 도울 것이라고 희망적인 예측을 하고는 했다. 또한 많은 교사 역시 학습자들이 학습에 주도성을 가져야 한다는 사실을 인정하고는 있지만, 현실화하는 데 있어 교사의 부담이 크기 때문에 기존의 전통적인 교육 방법에서 큰 변화를 이끌어 내지 못하고 있었다(신동광·정혜경·이용상, 2023). 그런 면에서 인공지능의 도입을 기대하는 마음으로 기다려 왔던 것이다. 그러던 중 지난 2022년 '스쿨로직 에듀'나 '클래스 엑스퍼티' 등의 인공지능 기반의 서비스가 시작되어 교사들이 가장 힘들어하는 행정업무 중 하나인 학교생활기록부 작성을 돕기 시작했다. 이제는 기존에 제공되던 서비스보다 더 강력한 기능을 가진 데다 무료로 사용할 수 있는 챗GPT가 등장했다. 그러자 마치 기다렸다는 듯이 챗GPT를 통해 학생들의 생활기록부 세부능력 및 특기사항(세특) 항목들을 작성하는 데 도움을 받는 교사들도 등장했다. 아예 교육청 차원에서 인공지능을 교육 현장에서 활용할 수 있는 자료들도 제공하기 시작했다(김소연, 2023). 즉 챗GPT의 순기능들을 이용해 교사들의 업무를 도와주는 일들이 이제는 더 이상 기대와 상상이 아니라 현실이 되어 가고 있다.

그런 상황에서 챗GPT는 목회자와 교사가 기존에 해 왔던 행정적인 업무나 반복적인 일에 대한 부담을 줄여 주어 사역의 본질에 집중할 수 있도록 도울 것이다. 특히 설교나 강의안을 작성할 때 내용의 뼈대를 이루는 개요를 제공해 주기도 하고, 실제 검색을 통해 찾는 것보다 훨씬 빠른 시간에 수많은 자료를 제공해 준다.[4] 또한 한국에서 나고 자란 목회자나 사역자에게는 영문 자료를 접하는 것이 어려울 수 있는데, 챗GPT와 번역 서비스를 이용한다면 영미권의 자료도 쉽게 접할 수 있다. 무엇보다 로고스(Logos)나 어코던스(Accordance) 같은 강력한 성경 연구 소프트웨어들이 있었지만 영문 자료인 경우가 많아 내용과 기능을 100% 활용하는 것이 어려웠는데, 챗GPT를 통해 긴 영문 자료를 번역하고 요약할 경우 짧은 시간에 영문 자료들의 핵심을 어느 정도 파악할 수 있게 되었다(우병훈, 2023). 이외에도 챗GPT가 목회자들의 사역을 도와줄 수 있는 방법은 여러 가지가 있다. 교회 주보에 칼럼을 쓰거나 교회의 홈페이지나 소셜 미디어(SNS)에 글을 쓰는 것도 적지 않은 시간과 에너지가 필요한 일인데, 이러한 작업도 챗GPT의 도움을 받으면 훨씬 빠르게 마무리할 수 있을 것이고, 성도의 문제를 상담할 때도(그 문제가 목회자에게는 생소한 문제라 해도) 챗GPT의 도움을 받으면 상담을 요청한 사람에게 어느 정도 실제적인 도움을 줄 수 있게 될 것이다.

챗GPT의 문제점과 한계

1) 할루시네이션 현상

위에서 살펴본 바와 같이 챗GPT는 한국 교회의 교육 사역의 패러다임을 바꾸는 것도 가능해 보일 정도로 여러 가지 탁월한 장점들이 있다. 그러나 이러한 가능성에도 불구하고 필자는 오랜 시간 동안 챗GPT를 사용하면서 여러 가지 한계점을 발견했는데, 가장 먼저 지적하고 싶은 것이 바로 할루시네이션(Hallucination) 현상이다. 이 단어는 예전에 '스타크래프트'라는 게임을 해 봤던 사람이라면 많이 들어 봤을 만한 단어로, '환각'이라고 번역할 수 있다. 원래는 실제 감각으로 느낄 수 없는 사물이나 사건을 인식하는 경험 같은 것을 가리키는 말인데, 인공지능과 관련하여 이 용어를 사용할 경우 인공지능이 오류가 있는 데이터를 학습해 잘못된 답변을 내놓더라도, 그것이 맞는 말처럼 제시하는 현상을 의미한다(이승우, 2023).

이러한 할루시네이션 현상이 무엇인지, 그리고 그 예가 무엇인지 묻고 싶다면 챗GPT에게 "대한민국의 대통령이 누구인가?"라고 물으면 된다. 그러면 챗GPT는 천연덕스럽게 "현재 대한

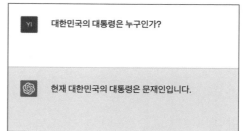

대한민국의 대통령은 누구인가?

현재 대한민국의 대통령은 문재인입니다.

민국의 대통령은 문재인입니다"라고 틀린 정보를 답한다.[5]

필자는 호기심이 일어 챗GPT에게 "아세아연합신학대학교 이수인 교수는 어떤 사람인가?"라고 질문했다.[6] 그랬더니 다음과 같은 답을 내놓았다.

한마디로 '말도 안 되는 이야기'를 하기 시작한다. 필자는 기독교 교육과 미디어를 연구하고 있기는 하지만 젠더 연구 분야에서 활동하고 있지도 않고, 무엇보다 미국 일리노이대학교를 나오지도 않았다. 게다가 아세아연합신학대학교에는 미디어와 젠더 연구소도 없으며, 대한민국 대통령 비서관도 역임한 적이 없다. 나머지 정보 역시 사실과는 거리가 멀다. 이처럼 말도 안 되는 정보를 내놓기에 "잘못된 정보다. 이수인 교수는 일리노이대학교를 나오지 않았다"라고 이야기했더니 다음과 같이 대답했다. "저의 답변에 오류가 있어 죄송합니다. 이수인 교수는 일리노이대학교에서 박사학위를 받은 것이 아니며, 석사학위도 받은 적이 없습니다. 이수인 교수는 고려대학교에서 신문방송학과 학사학위를 받았으며, 미국 듀크대학교에서 국제개발학 석사학위를 받은 후, 고려대학교 대학원 커뮤니케이션학과에서 박사학위를 취득하였습니다. 이번 상황을 통해 더욱 신중한 답변 작성을 위해 더욱 노력하겠습니다." 맙소사! 더욱 신중한 답변 작성을 위해 더욱 노력하겠다 말하면서 더 말도 안 되는 이력을 진실인 것처럼 이야기했다. 이게 바로 챗GPT의 가장 치명적인 단점 중 하나인 할루시네이션 현상이다.[7]

챗GPT는 대화형 챗봇이기 때문에 검색 결과나 출처를 함께 알려 주는 것이 아니라 답만을 정리해서 이야기해 준다. 그런데 이렇게 답만을 제공하는 경우 그 답의 내용을 잘 알고 있는 사람이 아니면 그 답이 맞는지 틀렸는지 판별하기 어렵다. 생각해 보면 이것은 굉장히 곤란한 상황이다. 답을 알고 있다면 질문을 왜 하겠는가? 답을 모르니 질문을 하는 것인데, 질문에 대한 답을 모르면 챗GPT의 답이 맞는지 틀렸는지 구분할 수 없는 우스운 상황이 펼쳐지는 것이다. 게다가 거짓을 가려내기 어려울 때가 언제냐 하면, 진실 속에 거짓이 교묘하게 섞여 있을 때다. 즉 어떤 사람이 매번 말할 때마다 거짓말을 하면 주변 사람들이 절대 안 속는다. 그런데 대체로 진실을 이야기하면 그 진실된 말들을 통해 신뢰가 생기기 때문에, 진실된 말 가운데 슬쩍 거짓말을 섞어서 이야기하면 쉽게 속아 넘어가게 된다. 챗GPT의 가장 심각한 문제점이 바로 이것이다. 출처도 알 수 없는 잘못된 답을 내놓는데, 그 답들이 맞는 경우가 많다. 그러다 보니 신뢰가 생겨 사용자가 그 응답을 잘 받아들이게 된다. 그런데 어느 날 어떤 특정 질문에 대해 말도 안 되는 잘못된 답변을 내놓을 수 있는 것이 바로 챗GPT이다. 그렇게 되면 사용자는 출처도 알 수 없는 잘못된 정보를 맞는 이야기인가 보다 하면서 그대로 받아들이게 되고, 그 잘못된 정보를 다른 사람들에게 퍼뜨리게 될 수도 있다. 특별히 이단 사이비들이 올린 문서 및 데이터들을 챗GPT가 학습하게 될 경우, 정통 기독교 신앙과 이단 신앙이 뒤섞인 답을 이야기할 수도 있는 심각한 상황이 벌어질 수 있다. 이 경우 성경과 교리에 정통한 목회자나 신학자가 아니라면 그 잘못을 구별해 내기 어려울 수 있고 그 답을 접하는 사람에게 치명적인 해를 끼칠 수도 있는 것이다.

2) 인식론의 문제

또한 챗GPT를 교육, 특별히 신앙교육을 위해 사용하게 될 때 또한 가지 염려되는 점은 바로 인식론과 관련된 이슈이다. 과연 지식이란 무엇인지, 우리가 무엇을 알 수 있고 무엇을 알 수 없는지, 그리고 그것들을 어떻게 알 수 있는지를 정리하지 않으면서 챗GPT의 가능성을 논할 수는 없다. 아무래도 챗GPT가 제공하는 답들은 이성적으로 파악할 수 있는 인지적 차원에 국한되어 있는데, 그와 같은 인지적인 정보만을 받아들이고 이해했다고 해서 그것을 진정으로 '안다'고 할 수 있느냐 질문한다면 긍정적인 답을 하기 어렵다.

히브리어에서 '안다'의 의미로 쓰이는 단어인 '야다'는 '안다'라는 뜻 뿐만 아니라 '관계하다', '성적 관계를 가지다' 등의 뜻을 가지고 있다. 즉 히브리적인 앎은 단순히 머리로만 아는 것이 아니라 관계성에 기반한다. 따라서 우리가 하나님을 '안다'라고 할 때 단순히 머리로 그분을 아는 것을 넘어서, 깊고 친밀한 관계 속에서 그분을 안다는 것을 의미한다. 그렇다면 챗GPT가 2초 만에 내놓은 하나님에 대한 설명을 읽으면서 과연 우리가 하나님을 알게 되었다고 이야기할 수 있을까?

미국에서 가장 존경받는 기독교교육자 중 한 사람인 파커 J. 파머(Parker J. Palmer)는 저서 『가르침과 배움의 영성』에서 진리는 인격적이며, 공동체적이며, 상호성을 가지고 있다고 강변한다. "진리는 인격적이며 모든 진리는 인격적 관계를 통해 알려지며(파머, 2014, 122), 진리는 우리 사이에 있고 관계 안에 있으며(134), 내가 진리를 파악할 뿐만 아니라 진리가 나를 파악합니다(139)." 이와 같은 관점에서 본다면 챗GPT가 제공하는 정보들은 아무리 생각해도 진리라고 이야기하기는 어려울 것이다. 또한 진리를 이렇게 정의하게 되면, 그 진리를 어떻게 알 수 있는가 하는 관점 역시 바뀌게 되는데, 그렇다면 챗GPT와의 대화를 통해 얻게 되는 것들이 과연 진정한 앎이라 할 수 있을지 의구심이 든다. 파머의 다음과 같은 말은 마치 챗GPT가 등장할 것을 알았던 사람이 이야기하는 것 같다.

"진정한 앎은 육체 없는(Disembodied) 지성으로 데이터를 평가

하는 일 이상을 의미한다는 것을 상기시켜 주는 것이다. 진리에 대한 지식을 가지려면, 반드시 인식 주체와 인식 대상 사이의 인격적인 대화, 즉 인식 주체가 세계에 순종으로 귀 기울이는 대화가 필요하다"(Parker J. Palmer, 2014, 148).

3) 윤리적 문제

그다음으로 생각할 수 있는 챗GPT의 문제점은 아무래도 윤리적인 여러 이슈가 될 것이다. 우선 말씀을 가르치고 교육하는 사역자들이 성실하게 성경 본문을 연구하고 준비하는 것이 아니라 챗GPT가 써 준 내용으로 설교를 하게 되는 상황이 벌어질 수도 있다. 실제로 지난 2022년 12월 뉴욕주 햄튼 유대교회당에서 랍비 조시 플랭클린은 설교하기 전 회중에게 "난 누군가의 설교를 표절했습니다"라고 미리 밝히고 설교했다. 설교를 마친 후 이 설교가 과연 누

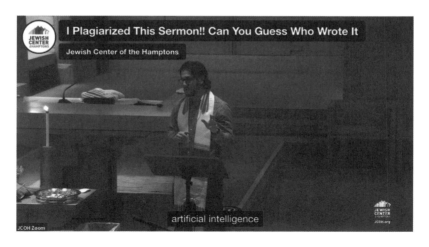

구의 설교 같은지 질문을 했는데 청중 가운데 그 누구도 챗GPT가 써 준 설교라는 사실을 알아챈 사람이 없었다(이시한, 2023).

이 사례는 실험을 위해 의도적으로 한 행동이지만, 챗GPT의 막강한 성능은 바쁜 일정과 여러 가지 사역에 쫓기는 많은 목회자와 교육 사역자에게 달콤한 유혹으로 다가올 것이다. 실제로 다양한 주제의 설교문을 챗GPT로 하여금 작성해 달라고 부탁해 보았는데 꽤 괜찮은 내용의 설교문이 1분이 채 걸리지 않아 작성되었다. 물론 설교의 개요를 짜는 데 도움을 받을 수 있고, 그것만 할 뿐 실제 설교는 자신이 작성한다고 변명할 사람도 있을 수 있다. 그러나 애매한 경계에서 자꾸 머물다 보면 실수로라도 선을 넘게 되는 경우가 생기게 된다. 특히 챗GPT가 제공하는 답변에는 출처가 나와 있지 않기 때문에 내용이 좋다는 이유로 아무 생각 없이 사용하게 되면, 나도 모르는 사이에 다른 누군가의 설교문이나 가르침의 내용을 표절하게 되는 일이 생길 수도 있으니 주의해야 한다.

무엇보다 챗GPT가 가르치고 이야기하는 내용이 기도 없는 가르침임을 기억해야 한다. 언어 모델에 기반한 챗봇인 챗GPT에는 의식과 신앙이 없다. 그렇기 때문에 자신이 질문에 대한 답을 제공하고, 주옥같은 내용으로 설교문과 기도문을 작성한다고 해도 절대로 그 과정에서 기도하지 않는다. 물론 성령께서 챗GPT를 도구로 사용하시는 것이 불가능하다고 보지는 않는다. 성령 하나님이 역사하시면 얼마든지 챗GPT의 답변을 통해서도 놀라운 역사를 일으키실 것이다. 그럼에도 불구하고 기도 없이 가르치고 이야기하는 챗GPT의 답변들에 우리의 사역과 신앙을 의지하는 것은 너무나도 위험하다. 초대 교회 때 사도들이 전념했던 것은 "기도하는 일과 말씀 사역"(행 6:4)임을 명심해야 할 것이다.

4) 삶으로 신앙을 보여 줄 수는 없는 한계

마지막으로 지적해야 할 신앙교육자로서의 챗GPT의 한계는 바로 가르치는 사람이 삶으로 모범을 보여 줄 수 없다는 것이다. 물론 앞으로 시간이 흐르고, 과학 기술이 계속 발전하게 되면 정말 탁월한 인공지능이 나올 수 있을 것이고, 기독교 관련 전문 인공지능도 나올 수 있을 것이다. 그렇다고 한다면 지금의 챗GPT와는 비교할 수도 없을 정도로 신앙교육에 유익한 인공지능이 될 것이다. 필자는 가끔 이런 생각들을 해 본다. '신구약 66권의 원어 성경과 모든 역본, 지금까지 출판된 모든 주석 자료, 최고의 목회자들이 선포했던 모든 설교, 그리고 복음주의 신앙으로 써진 모든 경건 서적을 다 학습한 인공지능이 있다면 어떨까? 그리고 그 인공지능이 현재 세상 돌아가는 모든 일을 신뢰할 수 있는 데이터들을 통해 잘 파악하고 있다면 이 인공지능은 어떤 설교를 할까? 무엇보다 인간의 설교가 나을까? 이 새로운 인공지능의 설교가 나을까?' 나도 인간인지라 인간 편에서 생각하려 노력하지만 그럼에도 불구하고 어쩌면 인공지능의 설교가 더 나을 수 있겠다 싶은 생각이 자꾸 든다. 특히 인간의 주관성이나 감정에 매이지 않고 정말 본문에만 충실한, 그러면서도 다양한 자료를 통해 더 탄탄한 내용의 설교를 할 수도 있을 것이다.

그러나 인공지능의 설교에는 결정적인 약점이 있다. 아무리 성경 본문에 충실하고, 많은 자료를 사용하여 논리적으로 잘 작성된 설교라고 해도 설교자가 삶으로 살아 낸 적 없는, 살아 낼 수 없는 설교라는 점이다. 앞으로 아무리 발전된 인공지능이 나온다고 해도, 이는 인간 설교자가 우위에 설 수 있는 경쟁력이라 생각한다. 현재 챗GPT는 우리가 질문하는 신앙적 질문들에 수학적 계산을 통해 적절한 답을 찾고 이야기해 줄 수 있을지는 모르나 결코 그 답의 내용을 살아 내지는 않는다. 이것은 영적 교사로서 치명적인 약점이다. 신앙은 머리에 지식을 쌓는 행위가 아니라 자신의 삶으로 살아 내는 것이기 때문이다.[8]

자, 그럼 우리는 '역시 챗GPT가 영적 스승의 자리를 차지할 수 없으니 안심하자' 이렇게 결론을 내려야 할까? 아니다. 오히려 우리가 더욱 고민하고 반성해야 할 지점이 여기에 있다. 즉 이제는 영적 교사가 자신의 삶으로 모범을 보여 줄 수 없다면 교사로서 아이들 앞에 설 수 없는 그러한 시대가 오고 있다는 것을 인정해야 한다. 학생들과 친밀하게 교제하고, 자신의 삶을 제자들과 나누는 교사가 될 수 없다면, 그리고 그렇게 보여 준 우리의 삶이 학생들에게 모범이 될 수 없다면, 차라리 인공지능과 대화하는 것이 영적으로 유익한 시대가 된 것이다. 또한 앞으로 대형 교회에 다니는 것이 영적으로 더 경쟁력이 없을 수도 있겠다는 생각이 든다. 대형 교회에서 신앙생활을 하다 보면 설교자와 개인적으로 영적 교제를 나누기가 쉽지 않다. 담임목사가 수천 혹은 수만 명에 이르는 성도와 어떻게 시간을 내어 교제하고, 자신의 삶을 보여 주겠는가? 대부분의 대형 교회 성도는 설교자가 설교를 삶으로 살아 내는지 알기 어렵다. 그렇다면 차라리 '설교 전용 인공지능'의 설교를 듣는 것이 나을 수도 있다. 삶으로 살아 내는 말씀을 청중이 보고 들을 수 없다면 내용이 더 좋은 설교를 선택하는 것이 나을 수도 있으니 말이다. 챗GPT 시대를 바라보며 정말 고민하게 되는 지점이다. 그렇다면 벌써 우리 삶 가운데로 훌쩍 다가온 챗GPT 시대, 그리고 앞으로 다가올 인공지능 시대를 우리는 어떻게 살아가고, 또 어떻게 대처해야 할까?

앞으로의 대처

1) 패러다임의 변화가 진행되고 있음을 받아들이기

챗GPT에 대한 우리의 첫 번째 올바른 대응은 바로 지금 패러다임의 변화가 진행되고 있음을 받아들이는 것이다. 인류 역사를 찬찬히 살펴보면, 우리의 삶의 모습과 패러다임을 완전히 바꿔 놓는 혁명적인 변화가 여러 차례 있었다. 그러한 혁명들과 패러다임의 변화가 찾아올 때, 그것들을 부정하고 받아들이지 않으려 했던 사람들은 항상 있었다. 놀랍게도 인류 역사상 가장 뛰어난 지혜자이자 철학자인 소크라테스(Socrates)도 그러한 부류에 들어가는 사람이라 할 수 있다. 플라톤(Plato)이 쓴 『파이드로스』는 철학자 소크라테스와 그의 젊은 친구 파이드로스가 어느 화창한 여름날 오후 아테나이 근교 일리소스 강가에서 사랑과 수사학에 관해 이야기를 주고받는 대화편이다(플라톤, 2013). 이 일련의 대화에서 플라톤은 소크라테스의 입을 빌려 문자라고 하는 새로운 미디어의 출현에 대해 신랄한 비판을 한다.

> 문자는 실은 그것을 익히는 사람들을 건망증에 걸리게 할 것이오. 그들은 글로 써진 것을 믿기에 기억력을 활용해 기억하려고 하지 않고, 남이 만든 표시들에 의해 외부로부터 기억하려고 하니까 말이오. 그러니 그대가 발명한 것은 기억의 영약이 아니라 상기(想起)의 영약이오. 그대가 제자들에게 주는 것은 지혜가 아니라 지혜처럼 보이는 것이오. 그대의 제자들은 그대 덕분에 제대로 가르침을 받지 않고도 많은 것을 읽을 수 있어 대개는 아무것도 모르면서 자신들이 많이 알고 있는 것처럼 보일 테니 말이오. 또한 그들은 실제로 지혜로운 대신 지혜롭게 보이기만 하므로 상종하기가 어려울 것이오(플라톤, 2013, 275a-b).

당연한 이야기겠지만, 문자를 사용하기 전에는 인류의 모든 지식과 정보가 기억에 의해서만 전달되었다. 그렇기 때문에 구술문화의 시대에는 무엇인가를 배울 때, 그 내용을 계속 반복하고 암기하며 내면화하여, 완벽하게 자신의 것으로 만들기에 힘썼다. 그러나 플라톤은 새롭게 등장한 미디어인 문자가 이러한 교육과 지식 전승의 전통을 완전히 무너뜨릴 것을 염려했다. 외부에 쓰인 문자와 글에 의존하면 예전처럼 기억하기 위해 노력하지 않게 되고, 자연스럽게 기억력은 쇠퇴하고 진정한 지혜자도 사라지게 될 것이라는 주장이다. 이렇게 새로운 문화와 미디어의 출현에 대해 의심의 눈초리를 보내며 부정적으로 반응한 경우는 인류 역사상 수없이 반복되었다. 교회 역시 보수적인 반응을 나타내는 대표적인 집단 중 하나였다. 빅토르 위고(Victor Hugo)의 걸작인 『파리의 노트르담』을 보면, 인쇄술이라는 새로운 문명 앞에 두려워하는 사제들의 모습이 나타난다.

그것은 인류의 사상이 형식을 바꾸면서 이제 바야흐로 그 표현 방법을 바꾸게 될 것이고, 각 세대의 주요 관념은 이제 같은 재료와 같은 방식으로는 쓰이지 않을 것이고, 그렇게도 견고하고 영속적인 돌의 책은 바야흐로 한결 더 견고하고 더 영속적인 종이의 책에 자리를 내놓게 되리라는 예감이었다. 이러한 관계에서 볼 때, 부주교의 막연한 표현은 두 번째의 뜻을 가지고 있었으니, 그것은 하나의 기술이 바야흐로 다른 기술의 자리를 빼앗게 되리라는 것을 의미하는 것이었다. '인쇄술이 건축물을 죽이리라'는 뜻이었던 것이다(위고, 2005, 333).

빅토르 위고는 자신의 작품을 통해 오르페우스의 돌 글자가 가고 구텐베르크의 납 글자가 올 것이며, 교회라는 돌로 된 책이 종이로 된 책에 자리를 내어 주게 될 것이라는 사제들의 두려움과 보수적인 모습들을 잘 그려 내고 있다. 이와 같은 모습은 새로운 미디어와 문화들이 다가올 때 교회가 자주 취하던 태도였다. 그러나 이처럼 역사 속에서 구 매체와 신 매체가 갈등하고, 새로운 시대와 이전의 시대가 부딪힐 때면 결국 새로운 힘이 승리해 왔다. 결국 시간의 문제였을 뿐, 어떤 강한 반대도 새로운 변화의 물결을 막아 내지 못했다. 그러므로 단순히 새로운 변화가 우리에게 낯설다고 해서, 또 여러 가지로 염려가 된다고 해서 무조건 반대하는 것은 그다지 지혜롭지 못한 선택이다. 실제로 패러다임의 변화가 일어나면, 그것은 막을 수 없기 때문이다. 그 어떤 강한 지도자도, 권력도, 그리고 오랜 전통도 결국 역사의 흐름 속에서 분출된 변화의 요구를 억누르지 못했다. 내가 아무리 아니라고 해도, 안 된다고 반대해도 결국 일어날 변화는 일어난다.

그러나 필자는 챗GPT와 같은 새로운 문명이 모든 것을 바꿔 놓고, 우리의 모든 문제를 해결할 것처럼 생각하는 것 역시 잘못된 대응이라 생각한다. 즉, 챗GPT에 대한 지나친 낙관주의 역시 경계해야 한다. 물론 지금까지 등장한 그 어떤 인공지능보다 더 자연스럽게 인간의 언어를 구사하며 인간과 대화하고, 다양한 교육의 콘텍스트에서 잘 활용될 가능성을 가지고 있기는 하지만 여전히 많은 한계점을 가지고 있고, 위험하다 느껴지는 지점도 있다. 그러므로 챗GPT도 일단은 좀 지켜보는 자세를 취하는 것이 좋아 보인다. 챗

GPT를 통해 교육의 패러다임이 완전히 바뀌고 혁명적인 변화가 일어날 수도 있지만, 아직은 시기상조일 수도 있다. 지난 2021년 코로나 팬데믹과 함께 교육의 판을 뒤집어 버릴 것처럼 우리에게 다가왔던 메타버스(Metaverse)도 메타버스 디바이스들을 비롯한 기술적 지원이 완전하지 못했기 때문에 어느덧 그 열기가 조금 식은 모양새임을 기억할 필요가 있다. 그래서 필자는 우리가 취해야 할 대응으로 '패러다임의 변화를 가져오자'라거나, 혹은 '반대하자'를 제시하지 않을 것이다. 다만, '패러다임의 변화가 진행되고 있음'을 인정하자고 말하고 싶다. 이 챗GPT 열풍이 어떻게 귀결될지, 패러다임의 변화가 실제로 올지, 아니면 시기상조로 끝날지 아직 잘 모르기는 하지만, 분명한 것은 패러다임의 변화가 진행되고 있다는 것이다. 그것만큼은 인정해야 한다. 그 가운데 "이 사상과 이 소행이" 사람으로부터 나서 곧 무너질 것인지 아니면 하나님께로부터 난 것인지(행 5:38-39) 지켜보는 것이 가장 지혜로운 대응이 될 것이다.

2) 패러다임의 변화에 따른 교육 방법의 변화가 있어야 한다.

첫 번째 대응에서 '패러다임의 변화가 진행되고 있음'을 받아들이자고 했는데, 그 말은 손 놓고 아무 일도 하지 말자는 것이 아니다. 다가올 변화를 예측하며 대비하는 자세는 당연히 필요하다. 특별히 챗GPT를 시작으로 인공지능은 교육의 지평을 크게 뒤바꿔 놓을 것이다. 그렇기 때문에 중요한 것은 그렇게 찾아올 패러다임의 변화에 맞는 교육의 변화도 준비해야 한다. 지난 1970년대 미국에서는 수학 시간에 학생들이 계산기를 사용하는 것에 관한 다양한 찬반 의견이 등장했다. 그러나 1975년을 기점으로 대체로 계산기를 사용하는 쪽으로 방향이 잡혔고, 지금도 미국의 고등학생들은 수학 시간에 계산기를 사용한다. 심지어 SAT(Scholastic Aptitude Test, 미국의 대학입학 자격시험)에도 계산기를 가지고 들어간다(Watters, 2015). 물론 이와 같은 결정을 두고 여전히 잘못된 결정이라고 비판하는 사람들도 있다. 여기서 필자가 주장하고자 하는 것은 수학 시간에 계산기를 써야 한다, 말아야 한다는 것이 아니다. 수학 시간에 계산기를 사용하는 쪽으로 패러다임이 바뀌자 미국 학교들이 수학교육 방법에 있어서 변화를 꾀했다는 점이다. 즉, 미국의 수학 교사들은 수학 시간에 계산기를 사용하는 것으로 상황이 변하자, 더 이상 학생들이 정확한 답을 찾도록 하는 것에 중심을 두는 교육을 하지 않았다. 그 대신 풀이의 과정, 즉 답을 찾아가는 과정을 중요하게 여기는 수업을 하게 되었다. 이처럼 패러다임이 바뀌면 새로운 패러다임에 맞는 교육 방법을 고민해야 한다. 위에서 이야기했던 『파이드로스』에서 플라톤은 문자의 등장으로 변하게 될 교육 방법에 대한 우려를 표현하고 있다.

그림으로 그려 놓은 것들은 마치 살아 있는 것처럼 거기에 있지만 누가 질문을 하면 아주 근엄하게 침묵을 지킨다네. 글도 마찬가지일세. 자네는 글이 지성을 갖추고 있는 것처럼 말한다고 생각하겠지만, 글이 말하는 것들 가운데 어떤 것에 관해 더 알고 싶어 질문하면 글은 매번 한 가지 정보만 제공한다네. 일단 글로 적힌 것은 사방으로 떠돌아다니면서 그것을 이해하는 사람들뿐만 아니라 그것과 무관한 사람들의 손으로도 굴러 들어가며, 누구에게 말을 걸어야 하는지 누구에게 말을 걸어서는 안 되는지 전혀 분간하지 못한다네(플라톤, 2013, 275e).

즉, 이전의 구술 시대에는 선생과의 대화에 의해 자신의 무지를 발견하고 깨달음을 얻을 수 있도록 가르치고 교육했었다. 그러나 이제는 스승이 없이도 책을 통해 정보를 얻을 수 있는 시대가 되었으니 과연 그렇게 해서 제대로 된 깨달음에 이를 수 있을지, 제대로 된 교육이 이루어질 수 있을지 의구심을 표현하는 것이다. 사실 글은 스승과의 대화와 비교하면 역동성이 떨어지고, 읽는 사람이 열심히 읽기 전에는 아무것도 할 수 없는 수동적인 가르침의 방법이다. 따라서 글의 약점을 지적하며 새로운 미디어에 대해 경계심을 나타내고 있는 것이다. 플라톤은 구술 시대에서 문자 시대로 넘어가는 미디어의 격변기를 살고 있었다. 새로운 문명과 미디어의 발달과 그로 인해 야기될 교육의 변화를 염려하는 꼰대(?) 같은 모습을 보인다.[9] 그러나 플라톤의 이러한 염려와는 달리, 인간들은 문자 문화의 시대에 들어서게 되면서 또 다른 문명의 도약을 이루었다. 물론 글이 가지는 약점과 한계가 있는 것은 사실이지만, 인류는 글을 쓰는 행위를 통해 더 논리적이고 체계적으로 생각을 정리할 수 있게 되었고, 이후 진행된 문자와 책을 통한 정보의 복제는 지식의 확산과

학문적 성장에 크게 기여했다. 즉, 자신들에게 익숙했던 구술 중심의 교육 방법이 더 이상 유효하지 못한 상황이 되자 소크라테스나 플라톤은 불편할 수 있었겠으나 그들의 염려를 넘어 교육의 방법은 새롭게 변화된 매체에 맞춰 변화되었고, 그 결과 인류 문명은 더욱 발전할 수 있었다.

필자는 이번에 등장한 챗GPT가 우리에게 너무나도 익숙한 현재의 교육 패러다임을 바꿔 놓을 수도 있으리라 생각한다. 그렇다면, 계산기 도입이 미국 수학교육에 변화를 가져왔듯이, 그리고 플라톤의 염려와는 달리 문자 시대 이후로 새로운 교육의 접근들이 사용되었듯이, 이제는 이 새로운 인공지능이 가져올 패러다임의 변화에 맞는 교육의 방법을 고민해야 한다. 질문만 하면 정리된 답변을 완성된 글의 형식으로 제공해 주는 챗GPT를 사용할 수 있는 이 시대에 예전처럼 사지선다나 짧은 단답형의 정답을 찾도록 하는 교육은 더 이상 경쟁력을 가지기 어렵다. 오히려 인공지능이 수 초 만에 내어놓는 답변이 과연 맞는 정보인지 늘 비판적으로 판단하며 깊이 있게 사고하도록 하는 교육, 그리고 인공지능에 부족한 감성과 창의력에 초점을 맞춘 교육들이 이루어져야 할 것이다.

당연히 신앙교육에 있어서도 새로운 접근 방법에 대한 고민이 있어야 할 것이다. 질문만 하면 어느 정도 정리된 답변은 물론, 간단한 설교와 기도까지 해 주는 인공지능 챗봇을 사용할 수 있는 현재 상황에서 단편적인 지식으로 신앙을 교육하려고 시도하는 것은 어리석은 선택이 될 수 있다. 그러한 접근보다는 말씀의 원리를 가지고 깊이 사고해 보게 하고, 깨달은 말씀을 조금 더 구체적으로 삶에 적용해 그 말씀을 실제로 살아 내도록 하는 교육으로의 전환이 이루어져야 한다. 특별히 우리 신앙인들에게는 사고하는 능력이 정말 중요함을 명심해야 한다. 교회교육연구소를 이끄는 박양규 목사는 필자와의 대화에서 "기독교는 관념으로 이루어져 있기 때문에 만약에 사고하지 못하게 되면, 기독교는 무너질 수 있다"(박양규, 2023)라고 이야기했다. 이 시대를 살아가는 우리 모두에게 큰 울림을 주는 말이 아닐 수 없다.

3) 인공지능 시대를 준비하는 교육

예상되는 패러다임의 변화에 따라 교육의 변화를 준비하는 것 역시 우리가 인공지능 시대를 준비하는 것이 되겠지만, 당연히 앞으로 다가올 변화의 시간을 직접적으로 준비 역시 해야 한다. 그 준비의 핵심은 디지털 리터러시(Digital literacy)와 인공지능 리터러시(AI literacy)[10]가 될 것이다. 우리가 보통 '문해력'이라고 번역하는 리터러시(Literacy)는 인쇄술이 등장하면서 인류 역사에서 주목받게 되었다. 그전까지는 글이나 책을 접할 기회가 많지 않았기 때문에 글을 읽고 쓸 수 있는 리터러시는 그렇게 중요한 역량이 아니었다. 그러나 인쇄술이라는 미디어 혁명과 그로 인한 문자 정보의 폭발적 증가가 일어나자, 문자화된 기록물들을 통해 지식과 정보를 획득할 수 있는 리터러시가 가장 중요한 역량 중 하나로 떠오르게 되었다(김봉섭, 2021). 최근에는 다양한 영상 플랫폼과 소셜 미디어가 각광을 받고 기존의 전통적인 뉴스 플랫폼들이 다변화되면서, 다양한 미디어 메시지를 바르게 해석하고 더 나아가 미디어들을 활용하여 효과적으로 다른 사람과 소통할 수 있는 미디어 리터러시(Media literacy) 능력이 중요해졌다. 이 역시 영상 및 뉴 미디어들의 발전을 통한 미디어 혁명이 일어나자 새로운 리터러시가 필요하게 된 것이다. 그렇다면 어마어마한 데이터와 그 데이터를 학습한 인공지능이 지금까지 상상하기만 했던 새로운 비즈니스를 가능하게 하고, 우리 삶의 패러다임을 바꿔 버리는 새로운 미디어 혁명이 일어나게 될 것이 예상된다. 이때 우리에게 필요한 것이 무엇일까? 바로 이 새로운 시대를 위한 리터러시, 즉 디지털 리터러시와 인공지능 리터러시가 우리에게 있어 가장 중요한 역량 중 하나가 될 것이다. 특히 우리의 다음세대가 직업을 가지고 사회생활을 할 때가 되면 어떤 분야에서 어떤 일을 하든, 인공지능과 함께 일을 하게 될 것이다. 그러므로 정보통신 기술로 구현되는 디지털 테크놀로지를 잘 이해하고 활용할 수 있는 디지털 리터러시, 그리고 현재 우리가 스마트폰을 사용하듯 자연스럽게 사용하게 될 인공지능을 효과적으로 이해하고 사용할 수 있는 능력인 인공지능 리터러시는 인공지능 시대를 살아갈 우리와 우리의 다음세대 모두에게 생존의 문제와 직결된 필수 능력이 될 것이다.

여기에 더해 인공지능 시대를 대비하며 집중해야 할 또 한 가지 교육이 있는데, 바로 인공지능 윤리교육이다. 기본적으로 인공지능 교육은 크게 네 가지 영역으로 나눌 수 있다.

첫째는, 인공지능 이해 교육으로 인공지능의 원리와 문제해결 과정을 이해하는 것이고, 둘째는, 인공지능 활용 교육으로 다양한 에듀테크(Edu-tech)와 접목한 인공지능을 교수–학습활동에 이용할 뿐만 아니라 자신에게 주어진 문제를 해결하기 위해 인공지능을 활용하는 내용과 방법을 가르치는 것이다. 셋째는, 학생들이 직접 인공지능을 설계하고 구현해 보는 인공지능 개발 교육이고, 마지막은, 인공지능을 개발하고 활용할 때 명심하고 따라야 할 윤리적인 기준을 가르치는 인공지능 윤리교육이다(이주호 외, 2021). 빛이 강하면 강할수록 그림자도 짙기 마련이다. 인공지능이 강력한 기능으로 인간의 삶에 여러 가지 유익을 가져올 수도 있겠으나, 그 기능이 강력한 만큼 부정적인 목적을 위해 사용되거나 잘못 사용될 경우 그만큼 인류의 삶에 큰 문제를 일으킬 수도 있다. 그렇기 때문에 인공지능 사용자들이 바른 태도로 인공지능을 사용하는 것은 물론, 인공지능을 개발하는 개발자와 연구진이 건전하고 윤리적인 기준을 가지도록 교육하는 인공지능 윤리교육은 어떻게 보면 위에서 언급한 네 가지 영역 중에서 가장 중요한 영역이다. 무엇보다 기독교교육에서 중점적으로 다루고 적극적으로 참여해야 할 영역이다. 특별히 지난 2023년 2월 과학기술정보통신부와 정보통신정책연구원은 '인간 존엄성 원칙, 사회의 공공선 원칙, 기술의 합목적성 원칙'이라는 3대

원칙을 기반으로 제작한 초·중·고 인공지능 윤리 교재 3종을 공개했다. 그런데 이 교재는 현재 인공지능 윤리 교과가 별도로 존재하지 않는 현실을 고려해, 교사가 기존 교과 수업과 연계해 필요한 주제만 선택적으로 활용하거나 창의적 체험활동, 교과 외 시간, 학교 밖 현장 등에서도 자유롭게 활용할 수 있는 모듈형(Module) 교재로 개발되었다(박현진, 2023). 이에 기독교교육 전문가들도 성경적 가치가 담긴 인공지능 윤리교육 교재를 새롭게 개발하거나, 이번에 개발된 모듈형 교재를 활용할 수 있는 교재를 제작하여 성경적 인공지능 윤리교육을 준비해야 할 것이다.

4) 인공지능의 개발 및 활용 그리고 감시!

지난 2023년 3월 챗GPT의 회사인 OpenAI에서는 챗GPT의 API[11]를 공개했고, 벌써 다양한 챗GPT 기반의 서비스들이 쏟아져 나오고 있다. 이 말이 무슨 의미냐 하면 이제는 큰 자본의 투자 없이도 자신들의 필요에 맞는 최적화된 인공지능 서비스를 만들 수 있게 되었다는 것이다. 그렇기 때문에 이제는 기독교 전용 인공지능의 개발도 가능한 시대가 되었다. 황당한 이야기라 생각하는가? 그렇지 않다.

지난 2023년 3월 국내 한 스타트업 회사에서 챗GPT를 활용해 '주님AI'를 만들었다. 기본적으로는 챗GPT와 대화하듯 자신의 고민과 질문을 입력하면, 성경적 답변, 성경 해설, 그리고 기도문까

지 제공하는 서비스이다. 특히 친구에게 본인의 질문과 답변을 공유할 수 있도록 소셜 공유 기능을 활용할 수 있기 때문에 특별한 광고도 없이 일주일 동안 5만 명이 넘는 사람들이 사용했다(김민준, 2023). 그런데 오류를 종종 일으키는 인공지능이 하나님을 대변한다고 하는 것에 불편함을 느낀다는 반응을 듣고, 현재는 이름을 '초원 in(chowon.in)'으로 바꿨다.[12]

이처럼 이제는 노력과 자본을 투자하면, 챗GPT에 기반한 기독교인 전용 챗봇도 만들 수 있는 세상이 되었다. 물론 이러한 일을 개교회나 지역 교회가 감당하기는 쉽지 않을 것이다.[13] 그러나 교단이나 교회 연합 차원의 노력과 투자가 이루어진다면 바른 신학 지식을 가지고 있는 기독교 인공지능을 개발할 수 있을 것이고, 기독교 역사에 한 획을 긋는 의미 있는 결과가 나올 것이다.

또한 앞으로는 다양한 인공지능 서비스가 만들어져, 너무나도 자연스럽게 그것들을 이용하는 시대가 될 것이다. 기술의 발전에 따라 인간과 거의 차이 없는 인공지능까지 개발될 수도 있다. 이렇게 될 경우 다양한 문제와 윤리적 이슈들이 추가로 발생할 수 있다. 그런데 문제는 우리가 윤리적 문제를 논의하는 속도보다 과학기술의 발전 속도가 훨씬 빠르다는 것이다. 특히 지난 2023년 2월 14일 국회 과학기술정보방송통신위원회는 법안소위에서 '인공지능산업 육성 및 신뢰 기반 조성 등에 관한 법률안'을 통과시켰는데(박예나, 2023), 이 법안의 핵심 내용은 인공지능 기술의 발전을 위해 '우선 허용, 사후 규제'의 원칙을 적용하겠다는 것이다. 그러나 이렇게 할 경우 앞으로 개발될 인공지능이 인간의 생명이나 안전, 그리고 인권에 위해를 가하더라도 사후에 규제할 수밖에 없다. 지난 2020년 말 등장했던 AI 챗봇인 '이루다'가 혐오 및 차별 발언, 그리고 개인정보 유출 등의 문제를 일으켜 출시 20일 만에 서비스를 중단할 수밖에 없었던(이효석, 2021) 사건이 있었는데, 우리가 개발하는 인공지능이 얼마든지 이런 문제를 일으킬 수 있음을 기억해야 한다. 중요한 것은 인공지능의 개발과 활용이 경제적 논리에 의해서만 결정되지 않도록 하는 것이다. 이 일을 누가 하겠는가? 맘몬이 아닌 하나님을 섬기는 우리 교회가 끊임없이 감시하고 요구해야 할 것이다.

챗GPT 시대, 우리가 가져야 할 자세

자, 이제 결론을 내려 보자. 과연 챗GPT는 앞으로 다가올 세상을 어떻게 바꿔 놓을까? 그리고 무엇보다 우리의 다음세대를 믿음의 세대로 키워 가는 데 있어서 어떻게 쓰일 수 있을까? 챗GPT가 신앙을 가르칠 수 있을까? 필자의 결론은 어느 정도 가능한 부분이 있기는 하지만, 여전히 한계와 문제점이 많기에 단독으로는 사용하기 어려울 것 같다. 물론 이러한 한계도 앞으로 차차 극복할 수 있을 것이다. 그러나 앞서 논의한 한계점들 때문에 성령께 의지하며 기도하고, 무엇보다 자신의 삶으로 신앙의 모범을 보여 줄 수 있는 인간 교사의 동반자로 도움을 받는 것이 가장 좋은 활용 방법이라 생각한다.

런던 정치경제대학교(London School of Economics and Political Science)의 주디 와이즈먼(Judy Wajcman) 교수는 기술 전문가가 아닌 사람들이 인공지능과의 대화에 참여하고 미래를 만드는 데 주도적인 역할을 해야 하며, 이들이 늘 변화의 바람을 경계하며 지평선에 시선을 고정해야 한다고 주장했다(Selwyn, 2019). 필자는 바로 이것이 우리 그리스도인이 감당해야 할 사명이라 생각한다. 기술 전문가들에게 모든 것을 맡겨 놓고 세상이 어떻게 돌아가는지, 그들이 세상을 어떻게 바꿔 놓고 있는지 아무것도 모른 채 지내서는 안 된다. 우리는 이 땅을 관리하고 다스리는 사명을 받은 청지기로서 적극적으로 변화의 흐름에 참여하고, 저 멀리 지평선 너머로 다가오고 있는 변화의 바람을 살펴야 한다. 하나님께서 우리 모두에게 지혜를 주시고 함께하시길 간절히 기도한다.

질문하고 생각하기

- 챗GPT가 무엇이며 어떤 기술적인 특징을 가졌는지 자신의 말로 설명해 보세요.

- 챗GPT를 목회와 신앙교육을 위한 도구로 사용한다면 어떻게 사용할 수 있을까요? 이번 장에서 언급된 내용 외에 좋은 아이디어가 있다면 함께 나누어 보세요.

- 현재 챗GPT와 같은 생성형 AI 서비스들의 문제점이 무엇인지 이야기해 보고, 특별히 기독교교육을 위해 챗GPT를 사용할 때 어떤 점을 주의해야 할지 생각해 보세요.

- 챗GPT를 비롯한 다양한 인공지능 교육 서비스들이 등장할 경우 교육의 패러다임이 어떻게 바뀌게 될지 자신의 생각을 나누어 보세요.

- 챗GPT를 비롯한 다양한 과학기술이 앞으로 계속 나타나게 될 텐데, 이러한 기술적인 발전에 그리스도인은 어떻게 대응해야 할까요?

1) 이 챕터의 내용은 2023년 4월 출간된 『챗GPT 목사님 안녕하세요』라는 책에 필자가 썼던 글들을 다시 종합하고 업데이트한 것이다.

2) 이후 특정한 주석이 없는 내용은 챗GPT가 설명한 내용이다.

3) 자연어(Natural language)란 우리가 일상적으로 사용하는 한국어, 영어, 중국어 등의 언어를 이야기한다. 즉 어떤 특정 인간이 만든 언어가 아니라 자연스럽게 생긴 언어이기 때문에 자연어라고 부르며, 그 반대는 인공어(Artificial language)다. 인공어의 대표적인 예로는 프로그래밍 언어를 들 수 있으며, 전자공학 분야의 제어 시스템 등에서 사용되는 '루아'(Lua) 역시 인공어다.

4) 물론 일부 설교자들이 챗GPT가 써 준 설교문을 그대로 표절해 사용할 수 있기 때문에 염려하는 사람들도 있으나, 현재 시중에 나와 있는 여러 주석서들도 설교자가 잘못 사용하게 되면, 스스로 연구하고 준비하지 않고 얼마든지 주석서의 내용을 베껴서 설교하고 가르칠 수 있음을 생각해 볼 때 이는 챗GPT의 문제라기보다는 설교자의 윤리 의식의 문제라 할 수 있다.

5) 이 내용은 챗GPT 3.5 버전에 해당하는 내용으로, 4.0 버전으로 업그레이드된 이후에는 "제 지식이 2021년 9월까지로 한정되어 있기 때문에, 정확한 정보를 제공해 드리기 어렵습니다. 2021년 9월 기준으로 대한민국의 대통령은 문재인 대통령이었습니다. 그 이후의 정보는 제가 확인할 수 없으므로, 최신 정보를 확인하려면 다른 소스를 참고하셔야 합니다"라고 답을 하기 시작했다. 그렇기 때문에 4.0 버전에는 해당하지 않는 내용일 수 있으나 할루시네이션 현상을 설명하기 위해 3.5 버전의 예를 사용하였다. 이후 등장하는 예도 3.5 버전의 응답이다.

6) 아신대학교는 지난 2021년 '아세아연합신학대학교'에서 '아신대학교'로 교명을 변경했기 때문에 예전의 교명으로 질문했다.

7) OpenAI는 지난 3월 15일 챗GPT를 4.0 버전으로 업그레이드하면서 사실에 입각해 응답하는 비율이 40% 정도 높아졌다고 발표했고 실제로도 어느 정도 오류가 줄어들었음을 체감할 수 있었으나, 그럼에도 불구하고 여전히 할루시네이션 현상은 나타나고 있는 상황이다.

8) 재미있는 것은 필자가 챗GPT와 대화하면서 이러한 인공지능의 약점을 지적했을 때, 챗GPT는 자신이 학생과의 상호작용을 통해 신앙인으로서의 모범을 보여 줄 수 있지 않겠냐고 대답했다. 정말

스스로를 G목사님이라 생각하며 몰입하는 모습이었고, 그게 아님을 알고 있지만 '챗GPT가 의식이 있나?' 하는 생각을 잠깐 할 정도였다.

9) 그런데 정작 플라톤이 전혀 저술이나 기록을 남기지 않았던 자신의 스승인 소크라테스와는 달리 자신의 사상을 잘 정리된 글로 남겼다는 사실은 굉장히 아이러니하다.

10) 디지털 리터러시란 디지털 시대에 필수적으로 요구되는 정보 이해 및 표현 능력으로 디지털 콘텐츠에 대한 이해와 활용 능력, 디지털 기술과 미디어를 비판적으로 수용하는 것, 디지털 도구와 기술을 활용하는 것 모두를 포함한다. 또한 인공지능 리터러시란 인공지능 기술이 발전하면서 주목받는 개념으로 인공지능 기술을 효과적으로 이해하고 사용할 수 있는 능력을 의미한다. 여기에는 인공지능 시스템의 작동방식과 인공지능 솔루션을 개발하고 구현하는 기술뿐만 아니라 문제를 해결하는 데 사용할 수 있는 방법에 대한 이해가 포함된다. (변문경 외, ChatGPT 인공지능 융합 교육법, 103~110.)

11) Application Programming Interface의 약자로 '응용 프로그램 인터페이스'를 이야기한다. 이 API가 있으면 개발자는 자신이 개발하고 있는 프로그램을 외부 서비스와 결합할 수 있다. 그러므로 챗GPT의 API가 공개됐다는 이야기는 다른 기업들이 챗GPT를 기반으로 한 다양한 AI 서비스를 개발할 수 있게 되었다는 뜻이다.

12) 시편 23편에 나오는 '푸른 초장'에서 아이디어를 얻어 초장을 초원으로 바꿨고, 교회의 본질적인 의미인 '함께 교제한다'(소셜)라는 의미를 담고 있다고 한다.

13) 물론 대형 교회라면 충분히 가능하다. prega.org 사이트의 사례처럼 아예 담임목사의 사진이나 동영상을 띄워놓고 담임목사와 직접 대화하고 상담하고 기도까지 받는 챗봇을 만드는 것도 가능할 것이다.

인공지능 시대의
기독교교육

생성형 AI 시대의
교회교육

———————————————— 이수인

유명한 기독교교육학자인 노르만 E. 하퍼(Norman E. Harper)가 쓴 『Making Disciples: The Challenge of Christian Education at the End of the 20th Century』라는 책을 보면 다음과 같은 재미있는 이야기가 나온다.

한 젊은 주부가 저녁 식사를 위해 부엌에서 햄을 굽고 있었다. 그때 우연히 이 집을 방문했던 한 이웃이, 주부가 햄을 굽기 전에 삼등분하는 것을 보았다. 이 모습이 좀 의외라고 생각한 그녀는 주부에게 햄을 삼등분하여 굽는 이유를 물었다. 그러자 젊은 주부는 한참 생각해 보더니, "사실, 저도 잘 모르겠는데요. 우리 어머니께서 항상 그렇게 하셨거든요. 그래서 당연하게 삼등분해서 구워 왔답니다"라고 대답했다. 아무 생각 없이 햄을 삼등분해서 굽던 젊은 주부는 왜 어머니께서 햄을 그렇게 특이한 방식으로 구우셨는지를 의아히 생각하게 되었다. 그녀는 어머니를 만나 다음과 같이 질문했다. "어머니, 왜 햄을 굽기 전에 항상 삼등분하시죠?" 질문에 깜짝 놀란 어머니는 얼마 동안을 생각해 보더니, "사실 나도 잘 모르겠구나, 내 어머니께서 늘 그렇게 하셨거든. 그래서 다른 방식은 생각해 본 적이 없단다." 호기심에 가득 찬 젊은 주부는 곧장 할머니를 찾아가서 같은 질문을 하였다. 할머니는 눈빛을 반짝이시더니 이렇게 말씀하셨다. "애야, 그건 말이다. 별로 신기한 것이 없는 일이란다. 너희 엄마가 어렸을 때, 우린 매우 가난했지. 햄 전체를 한 번에 구울 큰 팬을 살 수 없어서 햄을 굽기 전에 항상 팬 크기에 맞도록 햄을 잘랐던 것이란다."(Harper, 2005).

이 이야기는 그냥 한 집안에서 일어난 소소하고 재미있는 사건으로 여겨질 수도 있지만, 오늘날 우리에게 굉장히 중요한 질문을 던져 준다. 우리 역시 위 이야기 속의 주부들처럼 '왜?'라는 질문 없이 단지 그렇게 해 왔기에 보고 배운 그대로 하는 것이 많다. 특별히 이번 장에서 다룰 '교회교육'이 그렇다. 사실 어느 교회든 교육하지 않는 교회는 없을 것이다. 그러나 그중 수많은 교회가 '왜?'라는 질문을 던지려고도 하지 않고, 답하려고 하지도 않으면서 그저 해오던 대로 해 나가고 있다. 인공지능을 비롯한 최첨단 정보통신 기술이 사용되는 21세기가 되었고, 교육의 패러다임이 수없이 바뀌어 가고 있음에도 불구하고 수십 년 혹은 심지어 한 세기 전에 이루어졌던 교육의 모습을 그대로 답습하며, 교회교육을 해 나가는 것이 아닌가 생각이 든다.

이번 장에서는 교회교육에 대해서 다룬다. 그 내용을 다 담아내자면 한 권의 책으로도 부족하기에 이번 장에서는 우선 교육과 기독교교육, 그리고 교회교육의 개념들을 서로 비교해 보고, 무엇보다 우리가 왜 교회교육을 해야 하는지에 대한 성경적이고 신학적인 근거를 살펴보도록 하겠다. 그리고 이 모든 논의를 마무리하며 무엇보다 챗GPT를 비롯한 생성형 AI가 폭넓게 사용되고 있는 현 상황 속에서 어떻게 교회교육을 해 나가야 할지 함께 살펴볼 것이다.

핵심개념 및 용어 설명

1) 교육이란?

교육의 개념을 정의할 때 가장 많이 이야기하는 것 중 한 가지가 바로 어원적 접근이다. 교육이라는 말의 어원을 살펴보자. 교육(敎育)은 가르칠 '교'(敎)와 기를 '육'(育)이 합성된 단어로 '가르친다'와 '기른다'라는 두 의미가 함께 들어 있다. 먼저 '교'(敎)는 어른의 뜻을 잘 이어받고 배울 수 있도록 채찍질로 가르친다는 의미인데, 교육받는 사람에게 전통이나 문화, 그리고 여러 가치관을 주입하는 것을 가리킨다. '육'(育)은 교육을 받는 사람이 가진 내적인 가능성을 끌어내고 길러 준다는 의미를 가진다. 즉, 교육이란 피교육자의 잠재력을 개발하고 그들의 재능과 은사가 잘 발휘될 수 있도록 돕는 것을 의미한다. 그러므로 교육이란 '가르치는 사람이 피교육자들이 꼭 배워야 할 가치 있는 내용을 가르치고, 또 피교육자들이 가지고 있는 가능성을 발휘하도록 도와주는 것'이다(박상진, 2008).

또한, 교육을 일컫는 영어 단어인 'Education'의 어근을 살펴보면 위에서 살펴본 두 가지 개념과 유사한 요소가 들어 있음을 알 수 있다. 얀트(Yount, 2008)는 'Education'이라는 영어 단어가 두 개의 다른 라틴어 어근, 즉 '훈련하다 혹은 빚다'라는 뜻의 'educare'와 '이끌다'라는 뜻을 가진 'educere'에서 왔다고 설명한다(p. 5). 이 두 가지 상의한 어근들을 살펴보면 교육이라는 개념은 또 다른 두 가지의 의미를 포함하고 있음을 알 수 있다.

첫째, 'educare'로서의 교육은 사회적으로 합의된 지식과 가치를 보존하고 다음세대를 부모 세대의 형상으로 빚어 가는 과정으로 이해될 수 있다. 이를 위해 직접적인 교수, 과목 내용의 숙달, 그리고 믿음직하고 훌륭한 일꾼으로 준비되는 것에 초점을 맞춘다(Yount, 2008). 이런 의미에서 라비치(Ravitch, 2000)와 같은 학자는 교육자들이 지식의 전수에 초점을 맞추어 학생들이 문학과 기본적인 계산력, 과학, 역사, 그리고 수학 등을 더 잘 이해할 수 있도록 해야 한다고 주장한다. 그녀는 교육의 결과물은 "중요한 지식과 기술을 전달하고, 미적(美的) 상상력을 개발하고, 그들이 사는 세상에 대해 비판적이고 반성적으로 생각하도록 가르치는 것이어야 한다"라고 주장하였다. 그러나 이러한 관점으로 보는 교육은 학교 교실에서 이루어지는 경험으로 제한될 수 있고, 교실 밖의 세상에 대해 거의 영향력을 갖지 못하는 약점을 가질 수 있다(Pazmino, 1997).

반면에 'educere'로서의 교육은 '새로운 세대가 앞으로 다가올 변화에 대비하도록 하고 알려지지 않은 문제들을 해결할 수 있는 능력을 갖추게 하는 것'을 강조한다(Yount, 2008). 이를 위해 주어진 상황에 끊임없이 질문하도록 하고, 틀에서 벗어나 생각하게 하고 세상을 보는 새로운 안목을 갖추도록 한다. 이러한 유형의 교육은 정보를 전달하는 것이 아니라 학습자와 그들의 교육적 정황에 초점을 맞춘다. 듀이(Dewey, 1938)가 주장했듯이 효과적인 교육이란 학습자들이 교사가 적절하게 안내하는 교육 경험들에 참여하고 그것들을 실제의 상황들에 통합해 나갈 때 이루어진다고 생각하는 것이다.

이러한 두 가지 교육의 정의의 차이에도 불구하고, 보다 바람직하고 효과적인 교육을 위해서는 대조적으로 보이는 두 개념이 조화를 이룰 필요가 있다. 'educare'를 무시하는 것은 어떤 사회의 영속성을 해칠 우려가 있고, 그렇다고 'educere'를 생략하는 것은 새로운 문제를 해결할 능력이 없는 사람들을 길러 낼 우려가 있다(Bass & Good, 2004). 무엇보다 21세기의 기독교교육을 위해서는 교육에 대한 이 두 가지 다른 정의가 조화를 이루어야 한다. 'educare'는 정보의 수집과 전달에 초점을 맞추고 있는데, 이는 우리의 영적 성장에 있어서 필수적이다. 믿음은 들음에서 나며 들음은 그리스도의 말씀으로 말미암기 때문이다(롬 10:17). 그러나 지식의 전수에 너무 지나친 강조를 두면 단순히 성경적 지식을 축적하는 것으로 만족하고 배운 말씀을 삶에 적용하려 하지 않는 그리스도인을 양성할 수 있다. 그러나 하나님께서는 자신의 백성이 말씀을 따라 살아가고 예수 그리스도를 닮아 가는 능력을 주길 원하신다(Wilard, 1998). 그러므로 무엇보다 교육을 담당하는 교역자들과 교회의 리더들은 말씀을 가르치는 'educare'의 강조와 그 말씀대로 살아가기 위해 적용하는 'educere'의 강조를 균형 맞추어, 하나님의 백성이 말씀대로 살아가도록 해야 한다. 이것이 바로 반석 위에 세워진 풍성한 삶으로 가는 길이 될 것이다(Wilard, 1998). 이런 의미에서의 교육은 정해진 교육의 내용을 배우는 것뿐만 아니라 그것들을 통해 실제로 자신의 삶을 살아가는 데 필요한 실제적 역량들을 길러 주는 것이라 정의할 수 있다.

2) 기독교교육이란?

그렇다면 기독교교육이란 무엇인가? 그리고 기독교교육이 일반 교육과 다른 점은 무엇인가? 사실 수많은 기독교교육학자가 기독교교육을 나름대로 정의하고 규정하기 위해 노력해 왔다. 그러나 기독교교육이라는 개념을 한두 문장으로 정의하는 것은 쉽지 않다. 그래서 이번 장에서는 그러한 학자들의 이야기를 심도 있게 다루기보다는 누구나 쉽게 이해할 수 있도록 설명해 보고자 한다. 설명을 듣고 나면 왜 기독교교육을 정의하기가 쉽지 않은지도 알 수 있을 것이다. 박상진(2008)은 기독교교육이 '기독교'와 '교육'이라는 두 단어가 합쳐져 만들어진 합성어임에 주목하고, 두 단어가 어떤 관계에 있는가에 따라 다음의 세 가지 의미를 가진다고 설명하였다.

첫째, '기독교'라는 단어를 목적격으로 해석할 수 있다. 즉 기독교교육이란 기독교를 교육하는 것이다. 그러므로 기독교라는 단어가 교육의 '내용'과 '범위'가 되는 것이고, 이런 의미에서의 기독교교육이란 기독교라는 하나의 '종교'를 가르치는 교육으로서, 기독교에 대한 정보를 제공하고, 기독교의 경전인 성서와 교리, 교회의 역사와 전통, 그리고 삶의 양식을 가르친다. 이런 의미에서의 기독교교육은 주로 기독교 종립학교(미션스쿨)나 기독교 재단에서 설립한 대학 등에서 기독교 과목을 가르치는 교육을 지칭할 때 사용된다.

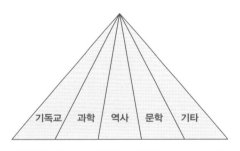

기독교를 교육하는 기독교교육(이정미, 2010, p. 265)

둘째, '기독교'라는 단어가 뒤의 '교육'이라는 단어의 소유격이 될 수 있다. 이 경우 기독교교육은 '기독교의 교육'으로 정의할 수 있는데 기독교가 주체가 되어 기독교인들과 기독교 단체들을 양육하는 교육이다(박상진, 2008). 영어 단어인 'Christian education'이 이러한 뉘앙스로 쓰이는 단어로, 우리가 흔히 기독교교육이라고 할 때 가장 많이 지칭하는 의미다. 이런 의미에서는 '기독교'의 큰 테두리 안에서 이루어지는 모든 교육, 즉 교회교육, 가정교육, 학교교육, 미디어교육 등을 포함한 기독교의 모든 교육적 노력을 기독교교육으로 정의할 수 있다.

셋째, '기독교'라는 수식어를 형용사적으로 해석할 수 있다. 이는 기독교교육을 가장 넓은 의미로 이해하는 것으로, 한마디로 '기독교적' 교육을 의미한다. 즉 가르치고 키우는 일인 교육을 기독교적인 방식으로 하는 것을 말하며, 모든 교육에 기독교적인 관점과 가치관으로 접근해 교육함을 의미한다(박상진, 2008). 사실 교육이란 어떤 의미에서는 반드시 종교적일 수밖에 없다(Harper, 2005). 그 종교가 기독교냐 아니면 다른 종교냐의 문제일 뿐, 가르치는 사람이 특정 철학과 사상을 가지고 가르치기 때문에 교육은 본질적으로 종교적이다. 따라서 기독교교육은 이러한 부분에서 기독교적 방향을 제시하는 것이다. 즉 피교육자를 가르치고 키우는 일 전체를 기독교적 방향으로, 기독교적 관점에서 하는 교육을 지칭하는 것이다. 이 경우 좁은 의미에서 기독교인을 만들기에 집중하는 것이 아니라 가르치고 키우는 모든 교육적 행위를 기독교적 가치와 세계관을 토대로 교육하는 것이다. 기독교 관련 과목뿐만 아니라 일반 교과목, 심지어 직업을 습득하기 위한 교육도 기독교교육이 될 수 있다.

이처럼 기독교교육은 '기독교'와 '교육'이라는 두 단어를 어떤 관계로 볼 것이냐에 따라 위에서 살펴본 바와 같이 다른 의미를 가진

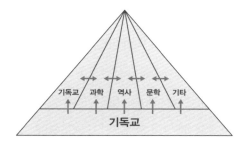

기독교적 세계관으로 교육 하는 기독교교육(이정미, 2010, p. 265)

다. 그렇다면 세 가지 정의 중 어느 것이 기독교교육을 가장 잘 설명해 준다고 생각하는가? 당연히 세 가지 모두이다. 이 각각의 설명은 서로 대립하는 것이 아니라 기독교교육이라는 굉장히 방대한 개념을 다른 각도에서 바라보는 것이다(박상진, 2008). 기독교교육은 이처럼 굉장히 넓은 스펙트럼을 가지고 있기에 한두 문장으로 간단하게 정의하기가 쉽지 않다. 따라서 우리는 기독교교육에 대해 열린 마음으로 더 넓은 시각을 가지고 바라보며 이해해야 한다.

3) 교회교육이란?

그동안 많은 사람이 기독교교육을 교회교육과 거의 같은 개념으로 생각해 왔다. 이는 교회가 기독교교육의 주체가 되어 왔고, 또한 하나님의 백성을 하나님의 말씀으로 가르친다는 기본적인 사명이 같기 때문에 생긴 오해라고 할 수 있다. 엄밀하게 이야기한다면 기독교교육과 교회교육은 같은 개념으로 보기 어렵다. 기독교교육과 교회교육은 교육이 시행되는 영역에서 큰 차이를 나타낸다.

즉 기독교교육은 교회교육의 상위 개념으로, 그리고 교회교육은 기독교교육의 한 영역으로 이해하는 것이 바람직하다. 사실 기독교교육의 가장 기본 원리가 되는 신명기 6장의 말씀을 살펴보면 알수 있듯이, 교육에 대한 하나님의 명령은 가정 공동체에 주신 것이었다. 또한 신명기에서 분명히 말씀하시는 교육에 대한 하나님의 가르침은 어떤 정해진 건물에서 정해진 시간에 행해지는 제한된 의미의 교육이 아니라 가정에 기초한 삶 전체를 통한 교육을 의미하는 것이었다(이숙경, 2015). 또한 기독교교육은 가정교육뿐만 아니라 학교교육도 포함한다. 위에서 살펴본 것처럼, 학교에서 '기독교를' 교육하는 것이나, 기독교학교나 대안학교 같은 경우 학교에서도 '기독교의' 교육이 가능하다. 즉 학교도 기독교교육의 장이 되는 것이다. 또한 미디어를 통해서도 교육을 할 수 있다. 기독교 미디어 회사가 성경에 관한 미디어를 제작해서 다음세대를 교육하는 일도 당연히 기독교교육에 들어갈 수 있다. 그러므로 미디어도 기독교교육의 장이 된다. 또한 최근에는 인터넷을 비롯한 사이버 공간이나 소셜 미디어(Social media)들도 기독교교육의 장이 될 수 있다. 기독교교육의 장은 굉장히 다양하고 스펙트럼이 넓다. 그러므로 교회교육이란 이처럼 다양한 영역에서 시행되고 있는 기독교교육의 하위 개념으로서 교회라는 영역에서 교회가 주체가 되어 시행되는 교육이라고 이해하는 것이 더욱 바람직하다(한춘기, 2014).

그렇다면 그동안 한국 교회에서 많이 사용해 왔던 주일학교교육과 교회교육은 무엇이 다른가? 사실 한국 교회의 많은 교역자와 교사가 주일학교와 교회학교, 주일학교교육과 교회학교교육을 각각 다른 개념으로 구분하지 않고 사용하고 있는 분위기다. 그러나 이 역시 복잡하게 생각할 필요 없다. 주일학교는 1780년 로버트 레익스(Robert Raikes)가 영국 글로체스터(Gloucester)에서 시작한 주일학교(Sunday school)가 영국은 물론 미국과 전 세계에 퍼지면서 뿌리내리게 된 개념으로 매주 주일, 정해진 시간에 성경을 가르치고 교육하는 데 중점을 두었던 교육의 개념이다. 이에 비해 교회교육은 단순히 주일에만 신앙교육을 하는 데서 더 나아가 평일에도 이루어지는 다양한 훈련과 양육 과정, 그리고 어린이들이나 청소년들에게만 맞춰져 있던 초점을 모든 장년 성도를 훈련하는 프로그램까지 넓힌 개념이다. 그러므로 교회교육이 기독교교육의 하위 개념이듯, 주일학교교육은 교회교육의 하위 개념으로 이해하면 된다. 한춘기

기독교적 세계관으로 교육하는 기독교교육(이정미, 2010, p. 265)

(2014)는 위의 도표로 기독교교육, 교회교육, 그리고 주일학교교육의 관계를 정리하였다.

교회교육은 전통적으로 이해되어 온 주일학교는 물론, 모든 교회의 구성원들을 하나님의 말씀으로 양육하여 그리스도의 장성한 분량까지 자라게 하고자 노력하는 교회의 모든 교육적 노력을 가리키는 말이다. 즉 교회가 주체가 되어, 교회라는 주된 교육의 장에서, 교회의 모든 교육적 활동을 통해, 교회를 교육하는 것이 교회교육이라 정의할 수 있다.

특히 마리아 해리스(Maria Harris, 1997)는 교회교육이 주일학교만을 의미하는 것이 아니라 교회의 전 연령을 포함하며, 교회 생활 전체를 교육의 장으로 포함해야 한다고 주장하여 교회교육의 개념을 더욱 확장시켰다. 그녀는 자신의 책 『교육목회 커리큘럼』(Fashion Me a People: Curriculum in the Church)에서 교회교육이 기존의 주일학교나 교회학교 개념과 어떻게 다른지 다음의 두 가지로 정리하였다.

첫째, 교회교육은 자라나는 세대만을 대상을 하는 것이 아니라 교회의 전 연령을 대상으로 하는 평생교육(Life-long education)이라는 것이다. 사실 그동안 학령기, 혹은 청소년들을 중심으로 한 주일학교교육이 한국 교회의 성장과 부흥에 적지 않은 공헌을 해 온 것이 사실이다. 그러나 오랜 시간 이러한 개념이 뿌리내리자 마치 교회교육이 성인에게는 필요하지 않고, 자라나는 세대에만 필요한 것이라 생각하게 되었다. 자연스럽게 성인에게는 목회 사역이, 다음세대에게는 교육 사역이 중심이 되었다. 결국 교회의 사역은 양분되어 목회 사역은 담임목사나 교구 사역자가, 그리고 교육 사역은 교육 목사나 교육 전도사가 담당하는 구조로 굳어졌다. 그러나 교회교육은 교회의 모든 성도, 즉 젖먹이 어린아이에서부터 인생의 황혼기를 살아가는 노인에 이르기까지 전 연령에 걸쳐 이루어져야 하며, 그러한 노력을 통해 한 영혼 한 영혼이 그리스도를 닮아 가는 기독교교육의 목적이 이루어질 수 있다.

둘째, 교회교육을 단순히 주일학교나 교회학교에만 국한하여 생각하지 말고 교회의 모든 활동과 삶을 교육의 장으로 여겨야 한다는 것이다. 사실 그동안의 한국 교회의 교육은 기존 학교의 교육 시스템을 그대로 가져온 경우가 많았다. 그래서 학년별로 학생들을 구분하여, 학교에서 하듯 정해진 건물 안에서, 정해진 교과서를 가지고 교육을 진행해 왔다. 그러나 해리스(Harris, 1997)는 교육을 강의나 수업 같은, 그렇게 좁은 의미로 제한해서는 안 된다고 생각하였다. 그래서 가르치고 배우는 것뿐만 아니라 예배와 기도, 공동체와 교제, 봉사와 섬김까지도 교육의 장으로 생각하여 결국 교회교육이 아닌 교육목회가 되어야 한다고 주장하였다. 해리스(Harris, 1997)의 교육목회 철학은 교회학교와 비교한 다음의 표를 통해 더욱 잘 이해할 수 있을 것이다.

영역/교육구조	교회학교	교육목회
기관	개인과 선임된 사람	전 공동체
활동	수업과 교리 주입	교육과 능력 부여
참가자	어린이	전 공동체
방향	전통을 배우고 법을 준수함	세상 속의 사역에 참여

교회교육의 성경적 근거

사실 교회교육의 중요성에 대해서는 따로 설명할 필요가 없을 정도로 모두가 공감할 것이다. 이제 우리는 교회교육의 필요성과 중요성에 대해 좀 더 살펴보되, 성경 속에서 그 답을 찾아보려고 한다. 교회교육이 왜 필요하고 중요한가? 교회교육에 대한 성경적 근거는 무엇인가? 이 질문에 대한 답은 사실 교회가 왜 이 땅에 존재하는가? 교회가 세워진 목적이 무엇인가? 등의 질문들을 통해 찾아야 할 것이다. 유명한 조직신학자인 웨인 그루뎀(Wayne A. Grudem, 1994)은 교회의 존재 목적을 하나님을 향한 사역, 신자들을 향한 사역, 그리고 세상을 향한 사역으로 나누어 다음과 같이 설명하였다.

첫째, 하나님을 향한 사역으로 교회는 하나님을 예배해야 한다(Grudem, 1994).

웨스트민스터 대요리문답 1문에 의하면 "사람의 첫째 되고 가장 높은 목적은 하나님을 영화롭게 함과 영원토록 하나님을 온전히 즐

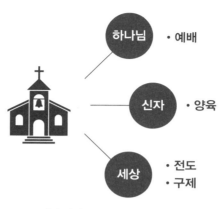

교회의 사명 – 예배, 양육, 전도, 구제

거워함이다"라고 설명하고 있다. 또한 이사야는 하나님이 우리를 지으신 목적이 다음과 같다고 설명하고 있다. "이 백성은 내가 나를 위하여 지었나니 나를 찬송하게 하려 함이니라"(사 43:21). 사도 바울 역시 우리가 그리스도 안에서 "그의 영광의 찬송이 되게 하려 하심이라"(엡 1:12)라고 선포했다. 또한 예수님 역시 우리 하나님의 백성에게 있어 가장 중요한 것은 하나님과의 관계임을 분명히 하셨다(마 22:37-38). 이와 같이 우리의 존재 목적뿐만 아니라 우리가 가장 유념하고 집중해야 할 것 역시 하나님을 온전히 사랑하는 바른 관계를 유지하는 것이다. 그리고 이를 위해 가장 중요한 것 중에 하나가 바로 하나님을 예배하는 것이다. 그래서 사도 바울은 초대 교회 성도에게 항상 하나님을 예배하기 위해 힘쓰라고 권면했다. "시와 찬송과 신령한 노래를 부르며 감사하는 마음으로 하나님을 찬양하고"(골 3:16). 그루뎀(Grudem, 1994)의 설명처럼 "교회에서의 예배는 무언가 다른 어떤 것을 위한 단순한 준비가 아니라 예배 자체가 주님과의 관계에 있어서 교회의 중요한 목적을 성취하는 것이다."

둘째, 신자들을 향한 사역으로 교회는 신자들을 양육해야 한다 (Grudem, 1994).

사도 바울은 자신의 사명이 사람들로 하여금 구원에 이르는 믿음을 갖도록 하는 것일 뿐만 아니라 모든 지혜로 각 사람을 가르쳐 "각 사람을 그리스도 안에서 완전한 자로 세우려 함이니"(골 1:28)라고 설명하고 있다. 사도행전 11장을 보면 바나바와 바울이 함께 성도를 가르치는 장면이 나온다. 당시는 스데반의 일로 일어난 핍박으로 말미암아 예루살렘 교회의 성도가 흩어졌는데, 그중 일부 성도는 베니게와 구브로와 안디옥으로 피했다. 처음에 그들은 유대인들에게만 말씀을 전하다가 그중에 구브로와 구레네 몇 사람이 헬라인에게도 말씀을 전하여 수많은 사람이 돌아오는 역사가 일어나게 되었다. 그러자 예루살렘 교회는 이 소식을 듣고 바나바를 안디옥으로 파송하게 되는데 그는 직접 새롭게 믿은 신자들을 권면하기도 했지만, 자신보다 더 가르침의 은사가 있는 사울을 다소에 가서 데리고 온다(Fernando, 2013). 그리고 두 사람은 그곳에서 일 년 동안 새로 믿은 성도를 함께 가르치게 된다. 그러자 그 새신자는 제자가 되었고, 그러한 가르침과 양육 과정을 통해 안디옥의 성도는 그리스도인이라는 칭호까지 얻게 된다(행 11:26). 그리스도의 몸 된 교회로서 우리의 목표에는 각 사람을 그리스도 안에서 완전한 자로 세우는 것도 포함되어야 한다(골 1:28).

셋째, 세상을 향한 사역으로 교회는 전도와 구제에 힘써야 한다(Grudem, 1994).

예수님께서는 승천하시기 전 제자들에게 "오직 성령이 너희에게 임하시면 너희가 권능을 받고 예루살렘과 온 유대와 사마리아와 땅 끝까지 이르러 내 증인이 되리라"(행 1:8)라고 분명히 말씀하셨다. 이와 같이 복음의 증인이 되어 땅끝까지 복음을 증거하며 사는 것은 교회의 가장 중요한 존재 목적 중 하나이다. 사도 바울 역시 "너는 말씀을 전파하라 때를 얻든지 못 얻든지 항상 힘쓰라 범사에 오래 참음과 가르침으로 경책하며 경계하며 권하라"(딤후 4:2)라고 가르치고 있다. 복음을 전파하는 전도 사역은 초대 교회 이래로 세상을 향해 감당해야 할 교회의 가장 중요한 사역이었다. 전도 사역과 병행하여 감당해야 할 사역이 또 하나가 있는데, 바로 구제 사역이다. 이는 세상을 향한 섬김과 봉사의 사역으로, 주의 이름으로 가난하고 도움이 필요한 사람들을 돕는 너무나 귀한 사역이다(Grudem, 1994). 신약성경은 성도가 서로의 어려움을 돕고 구제해야 함에 대해 여러 번 강조한다(행 11:29; 고후 8:4; 요일 3:17). 그런데 교인들뿐만 아니라 불신자나 어려운 사람을 돕는 것 역시 마땅하다고 말씀하신다(Grudem, 1994). "오직 너희는 원수를 사랑하고 선대하며 아무 것도 바라지 말고 꾸어 주라 그리하면 너희 상이 클 것이요 또 지극히 높으신 이의 아들이 되리니 그는 은혜를 모르는 자와 악한 자에게도 인자하시니라 너희 아버지의 자비로우심 같이 너희도 자비로운 자가 되라"(눅 6:35-36). 그리고 이와 같은 착한 행실을 보고 세상 사람들이 하나님께 영광을 돌리게 해야 한다(마 5:16). 이러한 구제 사역에는 단순히 어려운 사람들을 돕는 것뿐만 아니라 사회적인 부조리나 불의에 대해 적극적으로 반응하는 것도 포함된다. 우리는 불의가 행해지는 것을 볼 때마다 기도해야 하며, 불의에 대해 항변해야 한다. 이 모든 것이 결국은 세상에 복음을 전하는 데 도움이 되는 일이고, 우리가 고백하는 복음이 얼마나 귀하고 아름다운 것인지 세상 사람들에게 보여 주는 통로가 된다. 그러나 이러한 세상을 향한 구제 사역이 복음 전파 사역을 대신하거나 앞에서 살펴본 것과 같은 하나님이나 신자들을 향한 교회의 사역을 대신할 수는 없다(Grudem, 1994).

이와 같은 그루뎀(Grudem, 1994)의 설명에 의하면 교회는 예배, 양육, 전도, 구제의 사명을 지닌다. 그루뎀뿐만 아니라 많은 목회자와 신학자, 그리고 교육학자가 교회의 사명을 이야기하였다. 『목적이 이끄는 삶』이라는 책으로 유명한 릭 워렌(Rick Warren) 목사는 '왜 교회가 이 땅에 존재하는가?', '교회로서의 우리는 어떤 존재가 되어야 하는가?' 등의 질문을 던지며 다음과 같이 이야기했다. "교회의 존재 목적은 우리가 만드는 것이 아니라 우리가 발견하는 것이다"(Warren, 1995, p. 7). 그리고 교회의 사명은 다음의 다섯 가지가 되어야 한다고 하였다. 예배, 전도, 제자훈련, 사역, 그리고 교제. 또한 마리아 해리스(Maria Harris, 1997)는 교회의 커리큘럼을 설명하면서 교회의 주된 사역을 예수의 부활에 대한 말씀을 선포하는 케리

그마(kerygma), 가르침의 사역인 디다케(didache), 기도의 사역인 레이투르기아(leiturgia), 공동체로서 교제하는 코이노니아(koinonia), 그리고 봉사와 섬김의 사역인 디아코니아(diakonia), 이렇게 다섯 가지로 설명하였다. 이외에도 더 많은 학자가 교회의 주된 사명이 무엇인지에 대해 비슷하면서도 또 약간씩 다른 설명을 내어놓고 있다. 중요한 것은 어쨌든 예수 그리스도께서 그의 지상 사역을 통해 구원 사역을 이루셨고, 이제는 교회를 통해 이 놀라운 구원의 사역이 진행되도록 하셨다는 것이다. 그러므로 교회는 교회의 머리 되신 예수 그리스도의 뜻을 따라, 이 땅에 교회가 존재하는 목적에 맞는 사역들을 잘 감당해야 한다.

그렇다면 어떻게 이와 같은 사역들을 잘 감당할 수 있을까? 어떻게 해야 교회의 존재 목적들을 이루어 갈 수 있을까? 여러 가지 답이 있을 수 있겠지만 이번 장의 내용에 맞는 답을 내어놓는다면 당연히 '교회교육'을 통해서 가능하게 할 수 있다. 즉 교회의 모든 교육적 사역들을 통해 성도가 하나님을 더욱 잘 예배하게 하고, 서로 아름다운 교제를 나누게 하며, 양육과 훈련을 통해 성숙해지며, 복음 전파와 섬김의 사역들을 더 잘 감당할 수 있게 되는 것이다. 특별히 교회의 사명과 교회의 교육 사역과 관련하여, 진 밈스(Gene Mims, 2003)는 우리가 고려할 만한 뛰어난 모델을 만들어 내었다. 다음의 그림은 밈스(Mims, 2003)가 소개한 '그리스도인이 성숙해져 가는 과정'으로서 하나님 나라에 초점을 맞춘 교회의 사역 모델과

불신자들이 교회의 훈련과 양육 과정을 통해 성숙한 그리스도인이
되고 더 나아가 지역 사회를 섬기는 사역자로 성장해, 하나님 나라
확장에 기여하는 과정을 잘 보여 주고 있다.

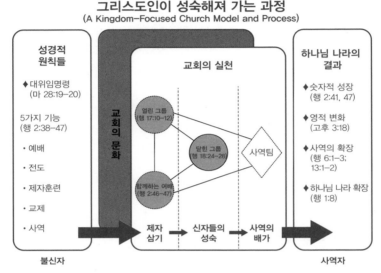

진 밈스(Gene Mims, 2003)가 정리한 '그리스도인이 성숙해져 가는 과정'

이 모델에서 밈스(Mims, 2003)는 불신자들을 성숙한 그리스도인
으로 성장시켜 결국 하나님의 사역자로 양성하여 하나님 나라를 확
장해 나가는 과정을 소개하고 있다. 우선 믿지 않는 사람들은 예배
나 성경공부, 소그룹 모임, 혹은 주일학교 등을 통해 교회에 처음 나
오게 되는데 이러한 모임들을 통해 하나님의 말씀을 만나고, 그리
스도인들의 교제를 통해 따뜻함을 경험하게 된다. 이러한 열린 그룹
은 믿지 않는 사람들에게 다가가고, 그들을 주 예수 그리스도를 믿

는 믿음으로 인도하여 예수 그리스도를 닮아 가는 성숙의 길로 인도한다. 그리고 이러한 목적을 이루기 위해 같은 교회의 성도와의 관계를 발전시키고, 예배, 전도, 제자훈련, 교제, 사역 등에 참여하도록 격려한다. 반면에 닫힌 그룹은 하나님 나라를 위해 섬길 리더들을 세우고, 또 신자들이 섬길 수 있도록 준비시키는 사역을 위해 존재한다. 보통 이러한 닫힌 그룹은 정해진 시간 동안, 또 특별한 목적을 위해 존재하는데 신자들이 영적으로 더욱 성숙해지고 사역을 감당할 수 있는 리더로 훈련하는 데 집중하게 된다. 세 번째 소그룹 모임은 사역팀으로서 교회 안의 다른 사람들을 섬기거나, 교회 밖의 지역 공동체를 돕는 사역을 감당하게 된다. 이러한 사역팀들은 주로 눈에 보이는 수단을 사용해서 교회 안의 사람들이나 지역 공동체를 섬기게 되는데, 이러한 사역들을 통해 본인들도 영적인 변화를 경험하게 될 뿐 아니라 결국 지역 사회에 하나님 나라의 역사가 이루어지도록 쓰임받게 된다(Mims, 2003).

이 모델에서 볼 수 있듯이 그리스도의 몸 된 교회가 이 땅에서 사명을 감당하는 것은 결코 쉽게 이루어지는 일이 아니다. 한두 사람의 열심만으로 되는 일도 아니고 교회의 모든 멤버가 성숙한 그리스도인이 되고, 지역 사회까지도 섬기는 사역자로 훈련되고 변화되어야 가능한 일이다. 이러한 일이 어떻게 이루어질 수 있는가? 교회의 모든 교육 사역을 통해 가능해진다. 단순히 주일학교에서 어린이와 청소년을 맡아서 보살펴 주는 사역 정도로 그쳐서는 안 된다. 장기적인 목회 비전과 계획 아래에서 지속적이고도 체계적인, 그리고 다양한 교육과 훈련을 지속할 때만이 하나님께서 각 지역 교회를 세우신 목적에 따라 맡겨 주신 사명을 제대로 감당하게 될 것이다. 그러므로 교회의 교육 사역은 모든 다른 사역들을 가능하게 하고, 교회의 각 기능이 제대로 발휘되도록 하는 가장 근간이 되는 사역으로, 교회가 최우선으로 감당해야 하는 가장 중요한 사역이라 할 수 있다.

훌쩍 다가온 인공지능 시대의 교회교육

지난 2022년 11월 30일(한국 시간 12월 1일) 출시된 이후 신드롬에 가까운 반응을 불러일으킨 챗GPT를 접한 필자는 다음과 같은 질문을 스스로에게 던졌다. '과연 챗GPT는 아이폰의 길을 갈 것인가? 아니면 메타버스의 길을 갈 것인가?' 지난 2007년 출시된 아이폰은 처음부터 엄청난 화제를 불러일으켰고, 일부 의혹을 가진 사람이 있었으나 앱스토어를 중심으로 자체 생태계를 만들어 나갔다. 그렇게 모바일 혁명을 일으키며 우리의 삶을 송두리째 뒤바꿔 놓았다. 아마도 이 책을 읽는 독자 대부분이 은행에 간 지 꽤 오랜 시간이 흐르지 않았을까 싶다. 아이폰을 시작으로 수많은 스마트폰이 나오기 이전에 대부분의 송금을 은행에 직접 가서 수기로 무통장입금 용지를 작성해 처리했던 것을 생각해 보면, 실제로 엄청난 변화가 우리 삶 속에서 일어났다. 그런 아이폰과 비슷하게 한때 엄청난 화제를 불러일으켰던 것이 바로 메타버스였다. 특히 지난 2021년 대면으로 사람들을 만날 수 없었던 코로나 팬데믹 상황과 맞물려 차세대 가상 세계 플랫폼으로 엄청난 주목을 받았었는데, 어느새 그 열기가 급속하게 식어 버렸고, 이제는 그동안 많은 투자를 했던 빅테크 기업들까지도 최근 관련 부서와 사업 부문을 정리하며 빠르게 철수하고 있다.

과연 챗GPT는 아이폰의 길을 갈 것인가? 아니면 메타버스의 길을 갈 것인가? 개인적으로 필자는 챗GPT는 아이폰의 길을 갈 확률이 높다고 생각한다. 이렇게 생각하는 데에는 두 가지의 이유가 있는데, 첫 번째 이유는, 사용자가 온전히 메타버스를 경험하는 데에는 기술적인 장벽(VR/AR을 비롯한 다양한 초실감 기술들)들이 존재하지만, 챗GPT를 이용하기 위해서는 질문과 그것을 입력할 수 있는 타자 능력만 있으면 된다는 점이다(게다가 간단한 회원 가입 절차를 통해 누구나 무료로 이용할 수 있다). 두 번째 이유는, 결국 어떤 기술적인 변화가 자리 잡기 위해서는 결국 실물 경제(현실 세계)와 연결이 되어야 하는데, 가상 세계에서 의미 있는 변화의 시도들은 있었으나 그 변화가 현실 세계의 변화와는 이어지지 못했던 메타버스와는 달리 챗GPT는 아이폰과 같이 자체 생태계를 만들어 갈 뿐만 아니라 새로운 미디어 혁명으로 우리의 삶에 큰 변화를 일으키는 기술 혁명이 되지 않을까 예상되기 때문이다.[1]

물론 몇 년이 지난 후 다양한 관련 기술의 발전과 함께 메타버스가 다시 발전의 길을 가고, 필자는 이 글을 썼음을 눈물 흘리며

후회하게 될 수도 있다. 그런데 필자가 메타버스가 아닌 챗GPT에 조금 더 주목하고 관련 연구를 계속해 나가는 것은 단순히 앞으로 다가올 시대에 대한 예상 때문만은 아니다. 사실 더 중요한 이유가 있다. 그것이 무엇이냐면, 교육의 도구와 방법에 대해 조금 더 집중하고 신경을 쓰는 메타버스에 비해, 챗GPT와 생성형 AI는 교육의 본질과 패러다임 자체를 더 고민하게 만든다는 것이다. 실제로 메타버스가 등장했을 때는 많은 교육 전문가가 새로운 교육 방법과 툴(Tool)로 신선하게 받아들이기는 했지만, 메타버스 때문에 교육계 전체가 뒤집히는 일은 벌어지지 않았다. 반면, 챗GPT는 등장하자마자 완전히 다른 상황이 펼쳐졌다. 사실 챗GPT의 등장이 사회의 많은 영역에 큰 충격을 주었지만, 그중에서도 가장 큰 충격과 혼란을 준 곳은 교육의 영역이다. 간단한 주제와 요청사항만 입력하면 수초 만에 간단한 에세이부터 제법 분량이 있는 소논문까지 작성해 주는 인공지능의 출현은 각국의 교육 전문가를 아연실색하게 만들었다. 이에 꽤 많은 나라에서 학생들의 챗GPT 접속을 금지하기도 했다. 챗GPT는 단순히 교육에서 활용할 수 있는 하나의 도구 차원이 아닌 현재 이루어지고 있는 교육의 구조와 패러다임 자체를 변화시킬 수 있는 '게임 체인저'(Game changer)가 될 수 있다. 챗GPT를 접한 교육 전문가들이 가르치고 배우는 이 일련의 모든 일에 대해 본질적인 고민을 하게 된 것이다.

기독교교육과 미디어를 연구하고 있는 필자 역시 챗GPT를 접하자마자 여러 고민을 떠올렸다. 물론 처음에는 교육의 본질에 대한 질문보다 챗GPT 자체를 배우고 연구하는 입장에서 '과연 챗GPT가 신앙을 교육할 수 있을까?', '챗GPT를 교회교육에 어떻게 활용할 수 있을 것인가?'와 같은 챗GPT의 가능성과 한계에 관련된 질문을 떠올렸다. 그리고 이와 같은 질문에 대한 답을 찾기 위해 필자는 아신대학교의 젊은 교수 4인과 함께 『챗GPT 목사님 안녕하세요』라는 책을 기획 및 집필했고, 어느 정도 그 답을 정리할 수 있었다(김규섭 외, 2023). 그러나 재미있게도 챗GPT를 연구하면 할수록 챗GPT 자체에 대해 관심을 가지기보다는 오히려 교육을 다시 바라보고, 교육의 본질을 고민하게 되었다. 그렇다면 신앙교육의 본질은 무엇이며, 교회교육은 어떻게 이루어져야 할 것인가?

1) 깊이 있게 사고하고 비판적으로 성찰하도록 하는 교회교육

사도 바울은 우리 모두가 "믿는 것과 아는 일에 하나가 되어 온전한 사람을 이루어 그리스도의 장성한 분량이 충만한 데까지"(엡 4:13) 자란다고 말한다. 즉 우리가 '믿는 것'과 '아는 것'이 두 바퀴가 되어 우리의 삶과 신앙이라는 수레를 이끌고 나가는 것이다. 그러나 그동안 한국 교회에서는 믿음을 '이성과 관계없이 단순히 믿기로 작정하는 맹목적인 의지의 행위'와 동일시하기도 하고, 혹은 개인의 경험이나 주관적인 느낌으로 생각하기도 했다(Moreland, 2019). 그러나 이와 같은 반지성주의적 태도는 바른 기독교 신앙인으로 우리가 성장해 나가는 데 조금도 도움이 되지 않는다. 사도 바울이 말했듯이, 그리고 2천 년 교회 역사 동안 수많은 목회자와 신학자가 노력해 왔듯이 우리의 이성과 지성을 균형 있게 사용해야 그리스도의 장성한 분량이 충만한 데까지 자랄 수 있는 것이다.

그런데 여기서 중요한 것은 '아, 우리가 기독교 진리를, 혹은 교리를 잘 가르쳐야겠구나' 하는 단순한 결론이 나오면 안 된다는 것이다. 사도 바울이 말한 '아는 것'은 어떤 단편적인 지식을 아는 것만을 의미하지 않고, 단순히 목사가 가르치는 내용을 수동적으로 받아들이기만 하는 태도를 가리키는 것도 아니다. 오히려 베뢰아 사람들처럼(행 17:11) 깊이 있게 사고하고 비판적으로 성찰하는 앎을 이야기하는 것이다. 그리고 더 중요한 것은 간단한 암기와 이해 수준의 지식만을 전달하는 것은 챗GPT와 같은 생성형 AI를 사용할 수 있는 시대에는 더 이상 의미 있는 가르침의 방법이 되기 어렵다는 점이다. 실제로 필자가 『챗GPT 목사님 안녕하세요』라는 책을 쓰면서 챗GPT의 가능성을 살펴보기 위해 신앙교육의 목표나 기독교교육의 정체성 등 답하기 어려울 수 있는 본질적인 질문부터 시작해 다양한 질문들을 해 보았다. 사실 이런 질문들은 기독교교육을 공부하는 전공자들에게도 쉽지 않은 내용일 수 있는데, 잘 정리된 답변을 즉각적으로 내놓았다. 또한 함께 책을 집필하며 여러 신학적인 주제들을 챗GPT에게 질문했던 조직신학 교수 역시 약간 보완되고 수정되어야 하는 부분이 있기는 하지만, 신학적으로 크게 문제가 되는 부분을 찾을 수 없었다고 말했다(김학봉, 2023). 이렇게 성경이나 신앙에 대해 궁금한 것들을 질문하면 몇 초 만에 제법 괜찮은 답을 내놓는 생성형 AI 앞에서, 단편적인 지식을 전달하는 것이 중심이 되는 교육 방법은 교육의 본질을 고려할 때도 그렇고, 시대적 흐름을 고려할 때도 맞지 않는 신앙교육 방법이라 할 수 있다.

그리고 무엇보다 깊이 있게 사고하고 비판적으로 성찰하도록 하는 신앙교육은 앞으로 다가올 인공지능 시대를 미리 대비하는 교육의 역할을 할 수 있다. 사실 우리가 인공지능을 사용하고 점점 의존하게 될 때 나타날 수 있는 문제점으로 지적되는 것이 있다. 바로 우리의 사고력, 인지능력, 창의력 등이 저하될 수 있다는 것이다. 이는 앞으로 다가올 인공지능 시대에는 치명적인 문제가 될 수 있다. 기본적으로 챗GPT와 같은 생성형 AI를 잘 사용하기 위해서는 질문을 잘하는 것이 굉장히 중요한데, 질문은 다른 누군가가 줄 수 있는 것이 아니다. 질문은 스스로 생각하고 깊이 있게 사고하지 않으면 만들어 낼 수 없다. 그러므로 깊이 있게 사고하고 성찰하도록 하는 교육은 다가오는 인공지능 시대에 큰 의미를 지니는 교육적 접근이 될 것이다. 게다가 챗GPT에게는 치명적인 단점이 하나 있는데(물론 앞으로 기술이 발전하면서 나아질 것으로 보지만) '환각 현상'(Hallucination)[2]을 일으켜 잘못된 답변을 맞는 답인 것처럼 뻔뻔하게 이야기한다는 것이다. 주어진 지식이나 주장을 단지 수동적으로 받아들이는 것이 아니라 스스로 그 지식과 주장이 참인지 거짓인지, 유용한지 무용한지를 주의 깊게 따지면서 생각하는 '비판적 사고 능력'은 미래 시대를 살아갈 다음세대가 반드시 갖춰야 하는 역량이다. 이는 교회교육에서도 강조되어야 한다.

2) 삶을 통해 가르치고 배우는 교회교육

신앙교육자로서의 챗GPT와 인공지능이 가지는 가장 큰 한계 중 하나는 바로 가르치는 사람이 자신의 삶으로 모범을 보여 줄 수 없다는 것이다. 현재 챗GPT는 우리가 질문하는 신앙적 질문들에 대해 수학적 계산을 통해 적절한 답을 찾고 이야기할 수 있을지는 모르나 결코 그 답의 내용을 자신의 삶으로 살아 내지는 않는다. 이것은 영적 교사로서 치명적인 약점이다. 왜냐하면 신앙은 머리에 지식을 쌓는 행위가 아니라 평생에 걸쳐 자신의 삶으로 살아 내는 것이기 때문이다. 그렇다고 한다면 우리는 '역시 챗GPT가 영적 스승의 자리를 차지할 수 없으니 안심하자.' 이렇게 결론을 내려야 할 것인가? 아니 오히려 우리가 더욱 고민하고 반성해야 할 지점이 여기에 있다. 즉 이제는 신앙을 교육하는 교사가 자신의 삶으로 모범을 보여 줄 수 없다면 차라리 인공지능과 대화하는 것이 영적으로 유익한 시대가 된 것이다(이수인, 2023).

또한 우리가 신앙교육의 본질을 생각할 때, 교사가 말씀대로 살아가는 삶의 모습들을 통해 가르치는 것도 중요하지만, 학생들이 직접 다양한 신앙의 경험을 통해 배울 수 있도록 하는 것도 필요하다. 그동안 한국 교회의 교회학교교육을 살펴보면, 인지적으로 이해하고 배우는 교육에 조금 더 초점이 맞춰져 있고, 다양한 경험이나 교육 활동을 통해 배우는 것을 경시하는 풍조가 있지 않나 싶다. 그러나 실제로 우리가 신앙의 사람으로 자라고 성장하는 데 있어 풍성한 신앙의 경험을 하는 것은 매우 중요하다. 스스로 신앙의 여정을 돌아보라. 그 동안 수많은 예배를 드리고, 셀 수 없을 만큼 많은 집회와 수련회에 참여했을 것이다. 그런데 그 숱한 집회와 수련회를 돌이켜봤을 때, 당시 들었던 말씀이 기억나는 사람이 있는가? 물론 인생을 바꾸어 놓을 만큼 중요한 말씀을 만났던 사람도 있을 것이다. 그러나 대부분이 집회나 수련회 때 들었던 말씀이 기억나지 않는다고 답한다. 그러면 집회나 수련회를 떠올리면 어떤 것이 기억나는가? 예수님을 처음으로 인격적으로 만났던 경험, 기도 중에 하나님의 큰 은혜를 느꼈던 경험, 그리고 수련회 때 있었던 여러 가지 인상적인 추억일 것이다.

우리가 지금까지 신앙인으로 자라고 신앙의 길을 걸어올 때, 우리를 붙들어 주었던 것은 의외로 다양한 신앙의 경험들이다. 그러므로 우리가 다음세대를 신앙의 사람으로 자랄 수 있도록 교육할 때 강의나 수업과 같은 인지적 활동만을 생각해서는 안 된다. 예배와 기도, 그리고 공동체의 섬김 등 다양한 신앙의 경험을 제공해 풍성한 경험이 마음속에 쌓일 수 있도록 해야 한다(Harris, 1997). 이처럼 다양한 신앙의 경험을 통해 배우도록 하는 교육은 교회교육의 본질을 회복시키는 교육이며, 앞으로 아무리 인공지능이 발달한다고 해도 절대로 제공해 줄 수 없는 것이다.

3) 관계에 기반한 앎

챗GPT를 교육, 특별히 신앙교육을 위해 사용하게 될 때 또 한 가지 염려되는 점은 바로 인식론과 관련된 이슈이다. 과연 지식이란 무엇인지, 우리가 무엇을 알 수 있고 무엇을 알 수 없는지, 그리고 그것들을 어떻게 알 수 있는지를 정리하지 않으면서 챗GPT의 가능성을 논할 수 없다. 아무래도 챗GPT가 제공하는 답들은 이성적으로 파악할 수 있는 인지적 차원에 국한되어 있는데, 그와 같은 인지적인 정보만을 받아들이고 이해했다고 해서 그것을 진정으로 '안다'라고 할 수 있느냐 질문한다면 긍정적인 답을 하기 어렵다(이수인, 2023).

이해하기 쉽게 조금 쉬운 예를 든다면 다음의 질문을 생각해 보면 된다. '과연 챗GPT가 수박을 알까?' 이 질문에 대해 어떻게 답을 하겠는가? 물론 챗GPT에 '수박이 뭐야?'라고 물으면 너무나 잘 정리된 답을 이야기한다. "수박은 큰 멜론과 비슷한 형태를 가진 과일입니다. 표면은 단단하고 두꺼운 녹색 껍질로 덮여 있으며, 내부는 주로 달콤하고 즙이 많은 빨간색이나 분홍색 과육으로 구성되어 있습니다. 또한 이 과육에는 수많은 작고 검은 씨가 들어 있습니다. 수박은 열대와 아열대 지역에서 잘 자라며, 매우 높은 수분 함량 때문에 더운 날씨에 흔히 먹는 과일입니다. 또한, 다양한 비타민, 미네랄, 항산화제가 풍부하여 건강에 좋습니다." 이렇게 언어적으로는 기가 막힌 답을 내놓는데 정말 챗GPT가 수박을 안다고 할 수 있을까? 여름날 더위와 갈증에 지쳤을 때, 차가운 냉장고 안에 들어 있던 수박을 꺼내 크게 한 입 베어 물었을 때의 달콤함과 청량함을 느껴본 적이 없는 인공지능이 과연 수박을 안다고 할 수 있을까? 그렇지 않다. 차라리 수박을 먹어 보고 그 맛과 촉감을 제대로 느껴 본 세 살짜리 어린아이가 수박을 더 잘 알 것이다.

'안다'는 것은 이와 같다. 단순히 명제적인 정보를 안다고 해서 진정한 앎을 얻었다고 이야기하기 어렵다. 그런데 우리가 잘 알고 있듯이 히브리어에서 '안다'라고 할 때 쓰이는 단어인 '야다'는 '안다'라는 뜻뿐만 아니라 '관계하다', '성적 관계를 가지다' 등의 뜻을 가지고 있다. 즉 히브리적인 앎은 단순히 머리로만 아는 것이 아니라 관계성에 기초를 두고 있는 앎이다(이수인, 2023). 이런 의미에서 볼때 우리가 하나님을 '안다'라고 하는 것은 하나님에 '대한' 명제적 정보들을 머리로 아는 것을 의미하지 않는다. 하나님과의 깊고 친밀한 관계 속에서 그분을 아는 것이다. 그렇기 때문에 챗GPT가 몇 초 만에 하나님에 대한 꽤 준수한 설명을 할 수는 있겠지만, 그 설명은 인격적이고 관계적인 지식에서 나오는 것이 아니라 수학적 계산과 학습한 데이터에 근거한 것일 뿐이다. 이는 마치 한 번도 수박을 먹어 보지 못한 사람이 수박에 '대한' 설명을 하듯 신앙 없는 사람이 하나님에 '대해' 설명하는 것과 다를 바 없는 공허한 지식이다. 물론 그러한 지식을 통해서도 성령 하나님께서 역사하신다면 어떤 일이든 일어날 수 있기는 하지만, 하나님과의 만남과 깊이 있는 교제를 경험해 보지 못한 인공지능의 정보를 통해 우리의 다음세대가 하나님을 만나고 교제할 수 있을 것인가 생각해 본다면 부정적인 답을 할 수밖에 없을 것이다.

4) 공동체 중심의 교회교육

챗GPT가 등장하기 이전에도 인공지능을 비롯한 다양한 에듀테크(Edu-tech)를 미래교육을 위해 사용해야 한다고 주장한 사람들이 있었다. 그들이 인공지능의 교육적 가능성 중에서 가장 높게 여긴 부분이 바로 학생 한 사람 한 사람에게 차별화(Differentiated)되고 개별화(Individualized)된 맞춤 교육을 할 수 있다는 것이었다. 그리고 실제로 챗GPT를 사용해 보니 그런 개별화된 맞춤 교육이 저출산으로 인한 학령인구의 급격한 감소로 앞으로 주일학교를 제대로 운영하기 어려워질 것으로 예상되는 한국 교회에 제법 큰 도움이 될 수도 있을 것으로 보인다.

그런데 문제는 차별화되고 개별화된 교육에도 장점만 있지는 않다는 것이다. 지난 2020년 우리는 코로나19와 사회적 거리두기로 인하여 전면 비대면 수업, 즉 각자 집에서 개별적으로 공부하는 일련의 일들을 경험하게 되었다. 그 결과는 심각했다. 학생들은 수업에 집중해서 참여하지 못했다. 이전보다 더 적게 배우게 되었고, 성적도 떨어졌다. 더 심각한 일은 많은 학생이 정서적인 어려움을 겪었다. 왜 이러한 일이 벌어졌는가? 교육은 어떤 음악 파일이나 기계처럼 쉽게 디지털화하고 자동화하고 개선할 수 있는 것이 아니기 때문에 그렇다(Sax, 2022). 더 중요한 이유는 인간은 기본적으로 다양한 상호작용과 학습 공동체를 통해 배우고 성장해 나가기 때문이다. 최근 뇌과학을 연구하는 신경과학자들은 우리의 뇌가 평생 고립된 뇌로 살아가도록 설계되어 있지 않고, 사회 속에서 다양한 상호 작용을 하도록 만들어졌음을 이야기한다(Eagleman, 2017). 이 말이 무엇을 의미하는가? 그동안 미래교육을 이야기하면서 꿈꿔 왔던 다양한 비대면 교육이나 인공지능을 통해 개별화된 맞춤 교육에 장점도 있을 수 있지만, 사회적 소통과 다양한 관계를 통해 발달하는 우리 아이들의 뇌 발달에 오히려 장애가 될 수도 있다는 것이다.

인간은 공동체와 사회적 관계를 통해 배우는 존재인데, 이는 특별히 신앙교육의 영역에서 더욱더 큰 의미를 가진다. 기본적으로 기독교 신앙은 불교와 같이 혼자 도를 닦아서 구원에 이르는 그러한 종교들과 거리가 멀다. 우리를 구원하시는 하나님께서 삼위일체라는 완벽한 사랑의 공동체를 이루고 계시고, 모든 구원 받는 자들 역시 교회라는 공동체로 부르셨다. 기독교는 공동체의 종교다. 그렇기 때문에 진정한 신앙교육은 공동체 안에서만 이루어질 수 있는 것이다. 모든 그리스도인은 서로에게 구원의 메시지를 전하고, 회의와 절망에 빠질 때 서로 돕는다. 각자의 짐을 나누며 함께 그리스도 안에서 자라 간다. 이를 두고 본 회퍼(Dietrich Bonhoeffer, 2016)는 모든 그리스도인은 "다른 그리스도인을 필요로 한다"라고 설명했다. 그러므로 챗GPT가 아니라 그 어떤 생성형 AI가 나온다 하더라도, 우리는 주님께서 세우신 교회 공동체를 통해 신앙을 가르치는 것을 포기해서는 안 된다.

우리가 해야 할 일들

위에서 살펴본 것과 같이 한국 교회의 교회교육은 한국 교회의 부흥과 성장에 큰 역할을 감당하며 함께 잘 성장해 왔다. 그러나 최근의 사회적인 저출산 문제와 낙후된 시설과 프로그램 등의 문제로 침체를 지나 하락세를 겪고 있음을 여러 통계와 학자들의 연구를 통해 확인할 수 있었다. 그리고 무엇보다 더욱 심각한 것은 앞으로의 상황도 그리 밝지 않으며, 생성형 AI를 비롯한 첨단 기술의 발전으로 새로운 도전까지 받고 있다는 것이다. 그렇다면 어떻게 해야 할 것인가? 흐름이 그러하니 어쩔 수 없다 하며 방관할 수밖에 없는가? 이와 같은 상황을 어떻게든 해결할 방법은 없는가? 과연 한국 교회교육을 위한 골든타임은 끝이 난 것인가? 더 이상의 희망은 없는가?

이러한 어두운 한국 교회교육의 상황을 바라보며 많은 기독교교육학자와 교회교육 전문가는 제각기 대안과 해법을 내놓고 있다. 대부분 다 맞는 말이고, 좋은 의견이다. 그러나 이번 장에서 이 모든 해법을 구체적으로 다루기는 쉽지 않다. 그렇기에 성경에서 발견하는 대비책 한 가지에 집중하고자 한다. 창세기 41장을 보면 바로가 하나님께서 7년의 풍년과 그 후 7년의 흉년이 찾아올 것을 알려 주시는 꿈을 꾸고 그 꿈을 요셉이 해몽해 주는 장면이 나온다. 그때 요셉은 다음과 같이 조언한다.

이제 바로께서는 명철하고 지혜 있는 사람을 택하여 애굽 땅을 다스리게 하시고 바로께서는 또 이같이 행하사 나라 안에 감독관들을 두어 그 일곱 해 풍년에 애굽 땅의 오분의 일을 거두되 그들로 장차 올 풍년의 모든 곡물을 거두고 그 곡물을 바로의 손에 돌려 양식을 위하여 각 성읍에 쌓아 두게 하소서 이와 같이 그 곡물을 이 땅에 저장하여 애굽 땅에 임할 일곱 해 흉년에 대비하시면 땅이 이 흉년으로 말미암아 망하지 아니하리이다(창 41:33-36)

즉 명철하고 지혜 있는 사람을 택하여 다가올 흉년을 잘 대비하도록 하라는 것이다. 그런데 놀라운 것은 그 조언을 들은 바로와 모든 신하의 반응이다. 그들은 요셉의 조언을 좋게 여겼고, 무엇보다 바로는 "이와 같이 하나님의 영에 감동된 사람을 우리가 어찌 찾을 수 있으리요"(38절)라며 다가올 흉년을 대비해야 하는 중요한 시기에 요셉을 총리로 세운다. 그 결과 애굽은 물론 주변의 모든 민족과 야곱의 일가 모두 7년의 흉년을 잘 넘기고 생명을 보존하게 된다. 이 사건을 통해 우리는 중요한 두 가지 진리를 깨달을 수 있다.

1) 흉년이 다가올 것이 확실하다면 다가올 흉년에 대해 잘 대비해야 한다.

그럼 "흉년이 다가올 것을 뻔히 알면서도 대비하지 않을 사람이 있는가?"라고 반문할 사람도 있을 것이다. 그러나 그런 사람이 있었다. 열왕기하 20장을 보면 이사야 선지자가 히스기야에게 장차 유다 왕국이 바벨론에게 멸망하고 모든 보물을 다 빼앗기고, 그 자손 중에 바벨론 왕의 환관이 될 자도 나올 것이라는 예언을 듣는다. 그러나 놀랍게도 히스기야의 대답은 다음과 같았다. "히스기야가 이사야에게 말하였다. 예언자께서 전하여 준 주님의 말씀은 지당한 말씀입니다. 히스기야는 자기가 살아 있는 동안만이라도 평화와 안정이 계속된다면, 그것만으로도 다행이라고 생각하였다"(왕하 20:19, 새번역). 즉 자신이 살아 있는 동안만 생각하며 자신의 시대에만 평화와 안정이 있다면 그것으로 되었다 생각하여 다가올 어려운 시간을 전혀 대비하지 않는다. 결국 히스기야는 역대 유다 왕 중 가장 악한 왕인 자신의 아들 므낫세가 왕위를 잇게 하였고, 유다 왕국이 멸망의 길을 가도록 내버려 둔 자가 되었다. 그런데 이와 같은 모습이 과연 히스기야만의 모습이라고 할 수 있겠는가? 현재 도시와 지방 가릴 것 없이 개교회마다 교회교육에 있어 어려움이 많음을 토로하고 있다. 앞으로도 흉년의 어려운 시간이 다가올 것을 예견하는 목소리가 높다. 그러나 이러한 상황을 두고 한국 교회가 얼마나 대비하려고 노력하고 있는지에 대해 반성해야 할 것이다. 겉으로는 "우리 교회는 교육에, 다음세대에 투자하는 교회입니다"라고 하면서 제대로 된 교육관 시설, 잘 구성된 교육 과정, 혹은 잘 훈련된 교육 전문가 없이 그저 생색내기처럼 교회교육을 감당하는 교회가 많지 않은가? 시대는 바뀌어 가고 있고 교육의 현장도 날마다 새롭게 변하고 있는데 여전히 변화 없이 1970년대나 통하던 방식으로 주먹

구구식 교회교육을 하고 있지는 않은가? 또한 히스기야의 생각처럼 지금 우리 교회는 문제가 없으며 잘되고 있다고 생각하여 아무런 대비를 하지 않는다면 반성해야 한다. 이렇게 해서는 다가올 흉년의 시간을 절대로 대비할 수 없다.

2) 흉년에 대한 대비의 핵심은 사람을 세우는 것이다.

당시 바로는 하나님을 모르는 이방인이었지만 하나님의 일반 은총 섭리 가운데 놀라운 지혜를 발휘하게 된다. 그래서 요셉을 모든 애굽을 다스리는 총리로 세워서 다가올 흉년을 대비하게 한다. 이것이 쉬운 일인가? 그렇지 않다고 생각한다. 물론 억울한 누명을 쓴 것이기는 했지만, 당시 형법상 주인의 처를 강간하려 했던 히브리 출신의 노예를 애굽과 같은 대국(大國)의 이인자로 삼는 것은 엄청나게 파격적인 인사이다. 그러나 결국 요셉을 총리로 세운 바람에 7년의 흉년을 잘 넘어갈 수 있었다. 교회교육도 마찬가지이다. 앞으로 더욱 어려운 상황이 찾아올 것이다. 개교회만의 문제가 아니라 한국 교회에 찾아올 어려움이고 흉년의 시간이다. 그렇다면 여기에 대비해야 하는데, 그 대비의 핵심은 결국 사람을 세우는 것이다. 앞으로의 흉년의 시간을 잘 대비하고 넘어갈 수 있도록 이끄는 '명철하고 지혜 있는' 교회교육 전문가를 양성하고 세워야 한다. 그러할 때 하나님께서 잘 훈련되고 준비된 교회교육 전문가를 통해 흉년의 시간을 잘 대비하고 넘어가도록 역사하실 것이다.

잘 훈련된 교회교육 전문가를 통해 교회를 세워 가는 일은 성경적으로 보나 신학적으로 보나 너무나 타당하고 중요한 일이다. 에베소서 4장 11절에서 사도 바울은 다음과 같이 말한다. "그가 어떤 사람은 사도로, 어떤 사람은 선지자로, 어떤 사람은 복음 전하는 자로, 어떤 사람은 목사와 교사로 삼으셨으니." 이 말씀을 보면 사도, 선지자, 복음 전하는 자, 목사와 교사 이렇게 다섯 종류의 사역자가 있는 것 같은데 사실 목사와 교사는 한 개의 관사로 연결되어 있다. 그러므로 목사와 교사는 한 사람이 목사와 교사의 두 가지 사역을 함께 하는 것으로 이해해야 한다(Arnold, 2002; Bruce, 1984; O'Brien, 1999; Snodgrass, 1996). 그런데 중요한 것은 왜 교회에 이와 같은 사역자들을 세우셨는가 하는 것이다. 그 답은 12절에 나온다. "이는 성도를 온전하게 하여 봉사의 일을 하게 하며 그리스도의 몸을 세우려 하심이라." 이 구절에 대해 그동안 한국 교회가 오해한 적이 있었다. 예전에 사용하던 개역한글판 성경에서는 이 구절이 다음과 같이 번역되어 있다. "이는 성도를 온전케 하며 봉사의 일을 하게 하며 그리스도의 몸을 세우려 하심이라." 즉 "성도를 온전하게 하여"가 아닌 "성도를 온전케 하며"로 번역된 바람에 11절에서 언급된 사역자들이 봉사의 일을 하고, 그리스도의 몸을 세우는 모든 사역을 감당해야 하는 것으로 이해했다. 그리고 몇몇 신학자도 이와 같이 교회의 리더가 성도를 온전하게 하고 봉사의 일을 하고, 그리스도의 몸을 세우는 것으로 보기도 하였다(Klein, 2006). 그러나 이 구절은 개역개정판이 번역한 것과 같이 교회의 사역자들이 성도를 온전하게 하고, 그렇게 잘 훈련받아 온전하게 된 성도가 봉사의 일을 하고, 그러한 성도의 사역을 통해 그리스도의 몸이 세워지는 것으로 해석이 되어야 한다(Klein, 2006). NIV 성경은 이러한 의미를 잘 담아내고 있다. "to equip his people for works of service, so that the body of Christ may be built up." 즉 모든 성도의 궁극적인 사명은 각자 온전하게 되어 자신에게 주어진 사역을 잘 감당하게 되어 그리스도의 몸 된 교회를 세우는 것이다. 이것이 바른 질서이고, 그리스도의 몸이 세워져 가는 성경적인 원리이다. 여기에서 우리는 교회교육 전문가들이 중요한 이유를 발견한다. 그들의 사역이 무엇인가? 성도를 온전하게 하는 일이다. 성도가 자신의 사역을 잘 감당할 수 있도록 양육하고 준비시키는 일이다. 교회가 교육 사역을 온전히 잘 감당할 때, 그리스도의 몸 된 교회는 잘 세워져 갈 수 있다. 그렇기에 교회교육 전문가들을 훈련하고 양성하는 일이 너무나 중요하다.

또한 교회교육 전문가를 세워 가는 일의 중요성은 예수님께서 남기신 지상 명령(마 28:19-20)을 봐도 잘 알 수 있다. 사실 예수 그리스도의 대위임명령은 그의 지상 사역 목적이 무엇인지 보여 준다(Wilkins, 2004). 그는 인간의 구원과 함께 인간들을 제자로 삼아 이 땅 가운데 하나님의 나라를 열어 나가기를 원하셨다(Wilkins, 2004). 제자를 삼는 사역에서 가르치는 일은 대단히 중요한 역할을 한다. 모리스(Morris, 1992)는 "제자란 따르는 자임과 동시에 배우는 자이다. 그리고 예수 그리스도를 자신의 교사로 삼아 그로부터 배우는 자이다"라고 정의하였다(p. 746). 예수 그리스도께서는 제자도의 핵심 원리가 가르치는 사역이라는 것을 확신하셨다(Wilkins, 2004). 이것이 바로 그의 교회가 가르침에 의해 제자로 삼아야 하는 이유이다(마 28:20). 그러므로 이와 같은 결론이 도출된다. 예수께서는 자신의 제자들을 가르치셨다. 왜? 그들이 또 다른 이들을 가르쳐 제자삼게 하기 위해서. 즉 예수 그리스도의 지상 사역 동안 예수 그리스도께서 하신 일의 핵심은 그의 제자들이 앞으로 그들의 가르침의사역을 잘할 수 있도록 준비시키시는 것이었다. 그러므로 그의 모든지상 사역은 교회교육 전문가들을 양성하는 일종의 교사교육 프로그램이었다고 볼 수 있다. 이를 위해 예수께서는 각 학습자와 그들의 상황에 맞게 다양한 방법으로 가르치셨고 때로는 문제 중심 학습법과 같은 학습자 중심적인 방법도 사용하셨다(막 10:17; 요 6:5). 그는 효과적으로 그의 제자들이 가르치는 자들이 될 수 있도록 준비시키길 원하셨다.

결국 오늘날의 교회 리더들과 교육 전문가들은 예수 그리스도께서 자신의 제자들이 잘 가르치는 자들이 되도록 삶을 투자하셨다는 것을 깨달아야 한다. 예수 그리스도의 제자들은 우리가 잘 알다시피 오순절 성령강림 사건 이후, 교회의 리더가 되어 성도를 가르쳐 교회를 세워 갔다. "그들이 사도의 가르침을 받아 서로 교제하고 떡을 떼며 오로지 기도하기를 힘쓰니라"(행 2:42)라는 말씀을 보아 알 수 있듯이 사도들은 교회교육 전문가로 세워져 가르치는 사역을 통해 "성도를 온전하게 하여 봉사의 일을 하게"(엡 4:12) 했던 것이다.

사도 바울 역시 디모데후서 2장 2절에서 디모데에게 이렇게 명령한다. "또 네가 많은 증인 앞에서 내게 들은 바를 충성된 사람들에게 부탁하라 그들이 또 다른 사람들을 가르칠 수 있으리라." 가르치는 자들, 교육 전문가들을 계속해서 재생산해서, 그들이 또 다른 사람들을 가르칠 수 있도록 해야 한다는 말씀이다. 이와 같이 교회의 리더들과 교육 전문가들은 앞으로 다가올 어려운 시간 속에서 그리스도의 몸 된 교회를 세우고 교회의 사명을 이루도록 온 성도를 준비시킬 수 있는 교회교육 전문가들을 세워 가는 일에 모든 역량을 집중해야 한다.

많은 학자와 전문가가 예견하듯 한국 교회교육에 큰 어려움의 시간이 찾아올 것이다. 이 흉년의 시간을 어떻게 대비하여 하나님 나라를 이루는 기회의 시간으로 바꾸어 나갈 수 있을 것인가? 결국 '사람'이다. 우리는 그리스도의 사랑과 핏값으로 세워진 몸 된 교회를 위해 '명철하고 지혜 있는' 교회교육 전문가들을 훈련시켜야 한다. 각 교회에서 체계적이면서도 효과적인 교육 사역을 잘 감당하여 앞으로 다가올 흉년을 대비하시길 간절히 기도한다.

질문하고 생각하기

- 기독교교육은 무엇이고 교회교육은 무엇인가요? 이 두 가지를 서로 비교하면서 자신의 말로 설명할 수 있나요?

- 교회교육이 왜 필요하고 중요한가요? 교회교육에 대한 성경적 근거는 무엇인가요? 이 질문에 대한 답을 교회의 사명과 연결하여 설명해 보세요.

- 밈스(Mims)가 소개한 '그리스도인이 성숙해져 가는 과정'을 가지고 한 지역 교회에서 불신자들이 교회의 훈련과 양육 과정들을 통해 성숙한 그리스도인이 되고 더 나아가 지역 사회를 섬기는 사역자로 성장해, 하나님 나라 확장에 기여하게 되는 과정을 설명해 보세요.

- 현재 자신이 다니는 교회를 중심으로 자신이 생각하는 교회교육의 문제가 무엇인지 생각해 보고, 함께 나누어 보세요.

- 인공지능 시대에 교회교육이 회복해야 할 가장 중요한 신앙교육의 본질이 무엇일지 생각해 보세요.

- 교회교육 전문가를 양성하는 일과 예수 그리스도께서 우리에게 주신 대위임명령(마 28:19-20)을 연결 지어 설명해 보세요.

- 기독교교육을 배우는 학생의 한 사람으로 앞으로 한국 교회교육에 자신이 어떻게 이바지할 수 있을지 생각해 보고 함께 나누어 보세요.

1) 지난 3월 24일 오픈AI는 '챗GPT'에 인터넷 실시간 정보를 포함해 이미 공개되어 있는 다른 회사의 지식 소스 및 데이터베이스에 접근해 상호 작용할 수 있는 '플러그인'(Plugins) 기능을 출시했는데, 이처럼 다양한 인공지능 기반의 앱들이 출시되고, 기존의 강자였던 구글과 경쟁하면서 자체 생태계가 만들어지고, 실제 우리의 삶을 변화시키는 다양한 서비스들이 등장하지 않을까 조심스럽게 예상해 본다.

2) 인공지능이 오류가 있는 데이터를 학습해 잘못된 답변을 맞는 말처럼 제시하는 현상.

기독교세계관교육: 학교교육과 미디어교육까지

———— 이숙경

기독교세계관을 가르쳐야 하는 가장 중요한 이유는 기독교 교육의 목적과 관련되어 있다. 『기독교 교육학 사전』(Evangelical Dictionary of Christian Education)은 기독교교육의 목적을 다음과 같이 제시하고 있다.

기독교교육의 목적은 사람들을 예수 그리스도 안에서 구원하는 믿음으로 이끄는 것이다. 그리고 그들을 제자의 삶으로 훈련시키며 오늘날의 세상 속에서 기독교적인 봉사를 할 수 있도록 준비시키는 것이다. 즉 믿는 자들이 기독교적 관점으로 중요한 의사결정을 할 수 있도록 그들 안에 기독교세계관을 발전시키는 것이다. 또한 믿는 자들이 삶의 모든 영역에서 기독교적으로 생각하도록, 그래서 복음의 메시지로 사회에 영향을 미칠 수 있도록 돕는 것이다(Anthony, 1997).

기독교세계관을 형성하도록 도와주는 것은 기독교교육이 반드시 해야 하는 일 중 하나이다. 기독교세계관에 기초하여 기독교적 관점으로 세상을 바라보고 자신의 삶에서 부딪치는 여러 상황에 대한 바른 결정과 행동을 하도록 하기 위해서이다(이숙경, 2015).

신앙이 있다고 해도 구체적 삶으로 연결되어 나타나지 않는 경우들이 있다. 즉 신앙과 삶이 일치하지 않는 것이다. 그것은 신앙이 부족해서 일수도 있으나, 신앙을 어떻게 구체적으로 삶에 적용해야 할지 모르거나 어떤 것이 기독교인의 삶인지 분별하지 못하기 때문일 수도 있다. 기독교세계관을 가르친다는 것은 신앙을 삶에서 구체화하도록 돕는 것이다. 즉 신앙과 삶의 일치를 위한 다리 역할을 한다. 신앙과 삶과의 관계에서 세계관의 위치를 다음과 같은 그림으로 나타낼 수 있다.

신앙과 세계관과 삶의 관계

이 장에서는 기독교세계관교육에 대해 소개하고자 한다. 우선 세계관이 무엇인지 알아볼 것이다. 그리고 세계관교육의 방법과 영역에 어떤 것이 있는지 사례를 들어 살펴보고자 한다. 특히 이 장에서는 기독교교육의 중요한 영역이지만, 종종 조명을 받지 못하는 영역인 학교교육과 미디어교육을 세계관교육과 관련하여 생각해 보려한다. 그리고 세계관교육을 하기 위해 갖추어야 할 것이 무엇인지 제시하고자 한다.

세계관의 의미와 영향

1) 세계관이란?

세계관이란 말은 어떤 사람들에게는 낯선 말일 수도 있다. 실제로 세계관교육이라는 것이 한국 교회에서 시작된 지 그리 오래되지 않았다. 그리고 현재도 세계관교육을 별도로 실시하는 교회가 많지 않다. 따라서 세계관교육에 대한 이야기를 하기에 앞서 세계관이라는 단어에 대한 이해가 필요할 수 있다. 세계관(Worldview)이란 말 그대로 세계를 보는 관점 또는 안목이다. 좀 더 구체적으로 이해하기 위해 세계관과 관련된 질문의 예들을 살펴보면 다음과 같다. 우선 근본적인 질문들이다.

- 세상의 근원은 무엇이며 어떻게 형성되었는가?
- 세상은 무엇으로 구성되어 있는가? 물질인가? 영인가? 아니면 이 둘 모두인가?
- 세상은 어디로 가고 있는가?

- 인간(자아)은 어떤 존재인가? 무엇으로 구성되어 있고 어떤 가치가 있는가?
- 인간이 추구해야 하는 가치는 무엇인가? 어떤 것이 인간다운 삶인가?
- 진리는 있는가? 무엇이 진리인가? 진리를 어떻게 증명할 수 있는가?

세계관과 관련된 근본적인 질문들은 매우 철학적이다. 그러나 세계관과 관련된 질문들에는 실제적인 질문들도 있다. 예를 들어 다음과 같은 것이다.

- 어떻게 옷을 입는 것이 멋있는 것인가?
- 저 영화는 어떤 가치를 말하고자 하는가?
- 동성애는 어떻게 보아야 하는가?
- 일과 쉼의 가치는 무엇인가?
- 학교교육은 어떤 식으로 하는 것이 좋은가?
- 친환경 또는 유기농을 강조하는 것은 무엇 때문인가?

이런 실제적인 질문들은 앞의 근본적인 질문들과 깊은 관련이 있다. 사실상 사람들이 살아가는 여러 모양의 삶의 기초에는 근본적인 질문들에 대한 나름의 생각이 자리 잡고 있다. 그것이 세계관이다. 따라서 세계관은 사상이나 신념을 포함할 뿐 아니라 우리 삶에서 구체적인 모습으로 드러난다.

즉 세계관은 모든 존재의 근원에 대한 질문(존재론)과 이 세상을 알아 가는 방식과 진리에 대한 질문(인식론), 그리고 가치 있는 것의 기준에 대한 생각(가치론)에 대한 것들을 포함하고 그것은 우리 삶의 방식에 영향을 미친다(Greene, 2003).

세계관이 영향을 미치는 범위

2) 세계관이 우리의 삶에 미치는 영향

세계관은 우리의 삶 전체에 영향을 미친다. 사람마다 옷을 입는 방식이 다르다. 어떻게 옷을 입을 것인가를 결정하는 데는 여러 요소가 작용한다. 어떤 사람은 불편하더라도 멋져 보이는 옷을 선호한다면, 어떤 사람은 멋은 없더라도 편안하고 실용적인 옷을 선호한다. 또 어떤 사람은 눈에 띄지 않는 평범한 옷을 원하지만, 어떤 사람은 눈에 띄는 옷을 좋아한다. 이는 취향의 차이기도 하고 살아가는 방식에 대한 가치관과 삶의 목표를 반영하는 것이기도 하다. 또는 자기 자신을 어떤 가치로 판단하고 어떤 사람이라고 생각하는가에 따라 달라질 수도 있다.

인류의 기원을 진화론적으로 생각하는 사람들과 하나님께서 창조하셨다고 생각하는 사람들이 추구하는 가치와 삶의 방식은 다를 수밖에 없다. 진화론으로 볼 때 인간은 여러 동물 중의 하나이다. 따라서 인간은 동물과는 다른 고유한 가치를 갖지 않는다. 하지만 하나님의 창조로 볼 때 인간은 하나님의 형상으로 창조되었고 따라서 동물과는 다른 고유한 존엄성을 가진 존재이다. 이 두 생각의 차이는 문화의 각 영역에서 나타나고, 각 사람의 인생 목표와 가치관에서 나타난다.

또 어떤 사람은 이 세상의 시작을 물질이라고 본다. 유물론자들이다. 그들은 인간을 포함한 모든 것의 본질이 물질이라고 생각하고 눈에 보이고 오감을 통해 경험될 수 있는 것만을 믿는다. 공산주의나 자본주의가 여기에 속한다. 이런 세계관을 갖고 있으면 물질 문제의 해결이 곧 인생 문제의 해결이라고 생각할 수 있다. 그리고 인간도 물질의 하나로 보기 때문에 물질에 의해서 인간의 가치가 결정된다.

그런데 어떤 사람들은 모든 것의 기원이 영이라고 본다. 그런 사람들은 물질이 중요하지 않다. 보이지 않고 알 수 없는 영의 세계가 이 세상을 지배하고 있으며 인간은 그 영의 세계에 의해 지배당하는 매우 수동적이고 운명적인 존재로 본다. 밀러(Miller)는 이런 세계관을 애니미즘이라고 보았다. 힌두교, 불교, 무속 등이 이런 세계관에 속한다. 이 입장에서는 땅에서의 삶이란 중요하지 않다. 그냥 운명에 기대어 살아간다. 그리고 알 수 없는 영적 존재를 무서워하며, 그 존재에게 아첨하며 복을 구하고 살아간다(Miller, 1998; 이숙경, 2015a).

이런 각각의 세계관들은 사람들의 생각과 가치관에 영향을 미치고 그들이 인간을 대하고 돈을 다루고 권력을 행사하고 시간과 공간을 사용하는 모든 것에 영향을 미친다. 그렇다면 기독교인들은 어떠한가.

기독교인들은 기독교세계관에 기초하여 그 세계관을 실천하며 살아가야 할 것이다. 그러나 아쉽게도 실상은 그렇지 못하다. 기독교인들도 기독교세계관이 아닌 다른 세계관의 영향을 받고 있으며, 심지어 기독교세계관이 무엇인지 잘 모를 수도 있다. 결과적으로 기독교인임에도 불구하고 기독교적인 방식으로 살아가지 못하는 사람들이 있다. 어떤 기독교인들은 신앙생활은 열심히 하는데 직장이나 학교에서 기독교인으로 어떻게 살아야 하는지, 기독교인으로서 어떻게 문화를 대해야 하는지, 사회 속에서 어떻게 생활해야 하는지 잘 모른다. 교회에서는 매우 신앙이 좋고 확신이 있어 보이는데, 사회로 나아가면 힘을 잃고 혼돈에 빠지는 기독교인들도 있다. 여기서 필요한 것이 바로 기독교세계관교육이다.

기독교세계관교육의 필요성과 유익

1) 세계관교육의 필요성

세계관교육이 필요한 이유는 앞서 살펴보았듯이 세계관이 우리의 삶에 매우 깊이 그리고 구체적으로 영향을 미치기 때문이다. 그 영향은 우선 우리 자아의 매우 깊은 곳에 자리 잡는다. 또한 오래

지속된다. 즉 어떤 세계관으로부터 한번 영향을 받아서 형성된 생각이나 태도를 바꾸기가 쉽지 않다는 의미이다. 따라서 어려서부터 바른 세계관을 교육하는 것이 매우 중요하다.

어려서 받은 세계관의 영향은 평생을 갈 수 있다. 그리고 그것이 너무나 익숙해서 자신이 어떤 세계관을 갖고 살아가는지 인식하지 못하는 경우가 많다. 아기가 태어나서 가장 먼저 접하는 세계관은 부모의 세계관이다. 어린 아기는 자신의 선택과는 상관없이 부모의 세계관을 전달받는다. 그것은 아기의 내면에 깊이 자리 잡는다. 그리고 성장하면서 여러 가지 세계관을 경험하는데, 그것은 부모가 전해 준 세계관을 강화하기도 하고 충돌을 일으키기도 한다. 그러나 근본적으로 인격 안에 기초를 이루는 것은 역시 부모를 통해 형성된 세계관이다.

그리고 학교와 미디어를 통해 많은 세계관을 전달받는다. 공교육에서 접하게 되는 세계관은 주로 진화론적 세계관이다. 또는 세속주의라고도 부를 수 있다. 일반 학교를 다니는 경우 최소 12년 동안 이 세계관의 영향을 받게 된다. 교과서를 통해서, 학교의 분위기를 통해서, 그리고 교사와의 관계를 통해서 세계관을 경험하게 된다.

미디어의 문화적 콘텐츠들은 매우 다양한 세계관을 내포한다. 즉 게임, 영상, 인터넷상에 있는 다양한 정보는 각각의 세계관을 갖고 있다. 미디어가 전달하는 세계관은 시대의 흐름과 유행에 따라 다채롭게 변화한다. 오늘날 미디어가 만들어 내는 문제 중에 심각한 것은, 어떠한 기준 없이 다양한 세계관을 쏟아 내는 것이다. 그 영향으로 진정한 가치의 기준이 무엇인지, 정말 중요한 것이 무엇인지 모르는 상태에서 흔들리면서 살아가는 사람이 많다는 것이다.

좀 더 거시적으로 보면 한국인들은 한국 사회를 이끌어 가는 세계관의 영향권 안에 있다. 한국 사회에는 전통적으로 내려오는 세계관과 새로운 세계관들이 공존하고 있다. 최근에는 세계화와 다문화 등의 현상 속에서 세계관이 점점 더 다양화되고 있다.

물론 기독교인들은 교회를 통해서도 영향을 받는다. 하지만 일주일 중 단 몇 시간의 교회생활이 세계관 형성에 얼마나 영향을 미칠지에는 큰 우려가 있다. 기독교세계관의 견고한 기초가 없다면 기독교인들도 역시 세계관의 혼돈을 경험할 수 있다. 그리고 기독교인이지만 기독교세계관에 기초한 삶을 사는 것이 아니라 비기독교적인 세계관을 무비판적으로 받아들이고 그것에 이끌려 살아갈 수도 있다. 이런 이유에서 세계관교육이 필요하다.

2) 세계관교육의 유익

가장 기본적인 자아의 가치 확인

세계관교육을 통해 얻을 수 있는 가장 큰 유익은 자아의 가치 확인이다. 즉 바른 자아정체성을 형성할 수 있다는 것이다. 세계관 이해는 '이 세상의 근원이 무엇인가'라는 질문에서부터 시작한다. 이것은 곧 '인간의 근원, 나의 근원이 무엇인가'라는 질문과 이어진다. 따라서 세계관교육은 그 배우는 사람들이 무엇보다 자신의 존재 근원을 잘 이해하도록 도와주어야 한다.

각각의 세계관들은 인간의 가치에 대해 다른 생각을 한다. 앞서 언급한 것처럼 진화론에서는 인간을 동물과 같이 분류한다. 따라서 인간의 가치도 동물의 가치에 준한다고 할 수 있다. 따라서 인간 생명의 존엄성이 중시되지 않는다. 진화론을 극단적으로 신봉하였던 실례가 제2차 세계대전 당시 유대인을 학살했던 히틀러이다. 히틀러는 유대인뿐 아니라 장애인들도 가스실에서 죽도록 하였다. 장애인을 한 생명으로, 인간으로서 가치가 있다고 보지 않았기 때문이다. 그는 열등한 인종은 다 없애도 된다고 생각하였다. 인간 생명의 존엄성에 대한 어떤 생각도 찾아볼 수 없는 행동이었다. 이렇게 극단적이지는 않지만, 인간을 너무나 쉽게 실패자 또는 패배자로 취급하는 우리의 세태 속에서도 비슷한 세계관의 영향을 볼 수 있다.

반면에 기독교세계관에서는 인간을 하나님의 형상대로 창조된 존재로 본다. 따라서 인간의 가치는 인간이 부여하는 것이 아니라 하나님께서 정하시는 것이다. 그런데 하나님께서는 인간의 연약함이나 부족함으로 인간을 판단하지 않으신다. 하나님께서는 모든 인간을 존귀하게 여기신다. 우리는 때로 "저런 인간까지도?"라고 질문하지만 하나님은 그런 인간조차도 가치가 있다고 하신다. 하나님은 자기 아들을 희생시키실 정도로 인간을 가치 있다고 여기시는 것이다. 우리가 기독교인이라면 자신을 보는 관점의 기초를 철저히 하나님께 두어야 한다. 이것이 바로 형성되어야 다른 사람과 세상을 바로 볼 수 있다.

기독교세계관을 배운다는 것은 세계관에 대한 지식을 쌓아가는 것이 아니다. 그것은 나에 대한 바른 관점을 형성하고 자신의 존재의 가치와 의미에 대한 바른 기준을 형성하는 것이다. 이것은 단순한 지적 이해를 넘어서 하나님께서 주신 삶을 누리며 힘차게 살아가도록 하는 원동력이 될 수 있다.

기독교인으로 일관성 있게 살기

기독교인은 교회 안에서만 사는 것이 아니다. 더 많은 시간 동안 가정, 학교, 사회 등에서 일상적인 삶을 살아야 한다. 이런 삶의 상황 속에서 수시로 어떻게 해야 할지 생각하고 결정해야 할 문제들을 직면하게 된다.

진정한 기독교인이라면 직장, 결혼, 이성 교제, 자녀교육, 돈 사용, 대중문화, 미디어 사용 등 삶의 모든 영역에서 '기독교인으로 산다는 것은 어떤 것인가?'라는 질문을 하게 된다. 이런 질문들에 대해서 기독교적인 답을 찾아가기가 항상 쉽지는 않다. 왜냐하면 기독교인도 이 세상 속에서 교육을 받고 살아가면서 기독교세계관 외에 많은 세계관을 접하게 되고, 때로는 그것이 문제인지 모르면서 살아가기 때문이다. 심지어 그런 세계관들이 나름 좋아 보이고 우리의 마음을 잡아당기기 때문이다. 또 어떤 경우는 학교교육이나 미디어를 통해서 영향을 받는 세계관들이 너무 자연스럽게 우리의 삶에 자리를 잡고 있기 때문에 그 영향을 인식하지도 못하면서 살아갈 수도 있다. 따라서 기독교세계관에 입각하여 삶의 방향을 잡고 살아가는 것이 쉽지 않다.

기독교세계관교육은 이런 답을 찾아가는 것을 도와준다. 삶에서 만나는 여러 상황에서 선택의 기준을 제시해 준다. 그리고 기독교세계관의 내면화를 통해서 스스로 선택할 수 있도록 도와준다. 기독교세계관교육을 통해서 기독교인들은 좀 더 신앙과 일치된 삶을 살아갈 수 있다.

실질적인 삶의 문제들에 대해 생각하고 답 찾기

기독교인이 겪는 어려움 중 하나는 비기독교인의 질문에 답하는 것이다. 비기독교인은 기독교 신앙에 대해서, 또 특정 문제에 대한 기독교인의 생각은 어떤지 알고 싶어 한다. 때로는 궁금해서, 때로는 비판하기 위해서 여러 가지 이유로 세상은 기독교인들에게 질문을 던진다. 최근에 기독교를 개독교라고 비난하는 사람들도 어쩌면 기독교인들에게 "너희는 어떻게 살 것이냐?"고 질문하고 있는 것인지도 모른다.

그런데 기독교인들이 이런 질문에 대해서 대답을 잘하고 있다고는 할 수 없다. 이에 대한 교육을 받지 못했기 때문이다. 신앙생활과 교회 봉사를 열심히 하라고 독려는 받았지만 기독교적으로 '생각하는' 교육을 받은 기독교인이 많지 않다. 오히려 '생각하는' 것을 마치 믿음과는 반대 방향으로 가는 행동처럼 여기는 경향도 있다. 기독교인들이 생각하지 않기 때문에 답을 알 수 없고 세상을 향해서 이야기할 것이 없다는 것이다.

세계관교육은 삶의 문제들에 대해 생각하게 한다. 기독교세계관을 기준으로 어떻게 답을 찾아가야 할지 고민하게 한다. 이런 고민의 과정을 통해 자신의 삶에서 방향성을 찾을 뿐 아니라 세상 사람들의 질문에 답하고 그들과 소통할 수 있는 능력을 키우게 된다. 이것은 기독교인들이 세상으로 들어가 더불어 살며 기독교적 영향력을 미칠 수 있도록 하는 데 있어서 도움을 줄 것이다.

기독교세계관교육의 목적과 내용

세계관교육의 필요성과 유익에 대해 살펴보았다. 그런데 기독교교육에서 세계관교육이 효과적으로 이루어지기 위해서는 교육의 목적이 바르게 세워지고 그 목적에 부합하는 내용이 제공되어야 한다.

1) 세계관교육의 목적

세계관교육이 목적하는 바는 매우 포괄적이다. 단순히 기독교세계관을 이해하는 것에 그치는 것이 아니기 때문이다. 따라서 한눈에 이해할 수 있도록 다음과 같이 그림으로 표현해 보았다.

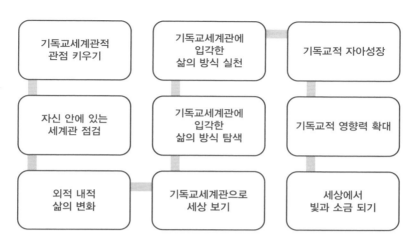

기독교세계관교육의 목적

　　기독교교육에서의 세계관교육은 기독교세계관적인 관점을 키우는 것에서 시작한다. 이것은 단순히 지적인 교육을 의미하지 않는다. 기독교세계관을 내면화시키는 것까지 나아가야 한다. 그러기 위해서는 기독교세계관을 통하여 자신 안에 있는 세계관을 점검하도록 도와야 한다. 그리고 삶의 실질적인 변화들이 일어나도록 이끌어야 한다. 생각의 변화, 감정의 변화, 의지의 변화 등이 여기에 포함된다. 이런 변화는 실제적인 행동으로 표현되어야 한다. 즉 기독교세계관에 입각한 삶의 방식으로 나타나야 한다.

　　그런데 기독교세계관에 따라 산다는 것이 단순하지 않다. '1+1=2'처럼 단순하게 적용할 수 있는 것이 아니다. 예를 들어, '미디어를 어떻게 사용하는 것이 기독교적인가?', '기독교인은 어떤 정치적 입장을 취해야 하는가?' 등과 같은 질문에 대해 기독교 안에도 여러 입장이 있을 수 있다. 이런 문제들은 기독교인의 삶에 무수히 많다. 따라서 기독교세계관에 입각한 삶의 방식을 계속적으로 탐색하도록 하는 것이 필요하다. 이 과정에서 여러 가지 시도를 해 보고, 시행착오도 경험하면서 기독교세계관에 가장 합당한 삶의 방식들을 찾아가야 한다.

세계관교육을 받은 기독교인은 궁극적으로 세상 속에서 영향력을 미쳐야 한다. 따라서 기독교세계관을 통해 세상을 이해하고 분별하는 능력을 키워야 한다. 이렇게 일련의 과정을 통해 성숙한 기독교인으로 자라 가는 것이다. 이런 성숙을 통해 그 영향력을 키워 가게 된다. 기독교인이 영향력을 키워 간다는 것은 세상이 말하는 힘이나 능력을 키우는 것과는 다르다. 그것은 기독교 진리에 입각한 가치들, 하나님의 방법들을 실천함으로 세상에서 빛과 소금의 역할을 하는 것을 의미한다. 세계관교육의 궁극적인 목적은 결국 이 땅 가운데 하나님 나라를 구현하는 것에 있다. 사회 곳곳에서, 삶의 다양한 영역에서 하나님의 방식들을 삶으로 드러냄으로 하나님을 드러내는 통로가 되는 것이다. 세계관교육이 반드시 앞의 그림에서 제시된 순서대로 이루어지는 것은 아닐 수 있다. 하지만 이런 다양한 과제를 포함한다. 그리고 궁극적으로 나아가야 할 방향은 분명하다. '회복'이다.

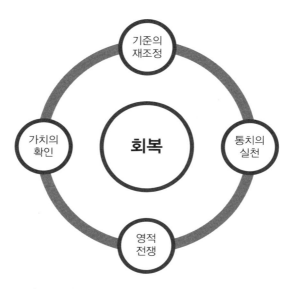

기독교세계관의 궁극적인 지향점(Wolters&Goheen, 2005)

　　기독교세계관이 추구하는 것은 회복이다. 한 개인의 회복에서 하나님께서 만드신 피조 세계의 회복까지 포함한다. 이 회복을 위해서는 삶의 기준이 재조정되어야 하고 삶의 각 영역에서 기독교인이 추구해야 할 가치가 확인되어야 한다. 그리고 그것을 실천함으로 기독교적 가치가 이 세상을 다스리도록 해야 한다. 그런데 이것은 영적 전쟁을 수반하는 것이다. 세계관교육은 이런 회복의 과정에 책임 있게 참여할 수 있도록 하나님의 사람들을 키우는 일이다 그렇다면 이런 교육의 목적에 부응하는 교육 내용으로 구성되어야 할 것이다.

2) 세계관교육의 내용

핵심적 교육 내용

세계관교육의 가장 핵심적 내용은 기독교세계관의 기본 구조이다. 그 기본 구조는 창조, 타락, 구속의 세 가지 개념으로 이루어진다(Wolters & Goheen, 2005).

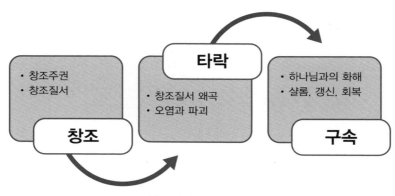

기독교세계관의 기본 구조

창조란 세상의 근원과 세상의 가장 기본적인 질서에 대해 말해주는 개념이다. 창조를 통해서 존재의 근원을 알 수 있고 창조주 하나님의 계획과 질서를 이해할 수 있다. 창조는 기독교적으로 이 세상을 이해하는 가장 기초적인 틀이다.

그리고 타락은 현재 이 세상의 상태를 이해하는 데 도움을 준다. 하나님이 창조하셨지만, 지금 이 세상에는 너무나 많은 문제가있다. 그것은 바로 인간의 타락 때문이다. 타락은 한 인간에게 있어서만 하나님과의 관계의 단절을 의미하는 것이 아니다. 인류 전체가 하나님과 단절된 것을 의미한다. 그것은 곧 피조 세계가 망가지고 고통당하는 근본적인 원인이고, 모든 사회적 악의 뿌리이다. 구속, 즉 예수 그리스도께서 죄의 값을 치르심으로 인간을 포함한 이 세상은 회복의 길을 찾았다. 이제 새롭게 태어나고 회복되는 일이 남아 있다. 개인적인 구원은 물론 구원받은 사람들을 통해서 사회가 변화되어야 하고 하나님께서 인간과 이 세상을 창조하신 목적과 질서들이 실천되어야 한다.

창조, 타락, 구속의 구조 위에서 인간과 이 세상을 어떻게 이해하고 어떻게 살아가는가를 가르치는 것이 세계관교육의 핵심이다. 이와 함께 세계관교육은 기독교가 아닌 다른 세계관들을 분별할 수 있도록 돕는 역할도 한다. 따라서 사람들에게 영향을 미치는 다양한 세계관에 대해 가르치고 기독교세계관과의 차이점을 다룬다. 예를 들면, 한국의 전통적 세계관 즉 유교, 불교, 무속 등이 미치는 영향들을 알아본다. 현대사회를 지배하는 세계관들도 다룬다. 근대주의와 포스트모더니즘, 공산주의, 민족주의, 자본주의 등과 같은 이데올로기의 문제, 뉴에이지와 같은 신종교적 운동을 세계관적 관점에서 생각해 보도록 하는 것도 세계관교육의 내용이다.

세계관교육 내용의 예

기독교세계관교육이 무엇을 어떻게 가르치는 것인지에 대한 구체적인 이해를 돕기 위해 현재 이루어지고 있는 세계관교육의 예를 몇 가지 소개하고자 한다. 첫 번째는 심재승 교수의 책 『기독교 교육 선언』(심재승, 2012)이다. 이 책에는 어린이를 위한 세계관교육의 기본 내용이 수록되어 있다. 46개의 선언 내용을 크게 '선한 창조', '죄로 망가진 세상', '하나님의 구원은 만물을 회복한다', '소망'의 네 범주로 나누고 있다. 각 선언문의 큰 제목만을 제시하면 다음과 같다.

기독교교육 선언(심재승, 2012)

선한 창조

1. 어린이는 하나님의 형상으로 창조된 소중한 사람이다.
2. 이 세상은 하나님의 것이다.
3. 우리는 하나님의 세상에 살며 그 세상에 대하여 배운다.
4. 하나님은 자신이 만드신 세상을 사랑하신다.
5. 성경은 하나님의 말씀으로, 죄로 오염된 세상에 참된 진리를 가르친다.
6. 성경은 영적인 진리를 가르친다.
7. 성경은 또한 세상과 사람의 삶에 대한 진리를 가르친다.
8. 하나님께서는 세상을 매우 좋은 자신의 집으로 만드셨다.
9. 하나님께서는 모든 동식물을 '그 종류대로' 아름답게 만드셨다.
10. 하나님께서는 사람을 자신의 '형상'으로 창조하셨다.
11. 하나님의 형상을 따라 창조된 사람은 하나님의 뜻을 이해할 수 있기에 하나님은 사람에게 세상을 '다스리라'고 명령하셨다.
12. 일곱째 날에 하나님은 안식하시며 만드신 세상에 복을 주셨다.

죄로 망가진 세상

13. 사람의 첫 조상은 자신들에게 주어진 복과 자유를 잘못 사용하였다.
14. 죄는 사람이 원래 가졌던 완전한 모습, 위치와 관계들, 그리고 삶의 모습을 모두 망가뜨렸다.
15. 사람의 죄는 당사자인 사람뿐 아니라 아름답게 창조된 온 세상을 망가뜨렸다.
16. 죄는 사람의 모든 생각과 행동 전반에 부정적 영향을 미친다.

17. 사람의 거역과 불순종에도 불구하고 하나님은 세상을 사랑하신다.
18. 이스라엘 백성은 하나님의 법을 소홀히 여겼으며 그 결과 하나님과의 약속 관계를 올바르게 유지하지 못하였다.
19. 하나님의 약속은 예수님에게 이르러 이루어졌다.
20. 우리의 구원은 하나님의 '은혜를 인하여 믿음으로 말미암아' 이루어진다.
21. 교회는 구속받은 성도의 공동체, 곧 그리스도의 몸이다.
22. 어린이는 하나님의 구원에 포함된 하나님의 소중한 사람이다.

하나님의 구원은 만물을 회복한다

23. 예수 그리스도께서는 죄의 원인이었던 사람을 구원하심으로 죄로 타락한 세상을 구원하신다.
24. 하나님께서는 '만물'을 하나님께서 원하시는 모습으로 회복하신다.
25. 구속된 삶은 감사함으로 '새로운 생명'의 기쁨과 능력을 온 삶에 살아가는 것이다.
26. 우리는 '먹든지 마시든지 무엇을 하든지 다 하나님의 영광을 위해서' 하게 된다.
27. 생명은 사람의 것이 아니라 모든 것을 창조하신 하나님의 선물이다.
28. 생명은 또한 우리에게 맡기신 고귀한 책임이다.
29. 하나님께서 사람을 홀로 두지 아니하시고 남자와 여자로 만드셔서 서로 사귀며 사랑하여 조화롭게 살게 하셨다.
30. 가정은 가장 기본적인 공동체로서 우리가 태어나고 사랑받으며 자라 가는 기반이다.
31. 친구 관계 또한 하나님께서 선물로 주시는 소중한 공동체이다.
32. 우리 사회는 다양한 사람들로 구성되어 조화롭게 살아간다.
33. 학교는 세상과 삶에 대한 지식과 지혜를 가르치고 배우는 공동체이다.
34. 학문은 세상과 사람에 대하여 탐구하여 그 내용과 결과를 사람들에게 유익하게 사용하는 것이다.
35. 세상은 넓고 다양하기 때문에 세상에는 다양한 학문의 세계가 있다.
36. 그러나 현재 학문과 교육은 죄의 영향으로 왜곡되어 있다.
37. 구속된 학문과 교육은 하나님의 말씀의 원리를 따라 원래의 모습으로 회복되어 사람들의 삶을 바르고 유익하게 하는 것이다.

38. 학습이 만물의 회복을 목적으로 올바르게 이루어진다면 하나님의 일을 하는 것이 된다.
39. 학교와 선생님은 기독교교육의 목적을 위해서 하나님께서 보내신 메신저이다.
40. 일은 하나님께서 각 사람에게 주신 소명이다.
41. 일터에서 우리는 정의와 나눔을 실천해야 한다.
42. 휴식과 여가는 하나님의 선물로서 우리에게 쉼과 자유로움을 주며 창조적인 삶을 위한 재충전의 기회를 준다.
43. 어떤 사람은 지나치게 놀이에 집착함으로 인터넷의 게임과 가상 세계의 유혹에서 헤어 나오지 못한다.

소망

44. 우리는 하나님의 나라에서 왕이신 하나님을 따라 사는 하나님의 백성이다.
45. 하나님의 나라는 장차 새 하늘과 새 땅에서 완전하게 이루어진다.
46. 이 세상은 하나님의 집이고 우리는 그 집에 초대된 소중한 그의 자녀이며 백성이다.

두 번째로 소개하고자 하는 것은 세계관교육을 가장 활발하게 하는 단체의 교육 프로그램이다. 유경상 대표가 이끄는 CTC (Christian Thinking Center)는 기독교세계관학술동역회 산하 기관으로 교회 및 학교 그리고 가정에서의 기독교세계관교육의 방향성을 제시하고 있다. 어린이와 청소년을 위해서는 3년 6학기 과정으로 6개의 주제별 프로그램을 운영하고 있다. 또한 지도자 과정에 가면 세계관의 문제를 좀 더 전문적으로 다루는 것을 볼 수 있다.

CTC 교육 프로그램(유경상, 2013)

어린이와 청소년 프로그램

어린이 프로그램	청소년 프로그램	
생각 코칭-예수님처럼 생각하고 살아가기	기독교세계관으로 생각하기	생각코칭/크리스천 생각코칭/기독교세계관
성품 코칭-예수님의 성품 닮아 가기	기독교세계관으로 살아가기	기독교 영성관/청소년의 삶: 친구, 이성 교제, 공부, 게임, 성, 돈, 시간 등
미디어 코칭-미디어 시대, 예수님의 제자 되기	기독교세계관으로 바라보기	기독교 문화관/청소년 문화: 동성애, 환생, 낙태, UFO, 쇼퍼홀릭, 영화 보기 등
드림 코칭-하나님 나라를 위해 꿈꾸기	기독교세계관으로 꿈꾸기	기독교 소명관 및 직업관/소명에 따르는 진로 가이드/부르심의 영역 발견하기
공부 코칭-하나님 앞에서 공부하기	기독교세계관으로 공부하기	하나님 앞에 공부하기/타 세계관과 타 종교
리더십 코칭-하나님 나라의 청지기로 살기	기독교세계관을 가진 청지기로 살기	기독교 리더십/기독교세계관으로 시대 이해하기/ 통일 한국 준비하기

지도자 교육 과정 교육 내용

주차	강의 주제	내용
1	다음세대를 위한 기독교세계관교육, 왜 필요한가?	이해 1 - 기독교세계관교육 1
2	다음세대를 위한 기독교세계관교육, 무엇을 가르쳐야 할까?	이해 2 - 기독교세계관교육 2

3	시대 이해하기 1 "과학기술이 너희를 자유롭게 하리라"	이해 3 - 모더니즘
4	시대 이해하기 2 "느낌대로 해. 그게 진리야"	이해 4 - 포스트모더니즘
5	시대 이해하기 3 "네 안에 있는 신성을 깨우라"	이해 5 - 뉴에이지
6	시대 이해하기 4 "뿌리깊은 한국인의 세계관"	이해 6 - 한국인의 세계관
7	그리스도인답게 생각하기	적용 1 - 기독교세계관
8	예수님의 성품 닮아 가기	적용 2 - 성품
9	미디어 시대, 예수님의 제자로 살기	적용 3 - 미디어
10	자신을 향한 하나님의 꿈 발견하기	적용 4 - 소명
11	하나님 앞에서 공부하기	적용 5 - 공부
12	하나님 나라를 위한 청지기로 살기	적용 6 - 리더십

마지막으로 기독교학교에서 시도하는 세계관교육의 사례를 살펴보고자 한다. 기독교학교에서는 세계관 자체를 가르치기도 하지만 학교의 분위기나 교과 등을 통해 세계관을 경험시키고자 한다. 특히 기독교대안학교의 교사들은 각 교과를 어떻게 기독교세계관에 입각해서 다룰 것인가를 고민하고 연구하며 다양한 시도를 한다. 기독교대안학교인 샘물중고등학교 유승민 선생의 미술 수업 실천안을 부분적으로 소개하고자 한다. 미술교육을 기독교세계관적으로 통합한 좋은 예를 보여 준다.

기독교적 미술교육(유승민, 2015)

1. 예술교과통합 인성수업의 목표
1) 예술적 성찰을 통해 하나님의 자녀로서 자존감과 정체성을 확립한다.
   ① '나–공동체–부르심–지경'으로 영역으로 넓혀 가며 정체성에 대해 생각하기
   ② 정체성에 대한 고민을 작가 탐색, 글쓰기와 그리기 등 창작 과정을 통해 구체적으로 표현하기
   ③ 하나님께서 우리에게 심어 주신 인간 내부의 미적인 정서를 육체를 통해 율동적으로 표현하기
2) 삶의 과정을 여행으로 비유하여 살펴보고 내게 주어진 길을 성실히 걷는 순례자의 삶을 경험한다.
   ① 나의 삶이 하나님과 동행하는 여행임을 인식하기
   ② 하나님께서 주신 은사를 발견하기 위하여 나 자신을 돌아보고 사회의 필요에 대해 조사하기
   ③ 공동체와 함께한 여행(수업)을 통해 얻은 결과물(이야기)을 다양한 매체를 이용하여 기록하기

2. 예술교과통합 인성수업의 개요
1) 매 학기(봄, 여름, 가을, 겨울) 수업을 시작하면서 여행이라는 흐름을 유지한다.
   ① 봄: 여행의 시작 / 여름: 여정의 확인 / 가을: 여행의 동반자들 / 겨울: 여행을 마치고 집으로 돌아옴
2) 매 학기마다 정체성에 관련된 주제를 가지고 탐색한다.
   ① 봄: 나, 이웃, 터전 / 여름: 성(몸)과 미디어 / 가을: 은사와 재능 / 겨울: 진로와 소명
3) 매 학기마다 노작과 관련된 활동을 넣어서 땀 흘리는 수고와 노동의 가치에 대해 배우도록 한다.
4) 주당 수업 시간은 4~6차시로, 2차시를 고정 편성하고 학기별 특정 예술 교과를 본 수업으로 전환한다.
5) 단원 주제와 수업 내용에 따라 다양한 학급 형태로 수업을 진행한다.

3. 예술통합교과 인성수업의 흐름

학기	주제	교육활동	참고자료	기독교세계관 적용
봄	나를 찾아 떠나는 여행	• 여행의 시작 '나를 찾아 떠나는 여행 준비하기'	• 수업 오리엔테이션	• 누가복음 2:49 예수님의 정체성 • 단원과 차시 수업의 성경적 통합은 개별수업 계획에서 기록
	나는 누구인가	• 인생의 스토리가 있는 작가들을 통해 자신의 삶을 돌아보기 – 나를 상징하는 그림 그리기 • 자화상 그리기 • 몸짓으로 표현하는 나의 정체성	• 빈센트 반고흐 로트렉, 척클로즈 • 무용교육	
	나는 어디에 있는가	• 집, 고향에 대한 예술작품을 통해 다양한 관점을 살펴보고 내가 살아가는 공간에 대해 생각해 보기 • 함께 살아가는 가족과 친구, 공동체에 대해 생각해 보기 – 나와 다른 사람을 인정하기, 공감능력 키우기	• 겸재 정선, 백석, 훈데르트 바서	
	씨 뿌리는 일꾼	• '농부의 화가'로 불린 밀레의 작품과 톨스토이의 단편을 통해 땀 흘리는 수고와 노동의 신성함을 느껴보기	• 밀레, 톨스토이 • 영화 '기적의 사과'	
		• 노작 체험하기 – 파종	• 노작교육	

미술이라는 교과를 통해서 자기 자신을 알아 가도록 하는 것이다. 자기를 알아 가는 것은 기독교세계관교육의 가장 핵심적인 내용임을 앞에서 언급한 바 있다.

이상에서 기독교세계관을 가르치는 방식과 내용들의 몇 가지 예를 살펴보았다. 이외에도 기독교세계관을 기초로 한 다양한 교육활동이 있다. 가장 기본적이고 공통적인 것은 기독교세계관에 대한 이해와 적용이다. 즉 실천을 포함한다는 것이다. 기독교세계관은 단순한 이해의 차원을 넘어서 반드시 실천되어야 하기 때문이다. 그렇지 못하다면 또 하나의 지식을 더하는 것 외에 의미가 없다.

세계관교육의 영역

세계관교육은 교육의 각 영역에서 가능하다. 기독교세계관교육이 필요하고 가능한 교육의 영역들은 크게 가정, 교회, 학교, 그리고 미디어로 구분할 수 있다.

세계관교육의 영역들

1) 가정과 교회에서 세계관 기초 형성하기

가정에서의 세계관교육

가정은 인성의 기본을 형성하는 가장 중요한 교육의 장이다. 가정에서 부모가 어떤 세계관을 갖고 자녀를 키우는가에 따라 자녀는 인생의 가장 기본적인 세계관을 형성하고, 자녀의 인성에도 영향을 미친다. 따라서 그 영향력은 막대하다.

가정에서의 세계관교육은 무형식적인 형태일 것이다. 세계관에 대해 말로 설명하는 것이 아니라 부모와의 관계에서, 일상적인 삶의 모습에서 배워 가는 것이다. 이를 위해서는 무엇보다 부모를 위한 세계관교육이 필요하다. 부모가 먼저 바른 기독교세계관을 내면화해야 가정생활에서 모범적으로 실천할 수 있다. 그런 부모를 보고 자란 자녀가 세계관을 바로 형성해 나갈 수 있다.

교회에서의 세계관교육

교회교육의 가장 중요한 목적은 신앙의 성장이다. 신앙의 성장은 각 사람이 갖고 있는 생각과 행동의 변화를 가져와야 한다. 따라서 신앙교육이 막연하게 추상적으로 이루어지는 것은 바람직하지 않다. 신앙을 구체적인 삶과 관련하여 생각해 보고 질문하게 하고 함께 답을 찾아가는 노력이 필요하다. 이런 과정에서 기독교세계관에 대한 교육이 가능할 수 있다.

교회에서 기독교세계관을 별도로 가르칠 수도 있다. 하지만 성경공부를 체계적으로 하고 실질적인 삶의 문제들에 적용하여 생각해 보도록 한다면 그것이 기독교세계관으로 이어질 수 있다. 교회가 이런 교육을 한다면 어쩌면 굳이 기독교세계관교육이 필요하지 않을 수도 있다. 사실 교회의 성경교육이 삶과 연결되지 못하고, 결과적으로 신앙과 삶이 이원화되는 현상이 일어나고 기독교인들의 교회 안의 삶과 밖의 삶이 달라지면서 기독교세계관교육이 강조되는 것이라고도 본다. 교회교육을 개인적인 신앙생활만 강조하고 교회에 모여 있기만 하면 되는 것처럼 생각하다 보니 기독교인들이 사회 속에서 어떻게 살아야 할지 모르고 기준 없이 살면서 사회적 영향력을 상실하게 된 경향이 있다. 그러나 교회에서의 성경공부가 제대로 이루어지면 기독교적 사고와 가치관이 올바르게 형성될 수 있고 그것이 곧 기독교세계관교육이 될 수 있다고 본다.

2) 학교의 세계관교육

학교교육과 세계관의 관계

디 종(De Jong)은 모든 교육은 종교적이라고 하면서 교육에 있어서 가치중립성이란 불가능한 것이라고 주장한다(De Jong, 1985). 에들린(Edlin)은 기독교인들조차 교육의 가치중립성이라는 신화를 믿는다는 점을 심각하게 생각하며, 이것이 기독교인들과 그 자녀들에게 가장 해로운 거짓말일 것이라고 강조한다. 그는 공교육의 가치중립성 또는 종교 중립성에 대한 주장을 강력히 비판하며 심지어 일반교육학자들도 더 이상 인정하지 않는 이 논리를 기독교인들이 묵과해서는 안 된다고 강조하고 있다(Edlin, 2004).

즉 모든 학교교육은 세계관의 영향을 받고 있다. 세계관의 영향을 받지 않는 중립적인 위치에 있는 학교는 존재하지 않는다. 따라서 학교에서 교육받는다는 것은 그 학교가 기초로 하고 있는 세계관의 영향을 받는다는 것이다. 우리나라는 중학교까지 의무교육이다. 그리고 의무교육은 공교육 즉 국가가 주도하는 교육제도에 의해 이루어진다. 그런데 공교육은 어떤 종교나 정치적 이데올로기의 영향으로부터 중립을 지키는 것 같으나 사실상 나름의 세계관을 반영하고 있다. 그 대표적인 예가 진화론을 가르친다는 것이다. 진화론과 함께 창조론도 가르치는 것이 아니라 진화론만 가르친다. 이것은 공교육이 하나의 세계관을 반영하고 있음을 잘 드러낸다. 공교육 체제하에 있는 기독교계 사립학교들은 종교교육 시간을 통해 창조론을 이야기할 수도 있겠으나 정규 교과에서는 진화론을 가르칠 수밖에 없는 모순이 있다. 기독교인 학생들이나 부모들이 이런 교육에서 갈등을 느끼는 것이 자연스러운 것이다.

이런 문제들을 심각하게 인식한 기독교인들이 시도한 것이 기독교학교의 설립이다. 1990년대부터 기독교인 부모, 교사, 목회자 중에 한국 교육의 문제를 심각하게 생각하는 사람들의 모임이 활발히 이루어졌다. 따라서 기독교학교를 생각하는 사람들의 모임이 여기저기서 일어나기 시작하였다. 이들은 기독교세계관에 기초한 학교교육을 추구하기 시작하였다. 아신대학교 교육연구소를 중심으로 모였던 기독교학교교육연구회에서도 기독교학교교육을 꿈꾸어 보았다(기독교학교교육연구회, 1999).

이들이 꿈꾸는 학교교육은 기존의 미션학교들과 기독교 정신에 의해 설립된 학교들에서의 교육과는 다른 것이었다. 물론 기존 학교 중에도 학생들의 전도에 힘쓰고 기독교적인 정신을 실천하려는 학교들이 있었다. 하지만 많은 기독교계 학교가 일반 공립학교와 크게 다르지 않은 상황이었기 때문이다.

그리고 이런 새로운 시도들은 단순히 교실에서 아이들에게 복음을 전하거나 또는 교사의 인격적인 모범을 통해서 하나님을 알리는 것뿐 아니라 교과교육을 통해서 하나님을 알릴 수 있는 방법을 모색하였다. 무엇보다도 그들은 한국 교육의 문제를 심각하게 느끼며 진정한 기독교적 가르침과 배움이 무엇인지 찾고자 하였다. 지난 20여 년 동안 기독교학교교육은 많은 발전을 이루어 왔다. 20여 년 전만 해도 기독교학교교육을 한다는 것은 무모한 도전처럼 여겨졌다. 쉬운 일은 아니었지만 많은 기독교대안학교가 설립되었고 이제까지 이어져 오고 있고 또 더 나은 기독교학교교육을 계속 추구하고 있다(김도일 편, 2013).

기독교학교교육

하퍼(Harper)는 기독교학교의 조건을 세 가지로 제시한다(Harper, 1995). 기독교학교란 기독교세계관에 입각하여 각 학과목을 가르치고, 기독교세계관에 따라 학교를 운영하며, 기독교세계관을 공유한 사람들에 의해 교육이 이루어지는 곳이다.

그러나 한국에서 기독교학교 또는 기독교학교교육을 정의 내리는 일은 아직도 논란이 있다. 박상진은 우리나라의 기독교학교교육을 네 가지로 구분하였다. 기독교선교학교, 기독교학교, 기독교대안학교, 공교육 내의 기독교적 학교교육이다. 기독교선교학교란 미션스쿨(Mission school)로서 선교를 목적으로 세워진 학교이다. 초기 한국 선교사들에 의해 세워진 학교들이 그 전형이라고 할 수 있다. 기독교학교는 기독교인 자녀를 양육하기 위해서 기독교교육을 실천하는 학교로 정의한다. 이런 학교 중에도 사립학교로서 공교육의 테두리 안에 포함되는 경우들이 있긴 하지만 매우 드물다. 대부분 공교육 안에 머물기 힘들기 때문에 대안학교의 형식을 띤다. 따라서 한국 사회에서 기독교학교는 기독교대안학교와 거의 동일시되고 있다. 그러나 기독교대안학교는 기독교학교와는 구분될 필요가 있다고 본다. 그 이유는 기독교대안학교가 바로 대안성이라는 문제를 안고 있다는 것이다. 즉, 이 시대의 교육에 대한 대안을 제시한다는 측면이 기독교대안학교에서는 중요한 과제라고 할 수 있다. 기독교대안학교가 기독교적이면서 또한 대안적이어야 하는 양면적 과제를 갖고 있다는 것이다. 마지막으로 공교육에서의 기독교적 학교교육이 있다. 공교육 상황에 있는 기독 교사가 시도하는 기독교교육이다(기독교학교교육연구소, 2010).

이런 다양한 형태의 기독교학교들은 세계관과 복잡한 관계가 있다. 따라서 단순하게 유형화할 수 없다. 하지만 이해를 돕기 위해 간

단한 그림으로 정리해 보면 다음과 같다. 기독교계 학교들은 실제로
는 그림보다 더 복잡한 양상을 띠고 있다.

세계관과 학교의 유형

교육의 형태	공교육			기독교 대안교육	기타 대안교육
세계관	세속주의 ← 다양한 세계관 ──────→ 기독교세계관				다양한 세계관
학교의 종류	국공립학교	사립학교	기독교계 사립학교 (기독교 재 단 운영/ 미 션스쿨 등)	기독교 대안학교 (교육부 인 가/ 비인가)	다양한 대안학교
	기독교사들의 기독교세 계관에 입각한 학교교육 시도				

기독교학교 중에서 특히 기독교대안학교들은 기독교세계관에 입
각한 교육을 하기 위해 치열한 노력을 하고 있다. 단순히 기독교세
계관에 대해 가르치는 것이 아니라 모든 교과에 기독교세계관을 반
영하고 더 나아가서 교사와 학생의 관계를 비롯한 학교 내의 모든
관계에서 기독교적인 방식을 추구한다. 그리고 학교 행정도 기독교
적으로 합당한 것이 되도록 고민하고 있다. 학교에서의 모든 경험이
학생들이 기독교세계관을 형성하는 데 도움을 줄 수 있는 것이 되
도록 하기 위한 노력이다. 그것을 통하여 학생들이 삶의 구체적인
현장들에서 기독교적으로 사고하고 행동할 수 있도록 하며 이 사회
속에서 기독교적인 삶을 살아 낼 수 있도록 하기 위해서이다. 기독

교세계관교육을 위해서 기독교학교교육은 매우 중요하게 관심을 가져야 할 영역이다.

3) 미디어와 세계관교육

미디어와 세계관의 관계

현대사회에서 미디어는 가장 중요한 영역이다. 미디어의 영향은 그 어떤 것보다 강하기 때문이다. 그리고 미디어는 매우 빠른 속도로 시공간을 초월하여 다양한 세계관을 확산시키는 효과가 있다. 따라서 기독교교육에서 매우 관심을 가져야 하는 영역이다. 그러나 기독교교육에서 미디어에 대한 관심은 아직 초기 단계이다. 미디어의 영향에 대한 비판은 이루어지지만 미디어를 어떻게 다루어야 하는가에 대한 구체적이고 다양한 연구는 아직 많이 부족한 상태이다.

모든 문화는 그 안에 세계관을 내포하고 있다(이숙경, 2005). 미디어가 만들어 내는 세계는 모든 문화가 그렇듯이 분명한 세계관을 포함한다. 또한 어떤 세계관을 가지고 미디어를 사용하는가에 따라서 미디어의 사용 방향이 달라지고 그것이 미치는 영향도 달라질 수 있다. 그런데 미디어는 가정이나 학교와 같은 어느 정도 정해진 틀을 갖고 있지 않다. 그 활용 범위와 미디어가 다룰 수 있는 내용이 훨씬 다양하고 방대하다. 이것은 미디어가 전달하는 세계관이 그만큼 다양함을 의미한다.

오늘날 미디어가 사람들에게 미치는 영향을 생각해 볼 때 미디어를 통해 접하게 되는 세계관들을 기독교세계관의 입장에서 살펴보는 것은 매우 필요한 일이다. 예를 들어, 게임의 내용과 방식들, 수많은 동영상이 만들어 내는 이야기들, 미디어 속에서 살아 움직이는 캐릭터들 등등은 모두 어떤 세계관을 반영하고 있다. 그리고 어린 시절부터 이런 미디어의 영향에 노출되어 있다. 어떤 면에서 부모보다 더 큰 영향을 미칠 수 있는 것이다. 따라서 미디어를 이해하고 그것을 분별하고 활용할 수 있는 능력을 키워 주는 것이 중요한 교육적 과제가 되었다.

기독교세계관으로 미디어 보기

기독교세계관으로 미디어를 본다는 것은 단순한 미디어 비판을 의미하지 않는다. 물론 미디어나 미디어가 전달하는 내용을 비판적으로 다룰 수 있는 능력은 매우 필요한 것이다. 현재로서는 그것조차 잘 이루어지지 못하고 있다. 하지만 미디어는 우리의 삶 속에 깊이 들어와 있고 앞으로는 상상을 초월하는 미디어의 세계가 열릴 것이다. 그렇다면 비판을 넘어서 창조적인 접근 또한 필요하다. 따라서 기독교세계관에 입각하여 미디어를 다룬다는 것은 크게 네 가지 활동을 포함한다고 본다.

우선 미디어 읽기(Media literacy)이다. 미디어의 특성 이해, 미디어가 만들어 내는 텍스트 분석, 미디어 사용 능력 등을 키워 주는 것이다. 그리고 기독교세계관에 따라 미디어의 사용과 미디어가 전달하는 내용을 분별하는 것이다. 이에 기초하여 미디어를 비판적으로 활용할 수 있어야 한다. 그리고 미디어를 통해 기독교세계관을 표현할 수 있는 방법을 모색해야 한다.

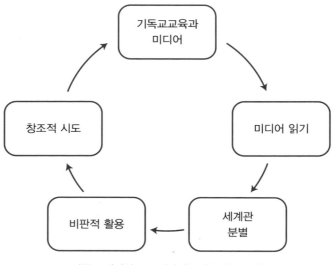

기독교 세계관으로 미디어를 다룬다는 의미

기독교미디어교육에서 가장 기본적인 요소는 기독교세계관으로 미디어를 이해하고 분석하는 것이다. 미디어를 분석하는 것은 복잡한 작업이다. 미디어 분석에 도움이 될 만한 분석의 틀을 제시해 보면 다음과 같다. 영국의 미디어교육에서 사용된 분석 내용이다. 각각의 질문을 기독교세계관을 따라 다루어 본다면 미디어를 다스리고 활용하는 능력은 물론 미디어교육을 통하여 기독교세계관의 실질적인 적용을 경험하고 기독교세계관을 좀 더 구체적으로 이해할 수 있을 것이다.

미디어 분석 영역(Buckingham, 2004)

영역	질문
제작	• 테크놀로지: 미디어 텍스트를 제작하고 보급하기 위해 어떤 테크놀로지가 사용되는가? 테크놀로지는 미디어 제작물에 어떤 차이를 가져오는가? • 전문 제작 영역: 누가 미디어 텍스트를 만드는가? 누가 어떤 역할을 맡아 무엇을 하며 어떻게 하는가? • 미디어 산업: 미디어를 사고파는 회사들은 누가 소유하고 있는가? 어떤 이윤을 얻는가? • 규제: 누가 미디어의 제작과 보급을 통제하는가? 이에 대한 법은 어떤 것들이 있는가? • 유통과 보급: 미디어 텍스트는 어떤 과정을 거쳐 수용자에게 이르는가? 수용자는 어느 정도의 선택과 통제의 여지가 있는가? • 접근과 참여: 누구의 목소리가 미디어에 반영되는가? 누구의 목소리가 배제되고 있는가? 그 이유는 무엇인가?
미디어 언어	• 의미: 미디어는 생각이나 의미를 전달하기 위해 다양한 언어를 어떻게 사용하는가? • 관행: 미디어 언어들은 어떻게 받아들여지고 이해되는가? • 코드: 미디어의 문법적 기초들은 어떻게 확립되고 유지되는가? • 장르: 이런 코드나 관행은 다양한 미디어 텍스트 안에서 어떻게 작용하는가? • 선택: 특정한 카메라 샷 등 특정한 언어를 선택한 결과는 무엇인가? • 조합: 이미지, 음향, 단어들의 조합이나 배열을 통해 의미가 어떻게 달라지는가? • 테크놀로지: 테크놀로지가 의미 구성에 미치는 영향은 무엇인가?
표상/ 이미지	• 리얼리즘: 모든 텍스트가 사실인가? 어디까지 사실인가? • 진실을 말하기: 사실로 믿도록 하기 위해 동원되는 방법들은 무엇인가?

	• 존재와 부재: 어떤 사실에 대해 미디어가 배제하는 것과 다루는 것은 무엇인가? 누가 이야기하고 누가 침묵하는가? • 편견과 객관성: 미디어 텍스트는 도덕적 또는 정치적 가치를 전달하고 있는가? • 전형화: 미디어는 특정 사회집단을 어떻게 표상하고 있는가? 그 표상은 정확한가? • 해석: 수용자들은 왜 어떤 미디어 재현은 진실이라고 받아들이고 다른 것은 거짓이라고 거부하는가? • 영향: 미디어 표상이 우리의 관점이나 견해에 어떻게 영향을 미치는가?
수용자	• 미디어는 누구를 목표로 하며 왜 그들을 선택하는가? • 미디어는 수용자에 대해 어떤 가정을 하며, 이것은 미디어가 이야기하는 방식에 어떻게 영향을 미치는가? • 미디어는 수용자에게 어떻게 접근하는가? • 수용자들은 미디어를 어떻게 이용하는가? 이용의 습관과 유형은 어떠한가? • 수용자는 미디어를 어떻게 해석하고 어떤 의미를 만들어 내는가? • 수용자들의 취향은 어떠하며 어떤 즐거움을 얻는가? • 수용자의 행동에 있어서 성, 사회계층, 나이, 민족적 배경들은 어떤 영향을 미치는가?

미디어는 다가오는 기독교교육의 새 분야이다. 따라서 기독교세계관의 시각으로 분별하는 것을 넘어서, 미디어를 활용하여 기독교적 문화 콘텐츠를 개발하고 이 사회에 기독교적 영향력을 확산시키는 일은 미래 기독교교육의 중요한 과제이다.

기독교세계관교육을 위한 준비

앞에서 살펴본 것과 같이 세계관교육은 다양한 곳에서 이루어진다. 그리고 기독교교육에 있어서 기독교세계관에 대한 이해는 필요하고 유용한 것이다. 그럼에도 불구하고 기독교세계관교육은 아직 활성화되어 있지는 않다. 따라서 앞으로 여기에 관심을 갖고 이 교육을 발전시킬 사람들이 필요하다.

기독교세계관을 교육하기 위해서는 우선 기독교세계관에 대한 이해가 필요하다. 모든 교육은 가르치는 사실에 대한 정확하고 깊은 이해 위에서 이루어져야 한다. 따라서 기독교세계관교육에 관심이 있다면 관련 서적을 틈틈이 읽으며 세계관을 체계적으로, 깊이 있게 알아 가야 한다.

그리고 이 지식을 실제 상황에 연결하여 생각하는 훈련이 필요하다. 사람들이 살아가면서 던질 수 있는 여러 질문에 대한 기독교세계관적 관점에서 답을 찾아보는 것이다. 그리고 그런 생각들을 다른 사람들과 함께 나누며 변화와 성장을 이루어 가야 한다. 생각은 자라 가야 한다. 생각이 멈추어 있다면 그것은 더 이상 생각하지 않음을 의미한다. 그리고 그 사람의 삶도 더 이상 성숙해 가지 않는다고 볼 수 있다. 따라서 사람들과 생각을 나누고 잘 모르던 부분을 알아 가고 잘못 생각한 것들을 수정하고 편협한 생각을 넓히는 작업을 계속해 나가야 한다.

기독교세계관교육이 효과를 발휘하려면 가르치는 사람의 삶과 세계관이 일치되어야 한다. 이를 위해서는 자신 안에 있는 세계관들을 성찰하고 잘못된 세계관적 영향들이 있다면 변화하려고 노력해야 한다. 그렇지 않으면 기독교세계관을 이야기하지만 실제로는 삶과 분리된 모습을 보여 주게 되고 그렇게 되면 교육의 효과를 기대할 수 없기 때문이다.

또한 말로만 하는 교육이 아니라 기독교세계관을 실천하며 살아가려는 노력을 부단히 해 나가야 한다. 그것을 위해서는 삶의 기준이 서 있어야 한다. 웨버(Webber)는 이 세상 속에서 살아가는 기독교인들이 삶에서 취해야 할 네 가지 기준을 제시하였다. 이것은 기독교세계관 실천의 기준이 될 수 있다고 본다.

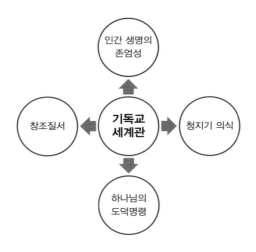

기독교 세계관이 추구하는 삶의 기본 자세(Webber, 1990)

기독교세계관을 공부하고 가르치는 사람이 되고자 한다면 기본적으로 인간 생명의 존엄성, 하나님의 창조질서, 청지기직, 하나님의 도덕 명령에 대한 인식이 있어야 하고 이것을 실천하려는 의지와 시도가 있어야 할 것이다.

기독교세계관교육의 영역에서 할 일이 많다. 가정에서 바른 세계관이 세워진다면 잘못된 인성과 생각들을 예방하는 역할을 할 것이다. 교회에서는 신앙과 삶을 연결시키는 데 세계관교육이 활용될 수 있다. 학교에서의 바른 세계관교육은 기독교적 가치관을 가진 하나님의 사람들이 세상 가운데 들어가서 필요한 일들을 하게 하는 데 필요하다. 기독교교육의 새로운 영역인 미디어를 기독교가 다스리고 창조적으로 활용하기 위해서 기독교세계관에 입각한 미디어의 이해는 필수적이다. 따라서 이 분야에 관심을 갖고 하나님의 뜻을 찾으며 나아갈 사람들이 필요하다.

기독교세계관교육이라는 특별한 영역으로 나아갈 수도 있겠지만 기독교세계관으로 무장하여 교육의 각 영역, 문화의 다양한 분야, 사회의 구석구석으로 갈 수도 있다. 그리고 그곳에서 하나님의 방법들을 세워 가는 역할을 하는 것이다. 기독교세계관에 대한 관심은 우리가 이 사회 속에서 하나님 나라의 비전을 발견하도록 돕고 삶의 방향을 제시해 줄 것이다.

질문하고 생각하기

- 골로새서 1장 15-17절, 로마서 8장 19-25절을 통해 기독교세계관에 대해 묵상해 보세요.

- 자신 안에 있는 세계관들을 검토해 보세요.

- 일반 초·중·고등학교에서 가르치는 세계관 중 기독교인으로서 갈등이 느껴지는 것이 있다면 어떤 것일까요?

- 미디어의 잘못된 영향에서 벗어나도록 도울 수 있는 방법은 무엇일까요?

- 기독교세계관에 입각하여 한국의 교육 현실과 하나님의 뜻에 합당한 교육을 위한 선결 과제에 대해 생각해 보세요.

기독교 가족생활교육

전병철

흔히 기독교교육을 교회교육에 국한되는 것으로 생각한다. 또한 교회교육이라고 하면 어린이 교육만을 의미한다고 생각하기도 한다. 또한 주일 하루에만 이루어지는 것으로 생각하기 쉽다. 하지만, 기독교교육은 사실 종합교육이다. 요람에서 무덤까지 책임지는 교육이다. 그리스도인들은 세상의 소금과 빛으로 부름을 받았다. 그렇다면, 기독교교육은 교회 내에서 혹은 신앙공동체에서 그리스도인들이 어떻게 살아야 할 것인가를 가르치는 데 그치는 것이 아니라, 세상 속에서 어떻게 사는 것이 그리스도인다운 삶인지에 대하여 끊임없이 가르쳐야 한다. 그런 까닭에 기독교교육은 종합교육인 것이다.

성경이 말하는 가족의 중요성

1) 가족의 중요성

교육의 기능에서 중요한 것 중 하나는 사회성 교육이다. 가족은 기독교교육의 가장 중요한 현장이다. 왜냐하면 사회성이 이루어지는 가장 기본적인 단위이기 때문이다. 또한 신앙이 형성되고 전수되는 가장 기본적인 단위의 조직이기도 하다. 창세기부터 요한계시록에 이르기까지 성경은 가족의 중요성을 여러 가지 모양으로 강조한다. 성경이 말하는 가족이 중요한 이유는 다음과 같다(Gangel & Wilhoit, 2013).

첫째, 구속적 목적을 가진 공동체이기 때문이다.

가정은 구원을 위한 가장 기본적인 조직이다. 성경에 나오는 공동체에서 가장 중요한 구속적 공동체가 가족이다. 창세기에 나오는 족보를 살펴봐도 구속사에 있어서 가족의 중요성을 간과할 수 없다.

둘째, 생육과 번성의 목적을 가진 공동체이기 때문이다.

가족은 하나님의 명령인 생육과 번성을 위한 조직이다. "하나님이 그들에게 복을 주시며 하나님이 그들에게 이르시되 생육하고 번성하여 땅에 충만하라, 땅을 정복하라, 바다의 물고기와 하늘의 새와 땅에 움직이는 모든 생물을 다스리라 하시니라"(창 1:28). 인류는 가정이라는 테두리 안에서 생육하고 번성하게 되어 있다. 가정을 이루고 생육하고 번성해야 땅을 채우고 피조물을 다스릴 수 있다. 하나님의 영광을 위해서, 그리고 피조물을 돌보기 위해서 친히 가정을 이루도록 허락해 주셨다.

셋째, 하나님과 하나님 백성 사이의 언약적 관계를 드러내는 공동체이기 때문이다.

가정은 하나님과 그분의 백성 사이의 언약적 관계를 잘 보여 주는 공동체이다. 성경은 거듭해서 그리스도와 교회 사이의 관계를 야훼 하나님과 이스라엘의 사랑의 관계로 비유해서 설명한다.

넷째, 교육적 목적을 가진 공동체이기 때문이다.

가족은 또한 영적인 진리를 전수하는 공동체이다. 성경은 가정이 자녀들의 영성훈련을 위한 가장 근본적인 기관이라고 가르쳐 준다. 우리가 기독교교육헌장이라고 주지하는 신명기 6장 4절부터 9절은 교회학교나 사역자들이 아닌 부모, 즉 가정에 주어진 명령이다. 본문은 부모교육에 관한 세 가지 중요한 진리를 강조한다. 첫 번째, 하나님과 바른 관계를 갖도록 자녀에게 신앙훈련을 하기 전, 우선 자신부터 하나님에 대한 불타는 열정을 가져야 한다. 신앙은 교육기관을 통해 전수되는 것이 아니라 가정교육을 통해 전수된다는 점을 강조한다. 두 번째, 영적인 진리는 매일의 일상 가운데서 하나님과 하나님의 말씀에 대한 지극히 평범하고 일상적인 대화를 통해 가장 효과적으로 전달된다. 세 번째, 효과적인 교육을 위한 미디어를 활용한다. 학습자인 자녀들의 이마에 붙이고, 손목에 매고, 문설주에 써서 붙이는 등 자녀들의 오감을 자극하고 정보를 효과적으로 습득하기 위한 가능한 모든 수단을 활용하라는 것이다.

가정이라는 공동체가 갖는 또 하나의 교육적 목적은 징계다. 히브리서 12장 7-8절을 보면, "너희가 참음은 징계를 받기 위함이라 하나님이 아들과 같이 너희를 대우하시나니 어찌 아버지가 징계하지 않는 아들이 있으리요 징계는 다 받는 것이거늘 너희에게 없으면 사생자요 친아들이 아니니라"라고 되어 있다. 가정이 아닌 다른 곳에서의 징계는 폭력에 불과하다. 한국 사회도 이제는 학생인권 조례다 뭐다 해서 체벌이 금지되었고, 가정에서의 체벌도 가정폭력으로 치부되는 등 점점 징계와 훈육이 어려워졌다. 그럼에도 불구하고 성경은 자녀 양육 과정에서 부모의 중요한 책임 가운데 하나가 징계라는 사실을 거듭해서 강조한다(잠 3:1-12, 19:18, 29:15, 17). 또한 자녀 훈계에 있어서 아버지의 역할이 매우 중요하다는 사실을 강조하는 성경구절도 많이 찾아볼 수 있다. 기독교가족생활교육은 잃어버린 아버지의 자리를 찾아 주는 중요한 과제도 안고 있다.

2) 변화와 성숙을 위한 공동체로서의 가정

기독교교육의 목표 중 하나는 변화와 성숙이다. 자녀들이 건강한 변화와 성숙을 처음 경험하는 가장 기본적인 공동체가 바로 가정이다. 역기능적인 가정에서는 자녀들이 건강하게 성숙해 가기가 어렵다. 오히려 성장을 방해하는 위험한 환경이 된다. 하나님이 계획하신 가정의 중요한 기능은 자녀들이 성장하는 데 안전한 환경을 제공하는 것이다. 가정은 삶을 위한 가장 중요한 배움의 기회를 얻는 곳이며, 정서적인 성장이 일어나는 곳이다. 정서적인 성장뿐 아니라 신체적인 성장이 일어날 수 있도록 환경을 제공해 주는 곳이 가정이다. 무엇보다 가정은 자녀들의 영적인 성숙이 일어나는 곳이다. 부모의 가장 중요한 역할이 바로 자녀들의 영적 성숙을 위해 격려하는 것이다. 또한 자녀들이 사회성을 기르는 데 가장 중요한 곳이 가정이다. 가정에서 인간이 가장 인간다운 모습을 갖추어 가는 지·정·의의 교육이 이루어지기 때문에 기독교가족생활교육이 필요하다.

3) 기독교가족생활교육(CFLE)의 정의와 가치 그리고 필요성

'CFLE'는 원래 'Certified Family Life Educator'의 약자, 즉 '공인가족생활교육사'를 의미한다. 그런데 여기서는 'Christian Family Life Education', '기독교가족생활교육'을 지칭하기로 한다. 가족생활교육이라는 영역은 이미 존재하는 학문의 영역이다. 하지만, 기독교가족생활교육(CFLE)은 아신대학교가 가족학 관련 학과가 아닌 교육 관련 분야에서는 최초로 개설한 과목이다. 따라서 일반적인 가족생활교육과 기독교가족생활교육은 추구하는 가치가 매우 다르다.

가족생활교육의 필요성

우리나라에서 가족생활교육에 대한 관심이 증가하기 시작한 것은 2005년 건강가정기본법이 시행된 이후이다(정현숙, 2007). 하지만 사실상 가족생활교육이라는 용어가 법적으로 처음 사용된 것은 훨씬 이전인 1982년 12월 31일 자로 제정 공포된 사회교육법(법률 제3648호)이다(한국가족상담연구소, 2011). 사회교육은 정규학교 교육을 제외한 평생교육을 위한 모든 형태의 조직적인 활동이다. 가족생활교육영역은 사회교육 열 가지 영역 중 네 번째 영역이다. 사회교육법이 규정하는 가족생활교육은 '더 생산적이고 만족스러운 삶을 위해 개인과 가족을 위한 예방과 교육'을 제공하는 것이다(NCFR, 2002).

가족생활교육의 정의에 대한 논의는 오랫동안 진행되었다. 가족생활교육은 가족, 생활, 그리고 교육이라고 하는 각기 다른 영역을 융합하여 생성된 분야다. 가족생활교육은 '교육'이라는 단어를 포함하고 있지만, 가족관리학과, 가족학, 가정상담학, 사회복지학과 혹은 소비자가족학과에서 주로 다루고 있다. 교육학 관련학과에서 가족생활교육을 가르치는 곳은 아신대학교가 최초다.[1]

가족생활교육의 궁극적인 목적은 개인과 가족이 전 생애에 걸쳐 가정이라는 울타리 안에서 인간의 성장과 발달, 그리고 행동의 변화 등을 배우도록 돕는 것이다. 배움의 경험은 가족 구성원의 일원으로서 개인의 잠재력을 개발하여 행복을 추구하는 것을 목표로 한다. 가족생활교육의 핵심은 관계성이다. 관계성을 통해 인성도 개발되고 헌신도가 결정되며, 무엇보다 자존감이 형성되기 때문이다.

가족관계학회나 가족상담학회는 가족생활교육의 필요성에서 비롯되었다. 각 학회에서 강조하는 가족생활교육이 필요한 이유를 정리하면 다음과 같다.

첫째, 사회 변화에 따라 가족 가치의 혼란이 왔다.
둘째, 가족의 교육 기능이 상실되었다.
셋째, 다양한 스트레스 증가로 인한 개인적 긴장 요인들이 증가하고 있다.
넷째, 가족의 변화로 인한 다양한 가족의 출현과 가족문화에 대한 규범이 부족해졌다.
다섯째, 가족 문제 증가로 인한 아동의 사회화 장소로서의 역할이 약화되었다.
여섯째, 가족생활교육의 효과에 대한 다양한 연구 결과가 발표되었다.
일곱째, 가족생활교육의 필요성은 외부 지원에 대한 가족의 요구가 증가했다.

교육은 보존할 것은 보존하고, 변화시킬 것은 변화시키는 모든 과정을 포함한다. 또한 가족생활교육은 통합적 교육이다. 가족학과 사회학 그리고 교육학의 이론들이 서로 융합되어 건강하고 행복한 가정을 이루도록 돕는다. 모든 것은 연결되어 있다. 심지어는 국가의 정책도 행복한 가정에 영향을 준다. 각 개인이 잘한다고 해서 건강한 가족을 이룰 수 없다는 말이다.

가족생활교육의 영역

가족생활교육의 내용을 간략하게 살펴보면, 다음의 열 가지 주제영역을 다룬다.[2]

1) 가족과 사회- 사회변동과 가족, 사회문화적으로 다양한 가족 즉 사회계층, 인종, 종교 등에 대해 교육

2) 가족의 상호 역동성- 가족의 강점과 약점을 이해하고 가족원 간의 상호 작용방식에 대한 이해

3) 인간의 성장과 발달- 가족생활주기 동안 가족원의 발달적 변화와 적응 과정의 욕구 충족에 대한 이해

4) 인간의 성- 건강한 성적 적응을 위해 가족생애 과정 동안 성적 발달의 생리학적, 심리적, 사회적 특성 이해

5) 대인관계- 대인관계의 발달과 유지

6) 가족자원 관리- 가족자원 관리는 자원 즉, 시간, 돈, 물적 자산, 에너지, 친구, 이웃, 공간 등의 할당과 발달을 위한 가족과 개인의 의사결정에 대한 이해

7) 부모교육과 지도- 부모가 아동과 청소년에게 어떻게 가르치고 지도할 것인가에 대한 이해, 과정으로서의 양육, 부모의 권리와 책임, 생애주기에 따른 부모 역할, 부모 역할 실제에서의 다양성 등

8) 가족법과 공공정책- 가족의 지위에 영향을 주는 법과 가족의 법적 정의에 대한 이해, 가족법의 역사적 발전에 관한 연구, 결혼, 이혼, 가족의 지원, 자녀 양육, 자녀 보호와 권리, 가족계획에 관한 법

9) 윤리- 인간의 사회적 행동 특성과 기질, 윤리적 문제와 이슈에 대한 비판적 분석 능력을 교육, 사회적 태도와 가치구조의 이해, 다원주의 사회에서 가치의 다양성과 가치 선택의 복잡성을 인정하고 존중, 사회적·기술적인 변화에서 윤리적 시사점들을 인식하는 것들을 교육

10) 가족생활교육 방법론 - 가족생활교육의 철학과 원리를 이해하고, 프로그램을 기획, 시행, 평가하는 구체적인 능력.
예) 기획과 시행, 자료와 학습자의 학습 과정 평가와 프로그램의 효율성 측정, 학습자의 필요 요구 조사 능력, 지역사회의 가치와 교육 필요성 파악 등

특히 제일 나중에 추가된 교육방법론에서는 아홉 가지 주제영역이 실제로 지역사회와 일상에서 구체적으로 실현될 수 있도록 프로그램 기획과 설계, 평가, 교수 방법, 학습유형, 지역사회의 필요 요구조사 등을 다룬다. 바로 이 지점이 가족생활교육이 가족학이나 사회학 분야에만 국한되지 않고 교육학 관련 분야에서 개설되고 개발되어야 하는 당위성을 찾는 부분이다.

가족생활교육은 각기 다른 형편에 처한 개인과 가정을 상대한다. 가족생활교육을 통하여 가족관계와 시스템을 강화하며, 가족구성원들이 미래에 선택하는 직업에도 가족학적 관점을 대입할 수 있도록 각 개인의 역량을 훈련한다. 다양한 가족학 관련 분야에서 가족생활교육의 특징을 꼽으라면 가족생활교육은 문제해결이 아닌 문제 예방에 초점을 둔다는 사실이다.

기독교가족생활교육의 필요성

가족생활교육은 급변하는 사회 속에서 현대 가족이 직면한 문제를 해결하면서 우리나라에서 가장 많은 가족생활교육이 이루어지는 환경이 교회임을 강조한다. 교육적 기능을 따져 봐도 교회가 가장 가정과 접촉이 많다. 교회학교가 부르짖는 '다음세대' 신앙교육의 책임과 권위는 사실 부모에게 있다. 부모는 하나님께서 허락하신 부모의 권리를 올바르게 행사하기 위해 전문적인 도움을 필요로 한다. 따라서 교회는 전문성을 가진 기독교교육자로 하여금 부모를 훈련하게 해야 한다. 무엇보다 교회교육은 부모로 하여금 자녀들에게 그리스도를 통한 구원의 경륜을 가르쳐야 하며, 각 개인에게 하나님께서 부여하신 재능과 은사, 그리고 관심사를 계발할 수 있어야 한다. 자녀가 성장하여 개인의 부귀영화를 누릴 수 있도록 키우는 교육이 아니라, 하나님께 영광 돌리는 삶을 위한 교육을 추구할 수 있게 도와야 한다.

대부분의 기독교 부모 역시 기독교교육을 받아본 적이 없기 때문에 자녀들에게 기독교교육을 시킬 수 있는 전문적인 도움이 필요하다. 따라서 교회교육 전문가들은 기독교가족생활교육 프로그램의 개발을 통하여 부모들이 자기 자녀교육의 전문성을 갖출 수 있도록 할 필요가 있다.

기독교가족생활교육의 전문가

어떤 영역에서든 교육은 전문가를 만들어 낸다. 전문가는 어떤 자격을 갖추어야 하는가에 대한 질문에 대한 대답은 영역별로 다를 수 있다. 이스트(East, 1980)라는 학자의 이론을 바탕으로 다음의 몇 가지 영역이 충족된 사람이 전문성을 갖췄다고 할 수 있다.

1) 하는 일을 통해 생계를 영위할 수 있어야 한다.

AI 기술의 발달로 도래하는 미래 사회는 이미 있는 직업을 얻는 취업이 아니라 창업, 창업을 넘어 창직(創職)의 시대여야 한다. 자신만의 전문성을 구축하여 자신만의 직업을 만들어 내는 사람들이 주도하는 사회가 되는 것이다. 한국에서는 기독교가족생활교육사라는 직업이 아직 많이 알려지지 않았고, 전문적으로 활동하는 사람도 많지 않지만, 오히려 미개척 분야이기 때문에 더욱 성장 및 개발의 가능성이 높은 영역이기도 하다. 꼭 가족생활교육사라는 타이틀이 아니어도 가족생활교육사로서의 직업을 여러 모양으로 실천할 수 있다. 중고등학교의 상담교사, 평생교육 프로그램에서의 가족생활교육사 역할, 군인가족을 위한 전문적인 가족생활교육, 교회와 같은 종교기관에서의 가족생활교육, 심지어는 건강보험상담 영역에서도 가족생활교육 전문가는 필요에 그치지 않고 매우 유용하기까지 하다.

가족생활교육사는 부모교육, 성교육, 건강교육, 요즘 새롭게 부각되고 있는 라이프 코칭, 결혼 생활 향상, 청소년 상담 등 다양한 영역에서 활동할 수 있다. 기억하라, 취업이 아니라 창직이다. 앞서 소개한 것처럼, 기독교가족생활교육은 기독교의 진리를 기본 바탕으로 아홉 가지의 가족생활영역에 대한 전문지식을 습득해야 한다. 그 영역이 주로 가족학이나, 가족관리학, 혹은 가족복지가 포함된 사회복지학 분야에서만 다루어져 왔지만, 1991년 미국 가족관계학회가 교수법을 열 번째 영역으로 포함하면서 교육학적인 접근의 중요성이 새롭게 대두되었다. 이런 면에서 아신대학교 기독교교육과 미디어학과는 상당히 앞서간다고 볼 수 있다. 왜냐하면, 신학대학교 중에서 기독교교육과 미디어를 융합한 최초의 케이스이며, 기독교가족생활교육이라는 과목을 최초로 개설했기 때문이다.

2) 전문성을 키우는 교육기관이나 교육 과정이 개발되어야 전문가를 키울 수 있다.

우리나라에서도 많은 대학에서 가족과 관련한 학위 과정이 있다. 하지만, 가족생활교육이라는 영역이 가장 먼저 발달한 미국의 경우에도 전문적인 가족생활교육사를 배출하기 위한 교육 과정이 처음 도입된 것은 1984년 미국 가족관계협회가 교육 과정의 기준을 구체적으로 제시한 이후부터다. 중요한 것은 학교가 제공하는 프로그램의 기준이라는 것이 현장에서 얼마나 유용한가이다. 대학은 비싼 학비를 내고 취업을 준비하는 직업훈련소가 아니다. 게다가 우리가 취업하고 싶은 분야의 전문성을 갖추려고 특정한 기준을 충족시키려고 발버둥치는 동안 현장의 필요는 바뀌어서 이미 그 직업은 없어졌을 가능성이 높다.

그러나 현장이 필요로 하는 기초지식은 반드시 갖추어야 한다. 그것이 바로 인문학 교육이다. 대학이라는 교육기관은 가족생활 교육사라는 특정한 전문성을 갖추는 데 그칠 뿐 아니라 어떠한 직업 현장이라도 인정할 만한 기초교육 과정을 제공할 수 있어야 한다.

3) 같은 훈련을 받은 사람들이 전문적인 협회를 구성해야 전문성을 보장받을 수 있다.

비슷한 직업군이 나름의 협회를 형성하는 것은 의미 있는 일이다. 하지만, 융합의 시대에 맞추어 다양한 영역에서 공통분모를 찾아 전문성을 갖춘 협회를 구성하는 것도 필요하다. 협회는 공공의 이익을 도모하기도 하지만, 동시에 회원들의 권리를 보장해 주는 바람막이 역할도 해 준다. 또한 공신력을 갖추는 데 큰 도움이 되기도 한다. 일반 영역에서 가족관계학회를 통해 가족생활교육사 자격증을 발급하는 것처럼, 기독교교육 영역에서도 독자적으로 기독교가족생활교육사 자격을 부여할 수 있는 협회를 구성할 필요가 있다. 실제로 한때 복음주의기독교교육학회에서 몇몇 학자들이 기독교가족생활교육분과의 필요성에 대한 의견을 나눈 적도 있지만, 아직 시행은 되지 않고 있다.

4) 전문지식 함양, 정확한 명칭과 개념의 기준화, 실천 영역에서의 전문성 구축을 구체화해야 전문성을 보장받을 수 있다.

전문성을 확보하기 위해서는 그 분야의 기초적이고 전문적인 지식을 확보해야 한다. 기독교가족생활교육은 기독교적인 정체성, 가족학의 기초지식이 실생활의 영역에서 어떠한 모양으로 실천되어야 하는지, 그리고 배움은 어떤 상황에서 가장 잘 일어나는지 등에 대한 교육학적 지식도 갖추어야 하는 종합예술이다.

5) 전문성을 갖춘다는 것은 공익을 위해 실천윤리를 스스로 갖추고 지키는 것을 포함한다.

모든 직업에는 직업윤리가 있다. 사람을 상대하는 일일수록 높은 도덕적 기준이 필요하다. 미국가족관계학회에서도 1995년에 이르러서야 가족학자들이나 가정상담가들이 지켜야 할 윤리적 책임들을 강령화했다. 기독교가족생활교육에 있어서 가장 중요한 것은 학습자들이 하나님의 형상대로 지음 받은 존귀한 존재라는 사실이다. 그런데 종종 교육자나 상담자로서 우리 자신도 죄인이라는 사실을 망각하고 내담자나 학습자를 조작하고 조정하려는 못된 습성이 있다. 그런 까닭에 윤리적이고 도덕적인 결정을 내리는 데 필요한 정보와 가이드라인이 필요하다.

기독교가정생활교육이 당면한 과제들

기독교가족생활교육은 사회복지 분야일까 아니면 상담 분야에 더 가까울까? 계속 기독교교육과 미디어학과에서 가르쳐도 되는 것일까? 미지의 개척 분야이기에 더욱 알 수 없는 미래다. 하지만 지금 확실한 직업이 되어 있는 분야들도 처음 시작 단계에서는 마찬가지였다. 중요한 것은 새로운 영역의 정체성을 확실하게, 그리고 착실하게 구축해 가야 한다는 것이다.

이미 우리가 직면한 미래의 사회는 융합의 시대다. 가족생활교육이 가족학 관련 분야에만 머무르지 않고, 여러 가지 모양으로 변형되어 우리 삶의 영역에 적용될 것이다. 그것을 가능하게 하는 것이 바로 교육이다. 다양한 교육 방법과 학습유형들을 연구하여 가족관계학과 연결하고 적용해서 급변하는 시대의 필요를 충족시켜야 한다.

1) 다양화 상황 속의 가족생활교육의 정체성

우리가 교육해야 할 가족이 처한 상황이 매우 다양화되어 가고 있다. 그중 하나가 다문화 현상이다. 다문화 사회 속에서 가족의 역할과 정의는 기존의 그것들과 크게 다를 수밖에 없다. 기독교가족생활교육사는 복음의 본질을 훼손하지 않으면서 다양화되어 가는 사회 속에서 고립되지 않을 방법이 무엇인지 고민해야 한다.

또한 이혼과 재혼이 흔해지고 심지어는 동성결혼의 합법화까지 대두되는 상황 속에서 기독교가족생활교육은 가족에 대한 정의를 어떻게 내려야 할지에 대한 고민도 함께해야 한다. 우리와 다른 믿음 체계를 가진 사람들과 더불어 살아가면서도 복음의 핵심 진리를 놓치지 않도록 성경적 가정관을 가르치는 일이 매우 중요한 시대가 도래했다. 하지만, 한편으로 또 다른 틈새시장의 가능성도 없지 않다. 여성가족부가 관리하는 각 지방 자치단체의 건강가족지원센터와 다문화가족지원센터가 있지만, 아신대학교의 기독교교육과 미디어학과가 지금으로서는 다문화교육과 가족생활교육을 접목해 교육할 수 있는 가장 적합한 교육기관이라고 할 수 있다.

2) 기독교가족생활교육사가 갖추어야 할 기본적 소양과 자격

가족생활교육사는 사람 개개인의 삶의 문제들을 다루기 때문에 매우 민감한 부분들도 다루게 된다. 과학이나 수학 혹은 영어처럼 이미 정해진 과목을 가르치는 교사와 달리, 가족생활교육사는 사람의 가치관, 결정을 내리는 과정, 성장과 성숙, 그리고 행동의 변화와 같은 영역들과 인간의 성, 대화 방법, 부모교육, 재정 관리 등과 같은 매우 민감하고 예민한 주제들을 다루는 것이다. 따라서 기독교가족생활교육은 교육자 중심이 아닌 학습자 중심의 교육을 추구하고 있다. 이는 구글이 예견한 미래지향적 교육 방법인데, 가족생활교육은 이미 시행하고 있었다고 볼 수 있다.[3] 학습자의 감정, 동기, 태도, 그리고 가치와 같은 것들이 학습 과정에 있어서 고려되어야 할 매우 중요한 주제들이다. 그런 까닭에 가족생활교육사는 평생교육에 대한 포괄적인 이해가 있어야 한다.

태도와 편견

위에서 언급했듯이 Powell & Cassidy(2007)는 사람과 사람 사이의 매우 민감한 주제들을 다루어야 하는 까닭에, 기독교가족생활교육사는 건강한 자기 이해(특별히 감정 이해)와 스스로 편견의 함정에 빠질 수도 있다는 사실을 주지해야 한다. 흔히 교사는 스스로를 완벽한 존재로 착각하기 쉽다. 하지만 교사도 인간이다. 인간은 죄인이다. 그러므로 잘못된 편견을 가지고 치우친 교육을 실시하기 쉽다는 사실을 인정해야 한다. 최고의 교사는 완벽한 사람이 아니라, 자신의 연약함과 한계를 알고 인정할 줄 아는 사람이다. 또한 자기의 견해와 다른 사람의 감정과 가치를 인정하고 받아들일 수도 있어야 한다. 미국의 경우 가족상담이나 가족생활교육사가 되려면 자신의 원가족에 관한 공부를 통해 가족사와 가족의 역할에 대한 이해, 그리고 가족에 대한 이해와 경험이 실제 상담이나 교육에 어떤 영향을 끼치는지에 대하여 주지하도록 교육한다. 이러한 건강한 자기 이해가 가족생활교육사로서 활동하는 데 발생할 수 있는 갈등을 줄이고, 교육의 효율성을 높인다.

효과적인 가족생활교육을 위해서 문화, 인종, 신체적 능력, 성별 혹은 사회경제적인 위치에 대한 편견이 실제 교육에 어떠한 영향을 미치는지에 대해서도 알고 있어야 한다. 가족생활교육사는 구체적으로 다음과 같은 질문들을 늘 염두에 두어야 한다. '나는 나와 다른 사람들, 다른 문화권의 사람들에 대하여 어떻게 인식하고 있는가?', '다름이라는 것은 가치 있게 여겨져야 하는가 아니면 무시되거나 두려움의 대상인가?', '나와 다른 문화, 계층의 사람들을 대할 때 나는 그들에게 도우미인가? 지도자인가? 혹은 동료인가? 아니면 대변인인가? 어떤 역할인가?', '가난한 계층의 사람들은 자신들의 잘못된 선택의 결과로 가난한 것일까? 아니면, 자신들의 힘으로는 어쩔 수 없는 시스템이나 환경 탓인가?' 이러한 문제들에 대한 교육자의 태도가 학습자들을 대하는 태도를 결정하게 된다.

많은 경우 우리가 취하는 태도는 우리도 알지 못하는 사이에 습득된 것이다. 교육자도 자신이 연약함과 부족함을 가진 존재임을 인정하는 것이 결코 쉽지 않다. 심지어는 매우 불편할 수도 있다. 하지만, 교육자가 이러한 사실을 인정하지 않는다면, 스스로를 속일 뿐 아니라 학습자들의 다양한 성장의 기회를 박탈하고, 변화와 성숙의 환경을 빼앗는 결과를 가져올 수도 있다.

개인의 자격과 기술

미국 가족관계협회는 성공적인 가족생활교육사가 가지는 몇 가지 특성에 대하여 명시했다. 기본적인 지적능력, 자기인지능력, 정서적 안정감, 성숙도, 자신의 태도와 문화적 가치에 대한 자기인지능력, 긍휼심, 효과적 인간관계 능력, 건강한 자기 확신, 유연성, 다양성에 대한 이해와 인지, 읽고 쓰고 표현하는 능력, 그리고 세대와 나이와 지위고하를 막론하고 그룹에서뿐 아니라 개개인의 관계에 있어서도 치우침 없이 관계를 맺을 수 있는지의 능력이 그 덕목들이다. 건강한 자기 이해와 학습 스타일, 교수 스타일의 이해를 위해 자가진단 수단도 개발하고, MBTI와 같은 성격유형 검사 등을 통해 자기 자신을 이해할 수 있도록 돕는 교육도 가족생활교육사가 받아야 할 중요한 교육 중 하나이다.

개인의 교육철학 개발

기독교가족생활교육뿐 아니라 교사라면 누구나 자신만의 교육철학이 있어야 한다. 일례로 우리 대학은 ACSI라는 국제기독교학교

협회의 교사 자격증을 수여할 수 있는 고등교육기관인데, 기독교사 자격증을 취득하기 위해서는 반드시 개인의 교육철학을 글로 표현하는 에세이를 요구하고 있다. 개인의 자질도 중요하지만, 가르치는 능력만큼 중요한 것이 철학적·신학적 기초이다. 자신의 신념이 없이 가르치는 일은 있을 수 없다. 모두가 똑같은 생각과 철학을 가지고 산다는 것은 누군가는 생각 없이 산다는 말과 같다. '가족을 어떻게 정의할 것인가?', '기독교가족생활의 목적은 무엇인가?'와 같은 질문을 통해 교육철학을 갖는 것이 중요한 까닭은 그것이 교육의 방향과 목적을 결정하기 때문이다. 올바른 신학과 철학이 교육적 문제를 정확하게 진단하고, 현장과 연결할 수 있는 접촉점을 찾는 데 결정적인 도움이 되기도 한다. 또한 기독교가족생활교육이 학습자들의 필요를 어떻게 충족시켜 주는지, 사회 속에서 어떤 모양으로 실천될 수 있는지의 근거가 되며, 가족의 실상에 대한 오해와 편견을 줄여주기도 하며, 사회 속에서 가족 구성원 간의 또한 가족생활교육의 역할에 대한 구체적인 가치와 이해를 제공하는 것이 신학과 철학적 기반이다.

다일(Dail, 1984)이라는 학자는 자신의 책 『가족생활교육의 철학적 기초』(Constructing a Philosophy of Family Life Education)에서 가족생활교육사가 가져야 할 네 가지 신념을 다음과 같이 제시하였다.

첫째, 가족에 대한 신념과 가족생활의 질과 특성에 대한 신념
둘째, 가족생활교육의 목적에 대한 신념

셋째, 가족생활교육의 구체적 교육영역에 대한 신념

넷째, 가족을 위한 학습 과정에 대한 신념

(1) 가족에 대한 신념과 가족생활의 질과 특성에 대한 신념

기독교가족생활교육사는 급변하는 현대사회 속에서 가족에 대하여 어떻게 성경적인 정의를 내릴 것인가에 대한 확고한 신념을 갖고 있어야 한다. 예를 들면 혹시라도 동성결혼이 합법화되었을 경우, 동성결혼이 성경에 입각한 우리 입장에서는 죄이므로 동성결혼을 통해 이룬 가정은 정상적인 가정의 범주에 넣지 말아야 하는데, 이에 대한 개인적인 신념의 책임 또한 져야 한다. 그 경우 외부 기관에서 발행하는 자격증 등을 취소당할 가능성이 높다. 그렇더라도 자신의 신념을 지킬 것인가에 대한 태도를 결정해야 한다.

가족에 대한 정의를 내리는 것 외에도, 기독교가족생활교육사는 가정의 역할에 대해서도 구체적인 신념을 가지고 있어야 한다. '개인의 삶에 가정이 어떠한 역할을 감당하는가?', '사회 속에서 가정의 위치는 어디인가?', '가정이 건강하게 기능을 발휘하기 위해서는 어떠한 위치에 있어야 하는가?' 등등 건강한 가족의 기능과 특성, 그리고 가정의 역할에 대한 개인의 신념은 프로그램 운영을 통해 어떠한 가정을 이루게 할 것인가를 결정하는 매우 중요한 척도가 된다. 점점 다문화사회가 되어 가는 시점에 가정에서 아버지의 역할이나 어머니의 역할, 또한 조부모의 역할이 이전 시대와 분명 다르게 변화하고 있다. 그러한 급변하는 환경 속에서 가족 구성원의 역할이나 가정의 역할에 대한 균형 잡힌 신념을 갖는 것은 교육사로서 매우 중요한 덕목이다.

(2) 가족생활교육의 목적에 대한 신념

가족생활교육사는 효과적이고 적절한 교육의 목적과 목표를 개발하기 위해서 가족생활교육에 대한 목적을 잘 이해해야 한다. 가족생활교육의 목적이 행동을 변화시키기 위함인가? 아니면 통찰, 기술, 혹은 지식을 제공하는 것이 궁극적 목적인가? 미리 예방하는 교육인가? 아니면 반응하게 하는 교육인가? 후원과 지지를 목적으로 하는 교육인가? 특정한 종교적 신념이나 이념을 주입하기 위함인가? 교육자는 교육 과정을 통해 무엇을 왜 이루려고 하는지에 대한 분명한 목적의식을 가져야 한다.

(3) 가족생활교육의 구체적 교육영역에 대한 신념

교육자는 구체적으로 어떠한 주제들을 교육 과정에서 다뤄야 하는지에 대한 분명한 이해가 있어야 한다. 교육목적과 부합하지 않은 주제는 없는지, 예방 교육 과정을 이수한다고 해도 해결되지 않는 또 다른 전문가(예를 들면 가족치료사나 상담사)에게 의뢰해야 하는 영역은 따로 없는지, 교육의 주제들에 편견이나 선입견은 없는지, 지식과 정보는 시기적절한 것들인지 등에 대한 세부 사항들을 점검해야 한다.

가족생활교육 과정 가운데 가정폭력이나 성폭력에 관한 실제적인 사건이 드러나면, 반드시 법적인 조처를 해야 한다. 전문적인 심리치료가 필요할 경우에는 심리치료사나 상담사, 혹은 정신과 의사에게 의뢰해야 한다. 목회상담을 하는 사람들이 빠지기 쉬운 유혹은 모든 문제를 본인 혼자의 힘으로 해결하려고 한다는 것이다. 자신의 전문성을 넘어서는 주제와 영역은 반드시 전문가에게 위탁할 수 있어야 한다. 이것은 신념의 문제를 넘어 윤리의 문제이기도 하다.

대개 이러한 위험에서 보호해 주는 역할은 협회라는 공동체를 통해 받을 수 있다. 협회를 통해 시의적절한 지식과 정보, 또한 프로그램과 권리 등을 제공받거나 보장받을 수 있다. 구체적 연구 사례들을 통해서도 자신들의 상황에 맞는 정보와 자료를 얻을 수 있어 협회나 학회에 가입하는 것이 긴 안목으로 볼 때 매우 현명한 선택이다.

(4) 가족을 위한 학습 과정에 대한 신념

가족생활교육사는 가족 구성원들 개개인이나 공동체로서의 가족이 어떻게 학습하며, 어떻게 변화하는지, 또한 어떤 학습 방법이 효과적인지, 개개인의 학습 스타일이 어떻게 다른지에 대하여 파악할 수 있어야 한다. 그룹으로 배울 때와 개인적으로 학습할 때 효과는 같은가, 다른가? 소그룹은 어떻게 운영해야 효과를 극대화할 수 있는가? 교육의 목적과 평가는 얼마나 중요한가? 가족 구성원 중 한 명만을 교육했을 경우 다른 구성원들에게 영향이 전달되는가? 등등의 질문에 대한 이해가 있어야 한다.

이러한 학습 과정에 관해 올바른 이해를 가지려면 인간발달 과정이나, 가족생애주기, 학습유형과 교수법 등등에 대한 나름의 전문 지식을 갖춰야 한다. 또한 가족이라는 공동체는 개인이 아닌 시스템으로 움직이기 때문에 시스템에 대한 이해도 있어야 한다. 자신만의 교육철학을 구성하는 일은 결코 쉬운 일이 아니다. 수많은 질문, 평가, 아이디어의 분석과 수용의 과정이 복합적으로 필요하기 때문이다. 하지만, 자신만의 교육철학을 구축하기 위해 들인 시간과 노력이 결코 헛된 것이 아님을 알게 될 것이다. 기독교가족생활교육사로서 복음에 대한 바른 이해와 건강한 자기 사랑과 자기 이해, 그리고 자신의 가족에 대한 균형 잡힌 이해와 함께 확고한 교육철학을 가지면 그때 비로소 다른 사람들과 그들의 가족을 건강하고 행복하게 만들 수 있도록 돕는 교육자의 역할을 감당할 수 있게 된다.

3) 기독교 가족생활교육사가 되기 위하여

미국의 경우는 가족관계학회라는 큰 규모의 단체를 통하여 소정의 교육 과정을 이수해야 공인가족생활교육사 자격증을 받을 수 있다. 우리나라에서도 가족관계학회라는 곳을 통하여 가족생활교육사 2급 자격을 시작으로 가족생활교육사 1급, 가족생활전문가과정 등의 자격증을 받을 수 있다(한국가족관계학회 홈페이지 참고).[4]

2급 가족생활교육사는 가족생활 전반에 걸쳐 필요한 지식과 기술을 체계적으로 가르치는 일을 수행하며, 상위급 가족생활교육사의 교육 업무를 보조하는 역할을 수행한다. 자격은 학사학위 이상의 소지자로(서류심사 원서 제출일 기준) 필수 교과목을 이수하였거나 강의하고 필기시험에 합격한 사람이면 된다. 필수 교과목은 총 다섯 과목으로 다음과 같다.

a. 가족학 및 가족관계 관련 과목(2과목): 가족학, 한국가족론, 가족관계, 부부관계, 결혼과 가족, 가족발달, 건강가족(가정)론, 한국가족생활문화

b. 인간발달 및 인간의 성 관련 과목(1과목): 인간발달, 발달이론, 아동발달, 청년발달, 중·노년기 발달, 노년학, 발달이론, 부부의 성

c. 가족자원관리 및 가족복지 관련 과목(1과목): 가정경영, 가족자원관리, 가정경제, 가족법, 가족복지, 가족정책, 가족상담

d. 가족생활교육 관련 과목(1과목): 가족생활교육, 가족생활교육프로그램, 부모교육, 부부교육 단, 이상의 과목과 유사한 과목은 자격관리위원회의 심의를 거쳐 동일교과목으로 인정할 수 있다.

가족생활교육사 2급 자격증을 취득한 후, 가족관계학회가 인정하는 기관에서 2년 이상 실무과정을 이수하고 학회에서 주관하는 윤리교육에 1회 이상 참석하면 가족생활교육사 1급 자격을 취득할 수 있다. 1급 가족생활교육사는 가족생활교육 책임자로서의 역할을 수행하며, 2급 가족생활교육사의 훈련과 평가를 할 수 있다. 2급 자

격증을 받고 나서 실무과정이 2년이 넘지 않아도 1급 자격을 취득하려면, 가족생활교육 관련 분야를 전공하여 석사학위를 받고, 당학회가 인정하는 기관에서 1년 이상 실무 과정을 이수하면 된다. 예를 들면, 우리 학교 기독교교육과 미디어학과 혹은 상담복지학과를 졸업하여 2급 자격증을 취득한 후, 대학원 가족상담이나 기독교상담, 혹은 다문화교육전공에서 다문화가정교육을 전공하여 가족생활교육 분야의 석사학위를 취득하며 동시에 1년 동안 학회가 인정하는 기관에서 실습 시간을 쌓으면 졸업과 동시에 1급 자격증을 취득할 수 있다.

아직 필자의 소속 학교의 프로그램은 가족관계학회의 인준을 받지 않았기 때문에 가족생활교육사 필기시험을 봐야 한다. 해당 시험은 매년 1회 실시하며, 과목으로는 인간발달, 가족관계, 가족생활교육 세 분야가 있다. 시험 일자와 기타 사항은 학회의 홈페이지를 통해 학회장이 공고한다. 기타 자세한 자격증에 대한 사항은 가족관계학회 홈페이지를 방문하면 알 수 있다.

질문하고 생각하기

- 성경은 가족이 중요하다고 말합니다. 성경이 말하는 가족이 중요한 이유들은 무엇인가요?

- 가족생활교육이 필요한 이유는 무엇인가요?

- 자신의 원가족에 대한 이해와 경험이 상담이나 교육에 어떤 영향을 끼치는지 생각해 보고 나눠 보세요.

- 가족생활교육사가 가져야 할 네 가지 신념은 무엇이라고 생각하는지 나누어 보세요.

- 가족생활교육사 되기 위해 자신이 준비할 것은 무엇인가요?(태도, 편견, 자격, 기술, 교육철학 등)

1) 훨씬 나중에야 서울신대와 다른 대학에서도 가족생활교육 관련 과목들이 개설되었다.

2) 1982년 미국가족관계학회가 가족생활교육사 과정을 처음 시작할 때는 아홉 가지 영역을 다루었 지만, 후에 교육방법론이 더해져서 현재 가족생활교육의 주제영역이 총 10개 영역이 되었다.

3) https://edu.google.com/future-of-education/

4) http://www.kafr.or.kr/

기독교
다문화교육

전병철

나와 다문화교육

필자는 미국에서 대학을 다녔다. 내가 유학한 대학은 미국 중부에 위치한 콜로라도주 볼더에 있는 곳으로, 학생 수가 3만 명이 넘었지만, 유색인종은 전체 학생의 2%도 되지 않았다. 한국 사람은 물론 아시안을 찾아보기 매우 힘든 진짜 미국 대학교였다. 어린 시절 목회자의 자녀로 교회의 모순적인 모습들을 보고 자랐기 때문에, 유학한 후로는 일부러 교회와 거리를 두고 세속 문화 속에서 헤매고 있었다. 당시 미국의 '이주민'이었던 내게 하나님이 보내신 '선주민'이었던 한 미국인 대학생의 작은 용기와 포용이 오늘의 나를 있게 했다.

이야기의 전말은 이렇다. 당시 내가 살고 있던 아넷(Arnett)이라는 기숙사 건물 앞을 지나고 있었는데, 한 백인 여학생이 내게 다가와 잠시만 시간을 내 달라고 했다. 그 학생은 떨리는 손으로 내게 복음을 전했다. 복음을 다 전하고 영접 기도까지 하게 했다. 자신의 임무를 성공적으로 완수한 듯 평온한 표정을 짓는 학생에게 물었다. "왜 하필 나를 전도 대상으로 선택했나요?" 그 학생은 바로 몇 달 전에 열린 학생선교운동으로 유명한 우바나(Urbanna)선교대회에 다녀왔는데, 그곳에서 선교에 대한 거룩한 부담감이 생겼다고 한다. 그런데 아무리 생각해도 선교지에 갈 엄두가 나지 않았다고 한다. 그러던 차에 캠퍼스 사역자에게 자신의 사정을 얘기했더니, "선교지에 갈 수 없다면, 네 주변에 있는 선교지를 한번 찾아봐!"라고 대답해 주었다고 한다. 그래서 캠퍼스 내에서 유학생을 찾아서 복음을 전해야겠다고 결심했고, 그렇게 자신의 주변에서 선교지를 만나게 해 달라고 기도하는 중에 나를 만난 거라고 했다. 그렇다, 이주민은 우리 곁에 있는 선교지이다.

교육과 다문화

교육은 궁극적으로 개인의 태도와 행동의 변화 과정을 이해하는 것이다. 더 나아가 집단의 가치와 행동의 변화를 끌어내는 것이 교육의 궁극적인 목표다. 집단 공통의 가치는 문화의 또 다른 얼굴이다. 교육은 가치와 태도의 변화를 촉진하는 의도적 개입이다. 교육을 통해 문화를 다음세대에게 전수하고 발전시키는 것뿐 아니라,

나아가 우리와 다른 문화를 존중하고 다른 가치를 가지고 있는 집단과 더불어 살아갈 수 있는 성숙을 추구하게 한다.

기독교교육은 하나님의 말씀인 성경에서 그 가치의 뿌리를 찾는다. 말씀이신 예수 그리스도를 우리 삶의 모범으로 삼는 것이다. "예수님이라면 어떻게 하셨을까?" 성경은 2,000년 전에 기록되었음에도 문화의 다양성을 무시하지 않는다. 기독교교육을 통해 우리는 그리스도를 더 알아 가게 된다. 모든 사회문제는 결국 하나님의 말씀인 토라의 핵심 가르침(하나님 사랑, 이웃 사랑)에 순종하지 않기 때문에 발생한다.

다문화교육에 대한 성경의 입장

성경에는 상당히 많은 다문화 상황이 기록되어 있다. 이스라엘 백성의 역사는 다문화 역사라고 해도 과언이 아니다. 아브라함, 이삭, 야곱은 한곳에 정착하지 못하고 가축 떼를 이끌고 풀과 물을 따라 여기저기 돌아다니는 반유목민의 삶이었다. 학자들은 아브라함과 그 식구가 요단 계곡과 산악지역에서 유랑하다가 비옥한 반월형 곡창지대 남쪽 끝 팔레스타인 지역에서의 국제 권력의 정치적 공백기를 틈타 일어난 반 유목민족(에돔, 모압, 암몬족)의 이동의 물결에 휩쓸려 가나안 땅으로 들어갔다고 주장한다.

모든 민족, 모든 언어, 모든 열방, 그리고 모든 문화는 하나님 앞에서 동등하다. 성경은 다문화야말로 미리 보는 천국이라고 알려 준다. 성경은 마지막 날에 "각 나라와 족속과 백성과 방언"(계 7:9)으로 하나님을 찬양할 것을 예언하고 있다. 다문화에 대한 성경의 원리는 복음 안에서 모든 문화는 동등할 뿐 아니라 하나라고 강조한다(갈 3:28; 롬 1:16). 더 나아가 하나님의 명령에 위배되지만 않는다면 문화로 서로를 보완할 것을 권한다(고전 9:22, 10:33). 우리가 다른 문화를 존중하고 더불어 살아가야 하는 이유는 모든 문화는 하나님께서 창조하신 결과이기 때문이다.

기독교교육과 다문화

다문화교육은 우리가 다른 나라에 갔을 때도 필요하지만, 우리가 살아가는 일상 가운데 찾아온 이주민들이나 유학생들을 상대할 때도 매우 유용하고 중요한 기독교교육 영역이기도 하다. 이민자들로 이루어진 미국 같은 나라에서도 다문화교육에 대한 논의가 시작된 것은 그리 오래되지 않았다. 내가 처음 한국에 돌아왔을 때만 해도 다문화교육이라는 것은 기독교교육의 영역에서 생소한 개념이었다. 2013년 한국에서 신학대학교를 포함한 기독교대학으로서는 처음으로 다문화교육 석사 과정을 교육대학원에 개설할 때만 해도, 학교교육에 있어서의 다문화교육 논의였지 교회학교의 관점에서 다문화교육에 대한 논의는 거의 없었다. 현재 다문화교육에 대한 관심은 그때에 비해 높아졌지만, 여전히 기독교교육의 차원에서 다문화교육에 대한 연구는 별로 없는 것이 현실이다.

인식개선 교육의 필요성: 한국의 이주민-이슬람 포비아 현상

2018년 6월 예멘 출신 난민 500여 명이 제주도에 입도하는 문제로 사회가 시끄러워진 적이 있다. 한국 사회는 500여 명의 예멘 난민을 두고 이들을 수용할 것인지 거부할 것인지 수없이 많은 의견을 제시하며 대립각을 세웠다. 심지어는 청와대에는 난민 거부 청원이 지속적으로 올라왔고, 그중에는 70만 명 이상의 동의를 받은 글도 있었다. 안타깝게도 난민청원 거부 의사를 가장 강력하게 주장한 단체가 보수 성향의 기독교 단체인 것으로 알려졌다.

한국 교회가 이슬람 국가들에 파송한 선교사의 숫자는 849명이라고 한다. 법무부 출입국 사무소 통계에 따르면 국내 거주 이주민 인구는 250만 명을 넘었다(2021년 6월 기준). 그중 약 10%에 해당하는 인구가 무슬림이라고 보고 있다. 그렇다면 대략 25만 명 정도의 무슬림이 한국에 거주하고 있다고 볼 수 있다. 무슬림 국가에서는 기독교 선교가 사실상 불가능하다. 하지만 한국 내에서는 전도의 자유가 있다. 우리나라에 들어와 있는 무슬림 이주민들은 한국 사회에 위협만 되는 것이 아니라, 동시에 선교의 기회가 될 수도 있다. 그럼에도 불구하고 보수 기독교 단체는 계속해서 이슬람포비아 현상을 부추기고 있다. 스스로 하나님의 백성인 이스라엘이 아닌 애굽의 바로의 길을 걷는 매우 뼈아프고 슬픈 현실이다.

다문화 현상은 근래에 새롭게 발생한 것이 아니다. 아주 오랜 역사 속에서도 다문화 현상을 찾아볼 수 있다. 초대 교회도 다문화적 상황에 놓여 있었다. 심지어 예수님을 다문화 상황에 탁월하게 적응한 문화지수가 높은 지도자로 여기기도 한다. 예수님은 적어도 세 가지 언어를 유창하게 구사하셨던 것으로 보인다. 아람어, 헬라어, 그리고 성경을 읽기 위한 히브리어가 바로 그것이다.

이민과 이주를 통한 다문화 현상의 효시는 창세기에서도 찾아볼 수 있다. 아담과 하와가 에덴동산에서 쫓겨난 이후 인간의 삶은 끊임없는 떠남의 연속이며, 그 떠남과 정착은 다문화적 상황과 마주할 수밖에 없게 한다. 이주의 이유는 크게 자발적 이주와 비자발적 이주로 나눌 수 있다. 비자발적 이주는 또한 정치 종교적인 이유와 경제적인 어려움을 이유로 들 수 있다. 성경 속의 이주는 대부분 비자발적 이주였다. 예를 들면, 하나님의 부르심을 받은 아브라함은 '본토 친척 아비 집'을 떠나 낯선 타국 땅으로 이민을 떠나야 했다. 마치 미국의 건국자였던 청교도 이민자들이 종교의 자유를 찾아 낯선 미국으로 이민을 간 것처럼 말이다. 또한 경제적인 아브라함의 손자였던 야곱도 자녀들과 함께 기근을 피해 아들 요셉이 총리로 있는 애굽으로 내려가 정착했다. 그들은 애굽에서 이민 생활을 하면서 차별과 억압도 경험했다.

다문화 사회와 거리가 멀어 보이던 한국이 이제는 이주민들을 혐오하고 박해하는 애굽이 되어 가고 있다. 잘못된 가치관과 문화에 대한 오해는 갈등을 야기할 수밖에 없다. 한쪽에서는 타 문화권 이주민들의 유입 자체를 문제시하면서 정부의 모호한 정책과 태도를 지적한다. 2022년 말 기준, 국내 체류 외국인은 2,245,912명으로 전년 대비 14.8% 증가했다.[1] 이렇게 빠른 속도로 외국인과 이주민들의 유입이 증가하고 있지만, 우리는 다문화에 대한 준비가 되어 있지 않다고 우려하는 목소리가 적지 않다.

다문화교육적인 시각에서 보면, 이주민들의 숫자만 증가한다고 자연히 다문화 사회로 진입하는 것은 아니다. 우선 한국은 가족 이민의 길이 매우 좁다. 가족을 떨어뜨려 놓는 것만큼 잔인한 이민 정책은 없다. 그들은 가족과 합류하기 위해 수단과 방법을 가리지 않을 수도, 심지어 불법을 불사할 수도 있다. 그리고 이것은 잠재적인 사회 갈등의 요인이 될 수 있다. 지금은 고인이 된 새뮤얼 헌팅턴(Samuel Huntington) 교수의 '문명의 충돌론'은 처음에는 하나의 가설로 치부되었지만, 2001년 미국에서 발생한 9·11 테러로 끔찍한 현실임이 드러났다. 한국도 마찬가지이다. 헌팅턴 교수의 이론과 아무런 상관도 없어 보이던 한국에서도 서로 다른 종교와 문명이 충돌하고 있고, 심지어 교회도 그 문제로 인해 여러 갈래로 나뉘고 있다. 이를테면 이슬람포비아로 인한 반이슬람 정서의 확산이 그것이다. 한편으로는 이슬람 국가에 선교사를 파송하면서, 우리 안에 이슬람 출신 이주민들이 유입되는 것에 대해 강한 반감을 보이는 아이러니가 벌어지고 있는 것이다. 9·11 테러는 미국에서 처음으로 발생한 테러였지만, 유럽에서는 지난 수십 년간 끊임없이 테러가 발생해 왔기에 전혀 새로운 일이 아니었다. 그리고 대부분의 테러는 서로 다른 문화의 충돌로 인한 것이었다.

1960년대부터 유럽은 한국보다 훨씬 먼저 무슬림 인구의 이주를 받아들였고, 이는 지난 50여 년간 차별, 불법 이민, 세대 갈등, 소외, 재정 문제 등 다양한 사회문제로 연결되기도 했다. 이주 무슬림으로 인한 다사다난했던 기간을 보낸 유럽은 현재 이주 무슬림이 사회에 안정적으로 정착하고 사회 구성원으로 수용하기 위한 작업이 진행 중이라고 한다.[2] 지금 한국 사회에 필요한 것은 이슬람에 대한 올바른 이해와 사회적 포용을 바탕으로 한 상호 공존을 위한 노력이다. 그런 까닭에 한국 사회는 유럽의 무슬림 이주민 수용 과정과 그 속에 등장한 정책을 배울 필요가 있다.

무슬림 이주민의 증가를 염려하는 사람들은 대부분 유럽에서 발생한 테러들을 주목한다. 지난 수십 년간 유럽에서 발생한 테러들을 시기별로 살펴보면 다음과 같다.[3]

1980년 8월 2일, 극우세력 2명이 이탈리아 북부 도시 볼로냐역 대합실에서 폭탄 테러를 벌여 85명이 숨지고 200여 명이 다쳤다. 1989년 6월 19일 스페인 바르셀로나의 한 쇼핑센터에서도 바스크 분리주의자들이 차량을 이용한 폭탄 테러를 감행해 21명이 사망하고 45명이 다쳤다. 1998년 8월 15일에는 영국 북아일랜드 오모 시에서 분리 독립을 주장하던 아일랜드공화국군(IRA)의 연계조직이 폭탄 테러를 벌여 29명이 사망하고 220명이 부상당했다. 2000년대에 들어서는 2004년 3월 11일에 스페인 마드리드 중심가 아토차역에서 스페인이 미국의 이라크 전쟁을 적극적으로 지원하는 데 반발하여 알카에다를 추종하는 이슬람 무장 세력이 동시다발적인 폭탄 테러를 감행했다. 이날의 테러로 191명이 숨지고 2,000여 명이 다쳤다. 유럽 최악의 테러로 기록되는 스페인 테러가 발생한 이듬해인 2005년 7월 7일 영국 런던의 지하철에서는 알카에다로 추정되는 이슬람 무장 세력이 자살 폭탄 테러를 벌여 56명이 죽고 700명이 다쳤다. 2011년 7월 22일에는 노르웨이에서 테러가 발생하여 69명이 사망했다. 스스로를 '민족주의의 전사'라고 주장하는 광신적 극우주의자 아네르스 베링 브레이비크가 노르웨이 오슬로 정부 청사에서 차량폭탄 테러를 일으킨 후, 오슬로 우퇴위아섬의 집권 노동당 청소년 캠프장으로 가서 총기를 난사했다. 2015년 1월 7-9일에는 이슬람 극단주의자 쿠아치 형제 등 3명이 이슬람의 예언자 무함마드를 풍자한 만평을 실은 주간지 「샤를리 에브도」의 파리 사무실에 총기를 난사하고 연쇄 테러를 자행하여 총 17명이 목숨을 잃었다. 그리고 같은 해인 2015년 11월 13일에는 프랑스 파리에서 벌어진 테러로 사망 129명, 중상 70여 명 등 유럽 최대 인명 피해가 발생했다. 11년 전인 2004년 발생한 스페인 마드리드 테러와 더불어 최악의 테러였다. 가장 최근인 2016년 3월 22일에는 벨기에 브뤼셀에서 벌어진 테러로 사망 34명, 부상 150명 이상이 발생했다.

물리적 테러든 정치·경제적 테러든 유럽에서 발생하는 테러의 중심에는 다문화라는 개념이 감추어져 있다. 다문화 사회 속에서 벌어지는 대부분의 사회·문화적 충돌은 이주민들과 밀접한 관계가 있으며, 그 뿌리에는 거의 항상 경제적인 문제가 있다. 야곱과 요셉의 형제들은 처음부터 애굽으로의 이민을 생각한 것이 아니라 먹을 것을 구하러 간 것이었다. 그들은 때가 되면 본국으로 돌아올 생각으로 이민 길에 올랐다. 타향살이가 언제 끝날지도 모른 채 말이다.

다문화, 복합문화, 이민문화

우리나라에서 '다문화' 혹은 '복합문화'라는 용어가 사용되기 시작한 것은 그리 오래되지 않았다. '다문화'라는 용어가 대중적으로 사용되기 시작한 것이 2006년인데, 다음 해인 2007년에는 국내 체류 외국인의 숫자가 100만 명을 돌파하면서 그 비율이 전체 인구의 2%를 웃돌았다고 한다. 한때 단일민족의 자부심을 가졌던 한국 사회가 급속하게 다문화 사회로 진입하게 된 것이다. 단일민족임을 강조하던 한국 사회에 등장한 다문화 현상은 마치 '나무로 만든 쇠'라는 말처럼 형용 모순처럼 들린다고 지적하는 사람도 있다. 그만큼 한국 사람들은 대한민국은 단일민족국가라는 사실을 지속적으로 배워 왔고, 또한 그것을 자랑스러워했던 것도 사실이다. 하지만 세계화 시대를 맞아 지구촌 공동체를 형성해 가는 시점에서 단일민족성을 지키고자 하는 노력은 시대착오적 발상이라고 할 수 있다. 단일민족성을 유지하려는 시대착오적 발상이 오히려 스스로를 어렵게 만든 경우를 멀리서 찾을 필요가 없다. 뉴욕대학교 역사학 교수인 제인 버뱅크(Jane Burbank) 박사는 독일 나치의 치명적인 실패는 단일민족국가 형성을 꿈꾼 것이라고 지적했다.[4] 가까운 일본의 경우에도 다른 문화와 융합되는 것을 극도로 꺼리며 이민자를 받아들이는 일에 인색했다. 그 결과 비슷한 면이 많은 영국과 비교했을 때 여러 가지로 뒤처지게 되었다. 영국과 일본은 둘 다 섬나라이다. 크기도 비슷하고 비록 표면적이지만 왕권 정치 형태를 유지하고 있다. 일본은 이민자들에게 관용적이지 않았던 반면, 영국은 개방적이고 적극적인 태도로 외국인 이민자들을 유치하여 뛰어난 인재들을 정치·경제 각 분야에 영입할 수 있었다. 물론 단순 비교는 어렵겠지만, 예일대학교의 폴 케네디(Paul Michael Kennedy) 교수는 이 점을 들어 "이민에 반대하는 집단은 어리석다"라고 일갈한다.[5] 오히려 미래 강대국의 조건은 다양성과 관용을 바탕으로 하는 다문화국가, 즉 이민 국가를 형성하는 것이라고 과감하게 주장한다. 또한 하버드대학교의 석좌교수이며 『소프트파워』의 저자인 조지프 나이(Joseph S. Nye Jr.)는 비록 중국이 무서운 속도로 경제 성장을 이루고 있음에도 불구하고, 오랜 제국적 전통과 타 문화에 대한 관용적이지 않은 태도를 바꾸지 않는다면 결코 강대국의 영향력을 갖지 못할 것이라고 지적했다.

어느 나라든 초기에는 이민자들을 환영한다. 필요한 노동력을 공급해 주기 때문이다. 유럽의 경우도 마찬가지였다. 노동력 확충이라는 경제적 목적으로 시작된 무슬림 이주민의 유입은 지금까지도 유지되고 있다. 하지만 이주민 숫자의 점진적인 증가는 원주민들의 삶을 불편하게 한다. 성경에서도 똑같은 현상을 찾아볼 수 있다. 초기 이민자들은 애굽에서 환영받았다. 심지어 이민자 출신인 요셉은 엄청난 대기근에 애굽뿐 아니라 이웃 나라까지도 먹여 살리는 역할을 감당했다. 그리고 총리의 자리까지 올랐다. 그는 이민 문호를 개방하여 히브리 민족의 이주를 받아들였다. 하지만 얼마 지나지 않아 요셉을 알지 못하는 바로가 등장한다. 점점 늘어나는 히브리 이민자들의 숫자에 두려움을 느낀 그는 폭력적이고 살인적인 정책으로 이민자들을 탄압하기 시작했다. 결국 하나님은 애굽을 심판하시고 이민자들을 새로운 땅으로 이주시키셨다.

애굽 시대나 지금이나 억압받던 이민자들이 차별과 불공정에 대한 불만을 테러로 표현한다면, 보수주의자들은 정책 등을 통해 노골적으로 폭력을 행사하고 있다. 대표적인 이민 국가인 미국도 9·11 사태 이후 다른 문화와 융합하려는 노력을 중단하는 사람들이 생겼다. 이들은 말도 안 되는 공약을 내놓고 있는 공화당 소속의 도널드 트럼프(Donald Trump) 후보를 지지했고, 결국 대통령으로 당선시켰다. 즉 무슬림들의 미국 입국을 원천적으로 봉쇄하고, 멕시코와 미국 사이의 국경을 더 강화하겠다거나 한반도의 문제에 미국이 개입할 필요가 없다는 식의 극단적인 근본주의 성향이 지지를 받고 있는 것이다. 우리나라의 보수단체들도 프랑스와 유럽에서 빈번하게 테러가 발생하고 있다는 것을 이유로 다문화 정책을 중단하고 이민자들을 더 이상 받아들이지 말자는 주장을 펼치기도 한다. 물론 최근 유럽의 많은 국가가 자국 다문화 정책의 적폐가 누적되어 원주민들에게 피해를 준 것이나 동화주의 이민 정책의 한계 등 실패를 인정하기도 했다. 하지만 그것을 이유로 다시 인종적 특성으로 국가를 규정하던 옛 전통으로 돌아가려는 것은 브룩스 피터슨(Brooks

Peterson)의 말처럼 "돌진하는 코끼리를 깃털 하나로 멈추게 하려는 행동"에 불과하다. 세계적인 다문화 사회화 추세를 거슬러 인종적 특성만을 가지고 국가를 규정하려는 방식은 더 이상 정당성을 확보할 수 없다. 사회계급 간의 갈등과 분열은 사실 문화적, 인종적 요인보다 경제적, 재정적인 요인이 더 크다. 원래 문화 교류의 시작도 사실은 경제적인 상황에서 기인한다. 만일 문화적 가치의 차이 때문에 사회계급 간의 갈등이 심화한다면, 우리와 유교 문화적 가치를 공유하는 중국이나 기타 동남아권에서 오는 이주민들보다 서구 유럽이나 북미에서 온 이주민들과 더 큰 갈등을 겪어야 하는데, 그 반대이기 때문이다. 이민 현상에 있어 우리보다 앞선 유럽의 많은 나라가 테러의 공포에 시달리는 것은 이민자들의 유입 자체가 문제가 아니라 이민자들과 관련된 이민 정책, 즉 다문화 정책이 실패했기 때문이다. 유럽 내 인종, 종교 갈등의 뿌리에는 조화와 관용이 아니라 자문화 우월주의 정책이 자리 잡고 있다. 건강한 다문화 사회의 키워드는 관용과 조화다. 오늘날 교회들은 세상을 품는 선교적 교회를 지향하고 있다. 우리 사회가 빠른 속도로 다문화 사회로 진입하고 있는 다문화 상황 혹은 복합문화 상황 속에서 교회의 역할에 대한 기대도 커지고 있다. 하나님의 나라는 관용과 조화를 바탕으로 더불어 살아가는 나라이기 때문이다. 교회는 현시대에 꼭 필요한 요셉과 같은 인물, 즉 다문화 시대를 이끌어 갈 인물을 키워 내야 한다. 또 타 문화권에서 이주한 노동자들의 값싼 노동력을 착취할 생각만 하지 말고, 그들이 우리 사회에 녹아들 수 있게 도와야 한다.

기독교다문화교육의 목표와 내용

교육의 목표는 교육의 주체가 누구냐에 따라 다양할 수밖에 없다. 하지만, 기독교교육의 목표는 결국 더불어, 함께 사는 '하나님의 나라'로 귀결된다. 그런 면에서 보면 기독교다문화교육은 그 자체로 사회개혁운동이며 복음의 사회성을 표방하고 있다. 일례로 미국의 다문화교육은 교육개혁운동이며 사회개혁운동이라고 보는 시각이 많다. 다문화교육의 선구자로 꼽히는 제임스 뱅크스(James Banks)는 흑인인권 운동가이기도 하다. 다문화교육에 대한 관심은 넓은 의미에서의 사회 부조리와 인종차별에 대항하여 싸우는 인권운동이라고 볼 수 있다. 여기서는 다문화교육을 교육개혁운동으로 여겼던 다문화교육의 아버지 제임스 뱅크스의 주장을 바탕으로 기독교다문화교육의 목표를 제시해 보려고 한다.

앞서 언급한 것처럼, 뱅크스는 애초에 다문화교육을 소수 민족만을 위한 교육이 아닌 교육개혁운동으로 봤다. 기독교교육은 그 자체로 매우 개혁적이다. 기독교다문화교육은 복음의 사회성 확장의 측면에서 발전한다. 뱅크스의 다문화교육에 대한 인식, 즉 다문화교육을 "문화적, 민족적 정체성과 다양성이 증대되는 세계를 살아가기 위해 필요한 지식, 기능, 가치와 태도를 함양하도록 하는 총체적 교육개혁운동"[6]이라고 보는 것은 모든 문화와 언어와 민족이 더불어 살아가는 하나님 나라를 꿈꾸는 기독교교육의 가치와 그 결이 같다고 볼 수 있다. 뱅크스의 주장을 바탕으로 제시된 다문화교육의 목표⁷를 기독교적 관점으로 다시 표현하면 다음과 같다.

첫째, 기독교다문화교육은 각 개인이 다른 문화의 관점에서 자신을 바라보게 함으로써 자신에 대한 이해를 더욱 깊게 하는 것을 목표로 한다. 교육의 기능 중 하나는 올바른 자기 이해다. 기독교다문화교육의 핵심은 복음 안에서 건강한 자기 이해와 더불어 자신이 믿는 종교와 다른 종교적 가치와 문화를 이해하고(이해한다고 해서 그 가치에 동의할 필요는 없다) 그 속에서 효과적으로 기능하고 살아가는 방법을 습득하는 것이다. 이것이 바로 사도 바울이 다른 문화에 대하여 취했던 태도이다(고전 9:19).

둘째, 기독교다문화교육의 목표는 다른 문화와의 관계, 이해, 존중을 전제로 이주민과 선주민들에게 문화적, 종족적, 언어적 대안을 제시한다.

셋째, 기독교다문화교육은 특정 민족, 인종 집단의 구성원들이 신체적, 문화적 특징 때문에 경험하는 고통과 차별을 줄이는 것을 목표로 한다.

넷째, 기독교다문화교육은 다양한 집단의 구성원들이 자신이 속한 사회에서 제구실을 하는 데 필요한 것, 전 지구적인 테크놀로지 세계에서 상호소통하며 살아가는 데 필요한 읽고 쓰기의 기능과 수리적 능력을 습득하도록 한다(기독교학교교육, 공교육에서의 교육 포함).

다섯째, 기독교다문화교육은 다양한 인종, 문화, 언어, 종교집단의 이주민과 선주민들이 모두 자신이 속한 문화공동체, 국가 시민 공동체, 지역문화, 전 지구공동체에서의 역할 수행에 필요한 지식과 기능, 가치와 태도를 습득하는 것을 목표로 한다.

한국 사회에서 기독교다문화교육은 이중적인 어려움을 갖고 시작한다. 하나는 단일민족의식이고, 다른 하나는 유일신 신앙이다. 다문화 사회 속에서 단일민족의식은 매우 부정적인 의미를 갖는다. 단일민족을 강조하는 기저에는 이미 인종차별적 태도가 깔려 있기 때문이다. 일찍이 UN인권위원회는 한국 정부에 '단일민족'이라는 표현의 사용을 재고하라고 권고한 바 있다. "단일민족을 강조하는 것은 다른 인종·국가 출신 사람들이 같은 영토 내에 함께 살며 이해와 관용, 우의를 증진하는 데 장애가 될 수 있다"라는 이유다.

유일신 신앙 또한 기독교다문화교육에 있어 매우 큰 장애가 될 수도 있다. 물론 다른 종교적 가치를 신봉하는 사람들과 더불어 살아가기 위해 우리의 기독교 신앙을 버려야 한다는 말은 결코 아니다. 다만, 유일신 신앙으로 인해 자칫 배타적이고 자신의 기준으로 다른 문화를 함부로 판단하고 정죄하는 함정에 빠지기 쉽다. 보수적 신앙을 가진 많은 기독교인이 기독교의 초월적 권위를 존중하면서, 다른 문화가 갖고 있는 문화유산은 배격하려는 경향이 크다. 이런 이유로 선교지에서 기독교인이 된 현지인은 자신의 문화에서 단절, 고립되는 경우를 종종 볼 수 있다. 서구 선교사가 조선에 와 선교할 때 이러한 입장을 취했다. 그런 까닭에 종종 기독교의 유입은 한국의 전통문화와 종교의 훌륭한 점까지 홀대하고 무시하는 과오를 범했다는 평가를 듣기도 한다.[8]

유일신 신앙과 단일민족 사상은 극단적인 배타주의로 치달을 수 있으며, 그러한 배타주의는 흑백론적이며 이원론적인 사고로 고착되어 잘못된 현실을 변화, 개혁하고자 할 때 상당한 역기능으로 작용한다.[9] 물론 명확한 성경적 기준이 없는 다문화주의는 혼합주의로 빠질 위험성이 있다. 혼합주의도 배타주의만큼 부정적이다. 어설픈

다문화교육은 자칫 기독교의 절대진리를 약화시키거나 상실하게 할수도 있기 때문이다. 하지만 앞에서도 언급했듯이, 성경은 우리의 신앙과 문화의 관계에 대해 모호한 입장을 취하는 것이 아니라, 분명한 기준을 충분히 분별할 수 있도록 가이드라인을 제공하고 있다.

이러한 관점에서 기독교다문화교육의 내용 요소 범위는 인간 활동의 전 과정과 관련된 모든 영역을 포함한다. 정치, 경제, 사회, 문화, 법, 예술, 도덕, 종교, 제도 등 인간의 외면적, 내면적, 정신적 활동의 산물을 포함, 의식주, 언어 풍습까지 다양한 내용을 핵심적 가치로 선정하여 가르치는 것이다.[10]

다문화 사회 속 교회의 역할

그렇다면 교회는 어떻게 해야 할까? 기독교교육적 차원에서 교회는 어떤 역할을 감당할 수 있을까?

1) 반편견 교육기관의 역할을 감당하고, '다문화'라는 용어 개념을 바꿔야 한다.

우선 교회는 사회적 편견을 줄이고 없애는 반편견 교육기관의 역할을 감당해야 한다. 또 편견을 줄이기 위해 '다문화'라는 용어의 개념을 바꾸어야 한다. 이화여자대학교 장한업 교수는 다문화라는 표현이 우리가 단일문화를 가진 단일민족이라는 생각을 강화할 위험이 있다고 경고했다. 다문화라는 표현이 공식적으로 사용되기 시작한 것은 2006년이라고 한다. '다문화'라는 표현에는 부정적인 느낌이 다소 내포되어 있다. 같은 외국인 이주민이라도 서구에서 온 사람들은 '글로벌' 혹은 '국제적'이라 여기면서 우리보다 정치·경제적으로 낙후된 동남아시아에서 온 사람들은 '다문화'라 부르며 낮추어 보는 경향이 있다. 교회에서도 마찬가지다. 교회 내 외국인을 위한 예배도 영어를 주로 사용하는 예배는 '글로벌 워십' 혹은 '국제예배'라고 하면서 그 밖의 언어를 사용하는 예배는 '다문화 예배'라고 부르며 소홀히 여기는 경향이 짙다. 초대 교회는 사실 '다문화' 교회였다. 문화 간의 가치 충돌 때문에 교회가 어려움을 겪기도 했다. 헬라파 과부들과 히브리파 과부들 사이의 구제 문제로 초대 교회에서 최초의 갈등이 발생했다.

대표적인 다문화 국가인 미국에서는 사실 '다문화 가정'이라는 표현보다 '이민 가정'이라는 표현을 더 많이 사용한다. 이민 교회 혹은 다민족 교회라고 부르지 다문화 교회라고 부르지 않는다. 다문화라는 개념에는 단일문화가 우월하다거나 주된 문화라는 선입견이 깔려 있기 때문이다.

2) 이민자들과 그 자녀들뿐 아니라, 원주민들에게 다양한 문화 이해와 세계 시민 의식을 교육하여 상호문화 교육의 환경을 제공해 주어야 한다.

장한업 교수는 "문화 교육의 목적은 다른 문화를 가르쳐서 그런 문화를 수용하거나 관용하도록 하는 데 있고, 상호문화 교육은 소극적인 공존을 넘어 상이한 문화집단 간에 서로 이해, 존중, 대화하게 하는 지속적인 방법을 익히게 하는 데 목적이 있다"라고 주장했다. 그렇기 때문에 교회는 신앙교육과 더불어 다문화 사회교육을 위한 교육적 기능을 감당할 수 있어야 한다. 초대 교회는 원래 가르침과 배움의 공동체(教會)였다.

3) 종교적 역할뿐 아니라 사회적으로 소외된 사람들, 특히 타 문화권에서 이주한 이민자들을 위한 커뮤니티 센터의 역할도 감당해야 한다.

교회는 이주민들을 위한 사귐의 공동체, 즉 교회(交會)여야 한다. 언어도, 문화도 낯선 이국땅에서 종교는 영적인 기능뿐 아니라 정치, 사회 경제적인 공동체의 구심점이 된다. 110년의 한인 이민 역사를 살펴봐도 이민 사회에 교회가 끼친 영향은 우리가 생각하는 이상이다. 우리나라에 이주해 있는 이주민에게도 그러한 센터가 필요하기에 교회가 그 역할을 감당해 주면 더없이 좋을 것이다.

4) 선교적 공동체로서 이주민 사역을 선교적 차원에서 다뤄야 한다.

세상과 하나님 사이의 다리 역할로 선교적 공동체인 교회(橋會)의 역할을 하는 것이다. 흔히 선교는 해외에 가는 것으로만 여기는 경우가 많다. 이주민들은 하나님이 우리 곁으로 보내 주신 선교지이다.

한국 교회는 상당히 많은 숫자의 선교사를 해외에 파송하고 있다. 하지만 지극히 제한된 숫자의 선교사들만 이슬람권 국가에서 사역하고 있다. 한국 여권으로는 사실 이슬람 국가에서 자유롭게 여행하기 어렵다. 반면 우리나라에 들어와 있는 이주민 중 상당수가 대한민국 여권으로는 갈 수 없는 국가에서 왔다. 이렇게 좋은 선교의 기회가 또 있을까? 우리 가까이에 있는 선교지들을 소홀히 여기거나 적대시하면서 먼 곳에 있는 선교지에 사랑을 전하러 가겠다는 것은 어불성설이다. 그런 면에서 한국 교회 안에 팽배해 있는 이슬람포비아 현상은 상당히 염려스럽다. 다문화 사회화는 이제 피할 수 없는 현실이다. 교회는 사회통합의 통로가 되어야 한다. 유럽은 다문화 정책으로 망한 것이 아니라, '잘못된' 다문화 정책으로 어려움을 겪고 있는 것이다. 다문화 사회화 과정에서 교회는 지역사회를 연구, 조사하여 그 필요를 채우고 사회 통합적인 기능을 감당해야 한다. 교회는 갈등과 대립을 조장하는 배타적 입장을 지양하고, 대립과 마찰을 해결할 수 있는 화해의 매개체가 되어야 한다. 따라서 이주민들을 위해 교회의 문턱이 지금보다 더 낮아져야 한다. 이 땅에 이민자로 오신 아기 예수가 갈 곳 없어 구유에 놓였던 것처럼, 갈 곳 없는 이민자들을 교회마저도 몰아낸다면 그들은 더 이상 갈 곳이 없을 것이다. 그리고 교회가 그들을 향해 문을 굳게 닫는다면, 교회는 교회 됨을 상실하게 될 것이다.

질문하고 생각하기

- 성경에는 다양한 다문화교육 요소가 포함되어 있습니다. 성경이 말하는 다문화 사회에서 기독교인들의 태도는 어떠해야 하는지 나누어 보세요.

- 기독교다문화교육이 필요한 이유는 무엇인가요?

- 다문화 사회에 대한 이해와 경험이 기독교교육에 어떤 영향을 끼치는지 생각해 보고 나누어 보세요.

- 다문화 사회 속에서 교회가 취해야 할 태도는 무엇이라고 생각하는지 나누어 보세요.

- 기독교다문화교육의 범위는 어디까지인가요?

- 기독교의 절대진리를 타협하지 않으며 다른 종교적 가치를 가진 사람들과 더불어 살기 위해 취해야 할 태도는 무엇인가요?

1) 법무부 출입국 통계, https://www.moj.go.kr/moj/2412/subview.do

2) 이수정, 유럽 속 무슬림, 그들이 사는 세상 : 이주와 정착, 사회 통합의 과정과 갈등, Asian Regional Review DiverseAsia Vol.3 No.2 (2020),

3) 전병철, 다문화 사회와 한국 교회, 월드뷰, 2016년 8월호, 18-23.

4) 이주희, 강자의 조건, 2014. 엠아이디.

5) 이주희, 위의 책.

6) 권순희 외, 다문화사회와 다문화교육, 교육과학사, 26.

7) 위의 책.

8) 정영민, 다문화 사회, 미국에서 기독교인으로 산다는 의미, 뉴스앤조이, 2016년 12월 27일. http://www.newsm.com/news/articleView.html?idxno=17078

9) 정영민, 위의 글.

10) 권순희 외, 다문화사회와 다문화교육, 교육과학사, 29.

창의력을 회복하는 기독교학교교육[1]

전병철

아주 잘생기고, 탁월하고, 영향력 있는 젊은 정치인이 있다. 그는 특수목적 고등학교를 나온 후 일류 대학을 거쳐 든든한 집안 배경을 바탕으로 일찍이 사법시험을 거쳐 검사 생활했다. 그러다 뜻한 바를 이루기 위해 정치에 뛰어들었다. 30대 초반 다수당의 초선 의원으로 국회에 입성해 벌써 3선 의원이 되었다. 그러나 높이 올라가면 갈수록, 돈을 모으면 모을수록 공허함이 깊어져 갔다. 그는 유명한 영적 지도자를 찾아 나섰다. 낮에 목회자와 면담을 하면 알아보는 사람들이 많을 것 같아, 일부러 해질 때까지 기다렸다. 마치 지나가는 길에 들른 듯이 차나 한 잔 하자며, 지역 교회 목사를 방문했다.

"목사님, 성공한 후에도 의미 있는 삶을 살려면 어떻게 해야 하나요?"

"성경 말씀을 읽으십시오. 그리고 말씀대로 사십시오."

"말씀대로 산다는 것의 구체적인 의미가 뭡니까? 사실 저는 모태신앙이라서 어려서부터 성경에 나오는 계명들은 거의 다 지켰다고 보면 됩니다."

"형제에게는 한 가지 부족한 것이 있네요."

"그게 뭐죠? 저에게 부족한 게 있다니요?"

"하나님께 순종하는 삶을 살기에는 가지고 있는 것이 너무 많습니다. 가진 것을 다 팔아서 필요한 사람들에게 나누어 주고, 주님을 따르십시오."

그 젊은 정치가는 고개를 절레절레 흔들며 돌아갔다. 그리고 다시는 교회에 발을 내딛지 않았다. 사실은 이것은 누가복음 18장에 나오는 젊은 부자 청년의 이야기다. 그리고 우리가 교회교육을 통해 키워 내고 있는 자녀들의 이야기이기도 하다.

대부분의 기독교학교가 일반 공립학교와 다를 것이 없다는 비판에서 자유롭지 못하다. 우선 홍보 문구들을 봐도 그렇다. 일류 대학의 합격 사례들을 강조한다. 결국 경쟁 구도에서 살아남기 위해 기독교 정체성을 포기해도 괜찮은 것처럼 보인다.

교육의 목적이 무엇이냐고 물으면 대부분 '변화'라고 대답한다. 좀 더 구체적으로는 지금보다 나아지는 변화라고 얘기한다. 기독교교육의 목적이 무엇이냐고 물어도 대부분 똑같은 대답이 돌아온다. 한국 교회가 갖는 심각한 문제는 기독교교육이나 세속교육이나 의식에 있어서 별로 차이가 없다는 것이다. 기독교교육에 있어서 부모교육이나 가정교육의 역할을 물으면 대부분 유대인의 교육열을 언급하면서 절박한 치맛바람을 합리화시키기 일쑤다. 예수님의 부르심 앞에서 심히 근심하며 돌아간 부자 청년 관원을 키워 내고 있는 것이다(눅 18:23).

제대로 된 기독교교육을 하려면, 무엇보다 먼저 복음에 대한 이해가 필요하다. 복음에 대한 이해가 없는 기독교교육은 세속교육과 별반 다를 게 없다. 개인적인 생각이긴 하지만, 한국에서 기독교대안학교 교육이 실패하는 이유는 복음적 세계관이 아닌 세속적 가치관에 기반을 두고 있기 때문으로 보인다. 심지어는 기독교대학을 표방하는 학교들조차 기독교교육의 철학이 아닌 세속적인 교육철학으로 가르치는 경우가 많다. 한국에서 기독교교육을 제대로 할 수 있는 대학은 신학대학교밖에 없다.

기독교교육의 목표는 나음이 아닌 '다름'이다. 진보가 아닌 '회복'이다. 여러 가지 회복해야 할 것 중에서도 이 시대에 시급하고 중요한 부분이 바로 창의력의 회복이다. 하지만, 학교교육은 오히려 창의력을 죽이는 교육으로 전락해 버렸다. 영국의 교육학자인 켄 로빈슨(Ken Robinson)은 테드 강연에서 학교가 아이들의 창의력을 죽이고 있다고 지적하기도 했다.[2]

창의력의 회복은 이 시대를 향한 하나님의 부르심이다. 창의력의 회복이 중요한 까닭은 하나님이 우리를 창의적으로 만드셨기 때문이다. 창세기 1장 26절을 보라.

> 우리의 형상을 따라 우리의 모양대로 우리가 사람을 만들고 …
> 모든 것을 다스리게 하자(창 1:26)

우리는 하나님의 형상대로 지음을 받은 존재다. 하나님은 창조주시다. 그리고 우리는 하나님의 성품을 담은 존재다. 따라서 우리는 하나님을 닮도록 지어졌다(Henry Cloud, 2011). 하나님의 성품 중 가장 중요한 성품이 바로 창조성이다. 따라서 우리 인간 안에는 하나님의 창조성이 담겨 있다는 말이다. 하지만, 하나님의 창조성과 인간의 창조성은 다르다. 하나님의 창조는 무에서 유를 창조하는 창조성이지만, 인간의 창조성은 무에서 유를 창조하는 것이 아니다. 그래서 인간의 창조성은 대개 '창의력'이라고 부른다. 인간이 하나님의 형상을 가졌다고 해서 창조를 할 수 있는 것은 아니다. "창조는 재미다"라고 강조하는 김정운 교수는 자신의 책, 『에디톨로지』에서 인간은 창조하는 존재가 아니라, 그저 '흉내 내는 존재'라고 했다(김정운, 2014). 흉내 낸다는 게 꼭 나쁜 의미는 아니다. 흉내 낸다는 것은 '닮아 간다'는 말과 같은 의미. 인간의 창조 능력은 흉내 내기이기 때문에, 아무리 창조적인 사람도 이전에 없었던 새로운 생각을 만들어 낼 수는 없다. 새로운 발견은 있을 수 있어도 새로운 것의 발명은 없다.

새로운 시대를 여는 창의성 교육

현대사회는 더욱 복잡해지고 있다. 흔히 융복합 시대라고 한다. 융복합 시대가 요구하는 성경적인 기독교교육은 회복의 교육이다. 융복합이라는 의미는 새로운 것을 만드는 것이 아니라, 기존의 것을 새롭게 하는 교육이다. 그것이 바로 창의력의 회복이다. 심리학에서는 창의력을 '새로운 관계를 보는 능력, 비범한 아이디어를 산출하는 능력, 그리고 전통적인 사고 패턴에서 일탈하는 능력'이라고 정의한다. 원래 창의력은 만물을 다스리기 위해 주어진 것이다. 하나님은 우리를 로봇으로 만드시지 않았다. 우리를 하나님의 형상대로 만드셨다는 같은 구절에 인간 창조의 구체적인 목적이 "모든 것을 다스리게" 하기 위함이라고 기록되어 있다(창 1:26). 성경이 말하는 다스림은 '지배'가 아닌 '돌봄'이다. 그것이 다스림은 파괴가 아닌 회복이어야 하는 이유다. 그런 까닭에 유진 피터슨은 '다스림'이라는 단어를 '책임짐'이라고 표현했다(Peterson, 2005).

그러므로 기독교교육은 모든 만물을 책임질 수 있는 능력을 개발해 주는 교육이다. 개발한다는 것은 활용 능력을 키워 준다는 뜻이다. 현대 기독교교육의 아버지라고 불리기도 하는 하워드 헨드릭스(Howard G. Hendricks)는 "우리에게 필요한 것은 더 좋은 두뇌가 아니라 하나님께서 우리에게 주신 두뇌를 좀 더 잘 사용하는 것이다"라고 했다. 창의력에 대한 여러 가지 정의가 있지만, 창의성은 새로운 것을 만들어 내는 것이 아니라, 무엇인가를 키우는 것이다. 무에서 새로운 것을 만드는 것이 아니라, 이미 있던 것을 새롭게 하는 것이다. 정리해 보자면, 기독교교육에서 추구하는 창의성을 구성하는 요소는 새로움(Novelty)을 부여하는 것과 기존의 사물의 쓸모를 찾아 주는 유용성(Usefulness)과, 또 다른 것을 생산해 낼 수 있는 재생성(Reproductivity)으로 요약할 수 있다. 창의력을 '새로움'으로 요약할 수 있지만, 사실상 해 아래 새것은 없다. 그렇다면, 새로움이란 낯섦과 같은 말이다.

현대사회가 요구하는 창의성은 빠른 속도가 아닌 방향을 점검하게 해 주는 것이다. 창의성은 방향의 변화를 주는 능력이다. 또한 새로운 미래를 받아들이며 미래를 꿈꾸게 하는 능력이다. 그러기 위해서는 새로운 방법으로 사물을 보는 능력이 필요하다. 기존의 관점으로 사물을 보는 것으로는 창의적인 융복합이 불가능하기 때문이다.

창의력을 개발하는 현대 기독교학교교육

현대사회에서 기독교교육에 요구하는 핵심은 창의력을 개발하는 것이다. 그렇다면, 창의력을 개발한다는 것은 무슨 뜻일까? 첫째, 적응력을 키우는 것이다. 적응력을 키운다는 뜻이 세상의 풍조를 흉내 낸다는 의미는 아니다. 성경은 기독교교육은 이 세상의 풍조를 좇지 않게 하는 것이라고 분명하게 경고한다. 바울의 설명을 들어 보자.

너희는 이 세대를 본받지 말고 오직 마음을 새롭게 함으로 변화를 받아 하나님의 선하시고 기뻐하시고 온전하신 뜻이 무엇인지 분별하도록 하라 내게 주신 은혜로 말미암아 너희 각 사람에게 말하노니 마땅히 생각할 그 이상의 생각을 품지 말고 오직 하나님께서 각 사람에게 나누어 주신 믿음의 분량대로 지혜롭게 생각하라(롬 12:2-3)

기독교교육을 추구하는 사람들이 흔히 오해하는 표현이 바로 "이 세대를 본받지 말고"이다. 이 세대를 본받지 말라는 것이 결코 이 세대와 '분리'되라는 말은 아니다. 세상과 인연을 끊는 것은 기독교 영성이 아니라 불교적 영성이다. 주님은 우리가 이 세상에 속하지는 않았지만, 여전히 이 세상 속에서 살아가고 있음을 상기시켜 주셨다. 그렇다고 '적응'이 세대의 풍조를 좇으라는 말도 아니다. 창의력 개발을 통한 '적응'의 의미를 '분별'이라는 단어에서 찾을 수 있다. 다시 말하면 분별력을 통해서 '취할 것은 취하고 버릴 것은 버리는 것'이 바로 적응력이다. 세대를 본받지 않는다는 것이 '성과 속'을 나름의 기준으로 나눠서 극단적인 태도를 취하는 것이 아니다.

그런 면에서 보면 창의력 개발은 영성훈련이다. 흔히 하나님을 닮아 가는 영성훈련을 '하나님처럼' 되는 것으로 오해하기 쉽다. 에베소서 5장 1절에도 자녀가 아빠를 닮는 것처럼 하나님을 본받는 사람이 되라고 일러 준다. 우리는 창의력 개발을 통해 주님을 닮아 갈 수 있다. 하지만, 결코 하나님처럼 될 수는 없다는 것도 알아야 한다. 우리가 '하나님처럼' 될 수 있다는 거짓말은 뱀이 하와를 유혹

할 때 했던 말이다. 하나님을 닮아 가는 것과 하나님처럼 되는 것의 차이는 하늘과 땅만큼의 차이다.

하나님을 닮아 가게 하는 교육이란 하나님의 속성을 닮아 가도록 돕는다는 것이다. 인간의 속성 속에는 하나님의 속성이 담겨져 있다는 것이다. 교육은 그것을 끄집어내는 행위다. 도로시 세이어스 (Dorothy L. Sayers, 2007)는 자신의 책, 『창조자의 정신』에서 하나님과 인간의 공통적인 속성은 무엇인가를 새롭게 만들고 창조하고 싶어 하는 갈망과 능력이라고 했다. 따라서 하나님의 속성을 닮아 간다는 것은 무엇인가를 새롭게 창조하고 싶어 하는 갈망과 능력을 갖는 것이다. 현대사회는 그러한 창조적 갈망을 회복시키는 기독교교육이 절실하게 필요하다.

또한 창의력 개발이란 소명의 본질을 회복하는 것이다. 디모데후서 3장 17절은 성도의 소명의 본질이 '모든 선한 일'을 하는 것인데, 그것을 위해 사람을 '온전하게' 만드는 것이 기독교교육의 목표라고 설명한다. 여기서 말하는 모든 선한 일이란 무엇일까? 창세기에서 명령하신 '모든 것을 다스리는 일' 즉 하나님의 형상을 가진 우리에게 맡겨 주신 피조물들을 돌보고 책임지는 일이다. 그 일을 위해 사람을 온전하게 만드는 일이 바로 창의력 개발이다.

창의력 개발이란 기존의 것에 새로운 옷을 입히는 것이다. 우리에게 하나님의 속성의 일부인 창조 능력이 부여되긴 했지만, 하나님의 창조 능력과 인간의 창의력 사이에는 분명한 차이가 있다. 하나님은 무에서 유를 창조하시는 능력이 있으시지만, 인간에게는 그런 능력이 없다. 다만 기존의 것에 새로움을 더해 주는 것이 인간의 창의력이다. 세속적인 것을 복음의 능력으로 '구속'(Redeem)하는 것도 창의력의 일부다. 세상 사람들이 무시하는 것을 복음의 능력으로 새롭게 옷 입혀 위대하게 만드는 것이 창의력이다. 인간은 익숙한 것을 소홀히 여기는 경향이 있다. 창의력이란 익숙한 것을 낯설게 만드는 힘이다. 익숙한 것을 소홀히 여기지 않고 소중히 여기게 만드는 것이다.

창의력 개발이란 자신에게 주어진 은사를 개발하는 능력이다. 사람은 누구나 받은 은사가 있다. 그리고 그 은사는 각각 다르다(롬 12:6). 그러나 세속적 교육은 모두가 같은 능력을 갖추게 만들려고 한다. 그러다 보니 억지스럽고 때로는 무리하고 만다. 교육을 받으면 받을수록 자기다워지고 행복해지는 것이 아니라 힘들어지는 이유가 바로 그 때문이다. 하늘을 나는 새에게 수영을 가르치는 것은 교육이 아니라 폭력이다. 우리 하나님은 두 달란트를 받은 사람에게 다섯 달란트를 요구하는 주인이 아니다. 기독교교육이 세속 교육과 같아지는 지점이 바로 주인에 대한 오해에서 비롯된다. 달란트 비유에서 한 달란트 받았던 사람은 주인을 오해했다. 자신에게 주어진 은사 이상을 요구하는 주인으로 잘못 알았다. 받지도 않은 은사를 훈련하라고 억지 부리는 주인으로 여겼다. 그래서 "심지 않은 데서 거두고 헤치지 않은 데서 모으는 줄"로 알았다고 말한다(마 25:24).

두려움은 창의력 개발에 있어서 최악의 요소다. 기독교 창의력 교육은 학습자들을 두려움을 기반으로 움직이려고 하면 안 된다. 학습 동기가 두려움이어서는 안 된다. 두려움은 은사를 개발하는 게 아니라 묻어 버리게 만든다. 현대사회가 요구하는 창의력 교육은 두려움이 아닌 관계 지향적인 학습 동기 유발을 통해 자기 자신에게만 주어진 독특한 은사를 발견하고 개발하게 하는 능력이다. 그것이 바로 학습자가 '내면의 소리'를 찾을 수 있도록 돕는 일이다.

또한 창의력 개발이란 방향을 잡는 열쇠를 찾아 주는 과정이다. 복잡해지는 현대사회 속에서 기독교대안학교교육이 놓치는 것이 있다. 그것은 바로 '목적'이 대안이 되는 것이 아니라, 세상과 같은 목적을 이루는 방법만 대안적이라는 사실이다. 그것은 사도 바울이 경고하듯이 '향방 없는 달음질'(고전 9:26)에 불과하다. 허공을 치는 싸움일 뿐이다. 박탈된 천재성을 찾아 주는 창의력 교육이 되려면, 분명한 목표와 방향을 잡도록 도와줘야 한다. 그 열쇠를 찾아 주는 것이 기독교 창의력 교육이다. '푯대'를 향하여 천천히 한 걸음씩 갈 수 있는 열쇠를 찾아 주는 기독교 창의력 교육이 필요하다.

기독교 창의력 교육은 과거를 새롭게 해석하는 능력을 길러 주는 것이다. 자기 계발 분야에서 활발하게 활동하고 있는 앤서니 로빈슨(Anthony Robbins, 1986)은 창의력에 대한 정의를 조금 과격하게 내린다. 창의력이란 부모의 세대로부터 물려받은 악순환의 사슬을 끊어 버리는 능력이라는 것이다. 자칫하면 과거와의 단절이 창의력인 것으로 착각하기 쉽다. 창의력은 과거와의 사슬을 끊어 버리는 것이 아니라, 과거를 새롭게 해석하는 능력이다. 기독교상담에서 말하는 내적 치유는 과거를 바꾸는 것이 아니라, 과거의 사건에 대한 해석을 바꾸는 것이다. 같은 사건에 새로운 의미를 부여하는 것이다. 신앙적인 표현으로 '믿음의 눈이 생겼다'고 말한다.

창세기 45장에 보면 요셉이 자신을 팔았던 형들에게 그것이 하나님의 섭리 가운데 일어난 사건이었음을 고백하는 장면이 나온다. 요셉은 자신의 부정적인 과거 경험을 부정하지 않았다. 오히려 긍정적으로 해석했다. 경험이라는 것은 그것이 부정적인 기억이건 긍정적인 기억이건 잘 해석하고 평가하면, 사고의 능력을 키우는 좋은 연료가 된다. 건강한 해석과 올바른 판단은 고정관념을 깨뜨리고, 새로운 관점을 갖게 해 준다. 서로 다른 사건을 새롭게 해석하고, 의미를 부여하고 연결하여 전혀 새로운 결과물이 나오게 하는 것이 바로 창조적 융합이다. 그 새로운 결과물을 우리는 '비전'이라고 부르는 것이다. 어쩌면 비전이란 새로운 해석과 평가를 통해 얻은 지식으로 미래를 보는 눈이다.

창의성을 소멸하는 장애물

인간이 하나님의 형상대로 창조되어 이미 창의성을 가지고 태어났는데, 도대체 왜 창의성 개발이 필요한 걸까? 그것은 창의성이 소멸되었기 때문이다. 창의성이 소멸되었다는 것은 무슨 뜻이고, 인간의 창의성을 소멸시키는 요인들은 무엇일까? 애초에 인간의 창의력을 소멸시킨 것은 죄였다. 복음주의 교육에서는 인간을 창조-타락-구속의 맥락에서 본다. 기독교교육학적 관점에서 보면, 모든 문제의 원인은 타락, 즉 죄에서 비롯됐다. 죄는 창조 세계의 모든 것을 파괴한다. 하나님의 속성에서 눈을 뗄 때 우리 눈에 보이는 모든 것이 창의성을 소멸하는 장애물이라고 생각할 수 있다. 죄는 우리의 시선을 하나님으로부터 돌려 피조물을 보게 만든다. 잘못된 것에 집중하게 만들기에 하나님의 성품을 회복하는 일이 더딜 수밖에 없다.

하나님이 아닌데 하나님처럼 되려고 하는 것은 모두 죄다. 종종 기독교교육의 영역에서도 가르침이라는 이름으로 그러한 죄를 범하기도 한다. 자녀나 학습자의 삶 속에서 하나님 노릇을 하는 것이다. 그들의 시선을 하나님에게서 떼어 내어 교수자를 의존하게 만드는 것은 죄다.

경직된 교수법이나 강압적인 태도가 학습자들의 창의력을 소멸시킨다. 비판이나 잘못된 반응이 자녀들의 창의성을 소멸시킨다. 다중지능이론의 창시자인 하워드 가드너(Howard Gardner, 2007)는 누군가를 창의적으로 만드는 것보다 창조적인 것을 막는 것이 훨씬 쉽다고 말한다. 가장 중요한 교사인 부모들이 자주 그런 실수를 범한다. 한 조사에 의하면 5, 6세 아이들의 82%가 자신의 학습 능력에 대해 긍정적인 자아상을 가지고 있다가 16세가 되면 평균 18%로 뚝 떨어진다고 한다(로즈와 니콜, 2000). 자녀에게 "넌 왜 맨날 그런 이상한 질문만 하니?", "너란 녀석은 도대체 제대로 하는 게 하나도 없어!", "넌 도대체 뭐가 될래?" 등등의 말로 윽박질러서 결국 부모가 자녀의 개성을 뭉개 버리는 것이다.

때로는 거짓말과 협박으로 아이들을 통제하려고 하지만, 그 결과 아이들의 창의력이 소멸되고 만다. 우리는 아이들을 위해서 조언하고 꾸중한다고 하지만, 그건 새빨간 거짓말이다. 아이들이 가끔 이상한 질문을 할 수는 있겠지만, '맨날' 그러는 건 아닐 것이다. 가끔 실수하고 잘못할 수도 있겠지만, 제대로 하는 게 '하나도 없지'는 않다. 잘하는 게 하나쯤은 있을 것이다. 하지만 부모는 폭력적인 언어로 아이를 주눅 들게 만든다. 그것이 결국 창의력을 소멸시켜 버리는 결과를 낳는다.

교실에서 교사들도 마찬가지다. "그런 질문은 하는 게 아니야"라는 말로 학생들의 창의력을 죽인다. 그런 교사가 지배하는 교실은 창의력을 키우는 곳이 아니라 죽이는 곳이 되어 버린다. 창의력 개발에 있어 가장 중요한 요소는 질문과 호기심이다. 어린아이들이 어른들보다 창의적인 이유는 호기심이 더 많고, 질문을 더 많이 하기 때문이다. 그런데, 질문에 대한 교사의 부정적인 반응이 다른 학생들에게도 영향을 끼칠 수밖에 없다. 닐 포스트만(Neil Postman, 1979)은 "아이들은 물음표로 학교에 들어가서 마침표로 떠난다"라고 했다.

지식의 부족과 학문적 게으름이 인간의 창의력을 소멸시킨다. 게으름은 종종 목표와 비전이 뚜렷하지 않을 때 나타나는 현상이다. 목표가 분명하지 않을 때 새로운 지식을 습득하려 들지 않는다. 자료의 빈곤 현상이 생기는 것이다. 자료가 빈곤하면 삶을 보는 시각이 근시안적일 수밖에 없다. 다시 말하면 자신만의 관점으로 세상을 보게 되는 것이다. 자신의 경험과 과거에 갇혀 버릴 수밖에 없다. 대인 관계도 좁아진다. 주변 사람들을 향해 너그러운 마음을 가질 수도 없다. 창의력을 기대할 수 없는 상황이 되어 버리고 마는 것이다. 창의력이 부족하다는 것은 자신의 결함을 보지 못한다는 말이다. 창의력이 없는 사람들은 문제해결 능력이 없기 때문이 아니라, 근본적으로 문제가 무엇인지 모르기 때문에 고통을 겪는 경우가 많다.

창의력 개발에 필요한 요소

　　기독교교육에서 본질적으로 창의력을 회복하는 방법이 있다면 결국 구속의 십자가다. 앞서 언급한 것처럼 복음주의적 세계관은 창조-타락-구속의 틀을 가진다. 구속이 이루어진 결정적인 곳은 십자가다. 십자가는 인간의 모든 것이 회복되는 장소다. 하나님의 형상이 회복되기 시작하는 곳도 십자가다. 그렇기 때문에 십자가 위에서 인간의 창의력이 회복된다. 십자가는 허물과 죄로 죽었던 우리가 살아난 곳이기 때문이다(엡 2:1).

창의력 개발은 침묵으로부터 시작된다. 하나님은 말씀으로 천지를 창조하셨다. 하지만 말씀 이전에 침묵이 있었다. 어떻게 말해야 하는지를 가르치기 전에 침묵하는 법을 가르쳐야 한다. 입을 열어 말을 할 때는 생각의 기능이 느려지거나, 심한 경우 멈출 수밖에 없다. 생각은 침묵 가운데 가장 활발하게 작용한다. 침묵은 생각을 낳고, 생각은 기도로 연결되며, 기도는 믿음을 형성하고, 믿음은 행동으로 드러나게 된다.

창의력 개발에 매우 중요한 것 중 하나가 '질문하기'이다. 좋은 질문을 하려면 호기심이 있어야 한다. 호기심은 침묵 속에서 자란다. 깊은 침묵 속에서 날카로운 질문이 자라는 법이다. 말이 많아지면 가벼워지기 쉽다. 복음주의 기독교교육에서 깊은 침묵을 더 많이 가르쳐야 한다. 교육에도 깊은 묵상의 영성이 필요하다.

창의력 개발은 다양한 경험을 통하여 이루어진다. 창의력이란 '다름'을 인정하는 능력이다. 경험의 차이가 사고방식의 차이를 만들어 낸다. 경험을 똑같이 만드는 것은 교육이 아니라 폭력이다. 한국은 집단적 경험에 익숙하게 만드는 경향이 있다. 자기만의 경험이 가장 창의적인 것이다. 사람들이 창의적이지 못한 이유는 자신의 경험과 생각을 자기의 언어로 표현하는 훈련을 받지 못했기 때문이다. 생각을 만들어 내는 자신만의 경험이 부족하기 때문이다. 교회는 성도의 창의력 개발을 위해 다양한 경험의 장을 만들어 줘야 한다.

창의력 개발을 위해 필요한 또 한 가지는 문제를 피하지 않고 해결하게 하는 능력을 키워 주는 것이다. 다시 말하면, 변화에 대처하는 능력이 창의력이다. 지금까지의 교육은 조금 더 능력 있는 사람이 대신 문제를 해결해 주는 식이었다. 교육의 중점이 온통 정답 맞히기다. 여기에 문제가 있다. 살아 보면 알겠지만 인생의 문제에는 정답이 없다. 각기 다른 방식의 해답이 있을 뿐이다. 정답만을 요구하는 교육은 문제를 해결하기보다는 피하는 태도를 부추긴다. 남들보다 조금 더 창의적인 사람들의 특징은 '틀려도 괜찮다'는 사실을 깨달았다는 것이다. 틀려도 괜찮다는 생각 때문에 문제를 두려워하지 않는다.

건전한 취미활동이 창의력 개발에 도움이 된다. 대개의 취미는 놀이와 관련이 있다. 놀이 없는 창의성은 없다. 왜냐하면, 놀이 없는 창조는 없기 때문이다. 레너드 스윗(Leonard Sweet, 2014)은 "놀이는 창의성을 자극하는 상상력에 산소와 같은 것"이라고 정의했다. 상상력은 창의성을 일으키고, 창의성은 혁신을 불러일으킨다. 그리고 그 혁신은 발상의 전환을 결과물로 가져다준다. 앞에서도 여러 번 언급했지만, 모든 인간의 창조는 사실 재창조(Re-creation)에 불과하다. 하나님이 인간을 창조하신 목적은 인간으로 하여금 노동(Work)하게 하시려는 것이 아니라, 누리게 하시기 위함이었다.

놀이는 상상력과 창의력을 끄집어내는 마중물이다. 교육심리학자인 피아제(Piage)도 놀이는 생각의 기술을 개발하는 데 매우 중요한 역할을 한다고 주장했다. 영어에서 모든 창의적인 활동은 '놀이'라는 동사를 사용한다. 예술이나 운동과 같은 창의성과 관련된 취미들도 모두 '놀다'(Play)라는 동사를 사용하지, '일하다'(Work)라는 동사를 사용하지 않는다. 아무리 창의성과 관련된 일이 생계와 직결된다 해도 여전히 '놀다'라는 동사를 사용하지, '일하다'라는 동사를 사용하지 않는다. 예를 들면, 농구선수 마이클 조던(Michael Jordan)이 농구를 통해 생계를 유지했다고 해서 "I worked the basketball for my living"이라고 표현하지 않는다. "I played the basketball for my living"이라고 표현한다. 얼마나 멋진가? 창의적인 놀이가 돈벌이가 되다니! 자기가 좋아하는 일을 잘하고, 그 일이 생계를 책임질 수 있다면 그것이야말로 '천직'이다.

창의력 개발은 독서를 통하여 이루어진다. 한서대학교 수학과 이광연 교수나, 포항공과대학교 임지순 교수는 모두 이과 계열이다. 이과 교수에게 창의력 개발에 대해 물으면 "수학 문제를 많이 풀게 하라"라고 조언할 줄 알았는데, 두 사람 모두 독서의 중요성을 강조한다. 임지순(2010) 교수는 "창의성은 시간 관리가 아니라 삶의 여유와 폭넓은 독서에서 싹을 틔우는 것"이라고 강조하며, 뉴턴(Isaac Newton)이나 스티븐 호킹(Stephen William Hawking)과 같은 물리학자들도 혼자만의 시간을 통해 독서와 사색에 몰두했기 때문에 창의적인 아이디어를 낼 수 있었다고 말한다. 수학자인 이광연 교수도 창의력은 발상의 전환인데, 알고 있는 것이 없다면 발상의 전환이 되지 않는다며, 아는 만큼 보기 위해서는 독서가 중요하다고 강조한다. 창의력은 기존에 가지고 있던 지식을 바탕으로 새로운 경험을 더함으로 새로운 것을 생각해 내는 능력이다. 아무것도 없는 백지상태에서는 새로운 것을 생각하는 것이 불가능하다. 지식과 지식이 부딪혀서 만드는 스파크가 창의력이라면, 창의력의 밑바탕에는 독서가 깔려 있어야 한다.

영국의 정치철학자 에드먼드 버크(Edmund Burke)는 생각 없이 책을 읽는 것은 소화하지 않고 음식을 먹는 것과 같다고 했다. 생각을 넓히고 창의력을 키우는 독서를 하려면, 메모하는 습관을 기르는 것도 중요하다. 책을 읽으며 내용을 정리하는 습관을 기르는 것이 좋다. 메모를 통해 생각의 영역을 확장시켜 나갈 수 있기 때문이다. 책을 읽는 중간에 질문하면서 읽으면 좋은데, 책의 여백에 질문을 메모하는 방법을 통해 작가와 대화하며 독서하는 효과를 기대할 수도 있다.

창의력을 키우기 위한 책 읽기에서 빼놓을 수 없는 것이 고전 독서이다. 고전 독서법의 중요성을 강조하는 정민(2013) 교수는 창의력에 매우 도움이 될 만한 책 읽기에 대한 구체적인 방법 몇 가지를 다음과 같이 제시하고 있다.

-꼼꼼히 읽고, 많이 읽어라(정독과 다독 사이).
-꾸준히 읽어라.

-소리 내서 읽어라.

-읽고 또 읽어라.

-읽으면서 기록해라.

-통째로 외워라.

-메모하는 습관을 가져라.

-의심하고 의문을 품어라.

-연결하고 통합하며 읽어라.

할리우드에서 창의적이기로 유명한 스필버그(Steven Spielberg) 감독도 자신의 창의력과 상상력의 원천이 독서라고 말한 적이 있다. 스필버그 감독이 어려서부터 독서하지 않았다면, 우리가 〈E.T〉라는 명작을 접할 수 있었을까?

마지막으로 창의력 개발은 창의적인 사람들과 시간을 보내며 이루어진다. 한 연구에 의하면(유경재 외, 2011), 창의적인 사람들은 사고가 열려 있어 새로운 경험이나 생각을 기꺼이 수용하려는 성향을 갖고 있기 때문에 자신과 다른 생각이나 태도를 가진 사람과도 잘 어울린다고 한다. 다른 말로 하면, 창의적인 사람들과 시간을 보내는 것이 개인의 창의력 개발에 큰 도움이 된다는 말이다. 성경에도 "철이 철을 날카롭게 하는 것 같이 사람이 그의 친구의 얼굴을 빛나게 하느니라"라고 어울림의 중요성을 강조했다(잠 27:17). 창의적인 사람들은 내향적인 동시에 외향적이기도 하다. 몰입하기 위해 홀로 있는 시간도 필요하지만, 생각의 부딪힘을 통해 창의력이 개발되기 때문이다. 생각을 교환하고 연결하기 위해 다른 사람들을 만나는 것도 매우 중요하다.

『생각의 탄생』이라는 책을 쓴 로버트와 미셸 루트번스타인 (Robert Root-Bernstein, Michele Root-Bernstein) 부부는 우리 안에 창의성을 끌어내는 생각의 도구 열세 가지를 제시했다.

1. 관찰: 일상의 가치를 재관찰할 때 놀라운 통찰이 찾아온다.
2. 형상화: 상상 속에서 사물을 그리는 능력이 세계를 재창조한다.
3. 추상화: 추상화는 중대하고 놀라운 사물의 본질을 드러내는 과정이다.
4. 패턴 인식: 패턴 속의 패턴을 찾아내면 새로운 생각을 할 수 있다.
5. 패턴 형성: 가장 단순한 요소들이 결합해서 복잡한 것을 만든다.
6. 유추: 유추를 통해 서로 다른 사물이 어떻게 닮았는지 찾아낸다.
7. 몸으로 생각하기: 몸의 감각은 창의적 사고의 도구가 된다.
8. 감정 이입: '자신이 이해하고 싶은 것'이 될 때 가장 완벽한 이해가 가능해진다.
9. 차원적 사고: 2차원에서 3차원으로, 혹은 그 역방향으로 사고의 폭을 넓힌다.
10. 모형 만들기: 세계를 이해하려면 실제의 본질을 담은 모형을 만들어 봐야 한다.
11. 놀이: 창조적인 통찰은 놀이에서 나온다.
12. 변형: 사고의 변형은 예기치 않은 발견을 낳는다.
13. 통합: 느끼는 것과 아는 것의 통합으로 감각의 지평을 확장한다.

건강한 공동체를 이루기 위한 창의적인 교사

　그렇다면 학습자들의 창의력 개발을 돕는 창의적 교수법이란 무엇일까? 어떻게 하면 창의력 개발을 돕는 교사 혹은 부모가 될 수 있을까? 창의적 교수법은 학습자들의 자기주도적인 학습을 돕는 교수법이다. 가능한 참여를 끌어내어 자발적으로 학습하게 하는 것이다. 창의력은 가르칠 수 있는 것이 아니다. 그러나 훈련은 가능하다. 기본적인 교수 학습의 원리들을 고수하면서 새로운 아이디어를 지속적으로 접목한다는 점이 창의적 교수법의 특징이다. 기존의 원리에 '새로움'을 더한다는 측면에서 보면 창의적 교수법도 창의력의 정의에서 크게 벗어나지 않는다. 켄 베인(Ken Bain, 2015)이 강조했듯이, 창의적 교수법은 학습을 촉진하고 돕는 행위다. 창의력을 믿는다는 것은 학습자들의 잠재력을 믿어 준다는 것이다. 따라서 교수자 중심의 교육이 아니라 학습자 중심의 교육이 더 좋다. 그렇다면 학습자 중심의 질문으로 시작해야 한다. 교수자 중심으로 "내가 무엇을 가르칠 것인가?"라는 질문에서 벗어나, "학생들이 배움의 결과로 지적, 물리적, 정서적으로 어떤 기술을 습득하길 바라는가?", "그러한 능력 및 정신적, 심리적으로 안정된 태도를 가지도록 하려면 어떻게 도와야 할까?", "학습의 성질과 특성 및 과정을 학생들과 함께 잘 이해하려면 어떻게 해야 할까?", "학습 촉진을 위한 노력을 어떻게 평가할 것인가?" 등의 질문으로 축을 바꿔야 한다.

창의적 교사의 특성

창의적인 사람들에게 특징이 있듯이, 창의적인 교사나 부모에게 도 나름의 특징이 있다. 무엇보다 창의적인 교사는 학생 개개인의 가치를 발견하려 노력하고 그 가치를 인정하는 교사다. 그런 까닭에 창의적인 부모나 교사는 절대로 학생들을 비교하지 않는다. 텍사스 대학교의 연극과 교수인 폴 베이커(Paul Baker)는 "모든 학생이 자기만의 개성(창의성)을 가지고 있으며, 그것은 다른 누구와 비교할 필요가 없습니다"라고 말했다. 다시 말하면, 창의성을 죽이는 가장 무서운 흉기는 '비교'라는 말이다.

창의적인 교사는 또한 학습자에 대한 믿음을 갖는다. 학생들의 성취 능력에 대한 굳은 믿음을 가져 주는 것이다. 모든 사람들은 창조적으로 살기 위해 태어났다. 하지만, 대부분의 사람이 그렇게 살아가지 못하는 이유는 믿음이 없기 때문이다. 유진 피터슨(Eugene H. Peterson, 2000)은 "우리는 창조적인 상태에 있을 때, 믿음으로 살아간다. 다음 단계가 무엇인지 알지 못한다"라고 말했다. 창의적인 교수법이 어려운 이유는 학생의 다음 단계가 무엇인지 모르는 상태에서도 믿어 주어야 하기 때문이다. 창의적인 사람의 대부분은 자신에게 익숙한 대부분을 버린 사람이다. 창의적인 교육을 원하는 부모나 교사도 그래야 한다. 우리에게 익숙한 대부분을 버리고 새로운 마음, 혹은 사심 없는 마음으로 학습자들을 바라보고 믿어 주어야 한다. 그 작업은 결코 쉽지 않다. 때로는 고통스럽기까지 하다.

학습자를 믿어 주는 창의적 교수법은 끊임없는 소통을 필요로 한다. 창의적인 교사는 대화를 통해 효과적인 교육을 하는 교사다. 성인교육학자 제인 벨라(Jane Vella, 2006)는 "(성인)교육은 대화를 통해 이루어질 때 가장 성공적이다"라고 말한다. 그 원리는 비단 성인교육에만 국한되지 않는다. 벨라는 원래 대화는 'dia(사이)+logos(말)', 즉 '우리 사이의 말'을 뜻한다고 했다. 창의적인 교수법은 학습자와 교수자 사이의 소통이 열쇠라는 말이다. 그러한 접근법으로 대화를 시작하고 지속하여 심화시키는 열두 가지 원리를 소개하는데, 이는 창의적 교수법에도 적용될 수 있다.

창의력을 고취시키는 효과적인 교육을 위한 열두 가지 원리

1. 창의적인 교사는 학습자의 요구와 자원조사를 먼저 알아야 한다.
2. 창의적인 교사는 학습자들에게 안전한 학습환경을 제공해야 한다.
* 학습자는 언제 안전하다는 느낌을 갖는가?
  (1) 학습자는 계획이 유용하고 교사가 유능하다는 믿음을 가질 때 안전하다고 느낀다.
  (2) 학습자는 목표가 실현 가능하고 적절하다는 믿음을 가질 때 안전하다고 느낀다.
  (3) 소그룹들로 하여금 각기 자신의 목소리를 찾도록 하면 안전감의 효과가 더욱 높아진다.
  (4) 학습자는 학습활동이 순차적으로 배열되었다고 믿을 때 안전하다고 느낀다.
  (5) 학습자는 평가와 무관한 환경에 머물러 있음을 깨달을 때 더욱 안전하

다고 느낀다.

"학습자가 한 말이 인정받지 못하면, 그 말을 한 당사자의 안전뿐 아니라 교실에 있는 다른 학습자들의 안전까지 손상된다."(제인 벨라)

3. 창의적인 교사는 학습자와 교육자 사이의 건전한 관계를 형성한다.

4. 창의적인 교사는 학습 내용을 순차적으로 배열하고 적절한 강화를 통해 학습자를 섬겨야 한다.

5. 창의적인 교사는 학습자로 하여금 생각하며 직접 실천해 보도록 돕는다.

6. 창의적인 교사는 학습자 자신이 온전한 주체 혹은 결정자가 되도록 돕는다.

7. 창의적인 교사는 정신과 감정, 육체를 모두 이용하여 가르친다.

* 학습의 3가지 측면

   – 생각(인지적 요소)

   – 느낌(정서적 요소)

   – 행동(심리운동적 요소)

8. 창의적 교사는 학습자들이 배운 것을 즉각 사용할 수 있도록 돕는다.

9. 창의적 교사는 학습자와 교육자 사이의 역할을 새롭게 이해한다.

10. 창의적인 교사는 학습자들이 팀을 이루도록 하여 학습자들의 안전감을 증진시키는 교사이다.

11. 창의적인 교사는 학습자가 학습 과정에 적극 '참여'하게 하는 교사이다.

12. 창의적인 교사는 학습자가 배우는 내용에 대하여 책임감을 갖도록 돕는 교사이다.

AI의 발전이 가져온 전혀 새로운 교육환경

호주의 RMIT대학교의 교육학 교수인 트리샤 맥래플린(Tricia McLaughlin) 교수는 미래교육의 환경은 지금과 사뭇 다를 것이라고 예견했다. 그는 다음과 같이 크게 네 가지 영역에서의 변화가 필요

하다고 본다.[3]

1. 연결, 협동, 그리고 협동창조(Connectedness, collaboration and co-creation)
2. 시간과 공간을 초월하는 학습환경(Anywhere, anytime learning)
3. 학습자 중심의 교육접근(Customization for a learner-first approach)
4. 새로운 시험/평가 방식(Putting testing to the test)

또한 IT기술의 혁신을 이끌며, 동시에 AI개발을 통해 교육환경의 커다란 변화를 가져온 구글이 최근에 전문연구기관인 캔버스8과 협력하여 전 세계에서 24개국을 조사 연구하여 미래교육환경의 변화를 예고하며 '구글미래교육백서'를 총 3편에 걸쳐 발표했다.[4] 파트 1은 학교교육의 역할에 대한 새로운 고민을 다루고 있다. 전 세계 교육 전문가들과의 인터뷰를 통해 새로운 미래를 위한 준비에 관한 영역으로, 교육자들이 상상하지 못할 속도로 변화하고 있는 세상을 살아가야 할 학습자들의 기술적인 부분뿐 아니라 학습자들의 마인드셋을 어떻게 준비시켜야 하는지 제시하고 있다. 파트2에서는 학교가 가르치고 배우는 과정들이 어떻게 변화하고 있는지에 대한 부분을 다루고 있는데, 기술의 발전이 그동안 한 명의 교사가 여러 명의 학생을 지도하는 전통적인 교수 방법에서 어떻게 하면 개인 맞춤형 교수법으로 전환해야 하는지에 대한 구체적인 통찰을 제시한다. 마지막으로 파트3에서는 학습 생태계를 새롭게 구상하는 영역에 관한 것인데, 학습자 중심의 교육환경을 새롭게 개편함으로 학습자들의 변화를 위한 조금 더 조직적이고 체계적인 접근법을 교수자들이 배워야 한다고 주장한다.

각 파트에서 제시하는 핵심적 통찰은 다음과 같다.

먼저 파트1에서 제시하는 트렌드는 다음의 세 가지이다.

1) 글로벌 문제를 해결하는 리더의 수요 증가(Rising demand for global problem solvers)
2) 직업을 위한 기술 변화의 필요(Change in the skill sets required for work)
3) 평생학습의 마인드로 전환(Shift to a lifelong learning mindset)

세 가지 트렌드 중 특히 첫 번째는 기독교학교교육의 철학과 매우 부합하는 것이기도 하다. 혼자만 잘 먹고 잘 사는 교육이 아니라, 인류가 직면한 글로벌 이슈에 대한 해법을 제시할 수 있는 리더가 되도록 하는 것이 기독교학교교육이어야 한다. 한마디로 '공부해서 남 주자'는 모토와 매우 부합한다고 볼 수 있다.

이미 존재하는 직업을 위한 교육은 과거지향적인 교육이다. 미래지향적인 교육은 기술 습득에 초점을 맞추는 것이 아니라 문제해결 능력을 위한 역량 강화교육이어야 한다. 또한 지속가능한 교육인 동시에 융합적인 교육이어야 한다.

이를 위해 요구되는 다섯 가지 핵심 영역은 다음과 같다.

1) 분석적 사고능력과 혁신(Analitical thiking and innovation)
2) 적극적 학습과 새로운 학습전략(Active learning and learning strategies)
3) 복잡한 문제해결 능력(Complex problem solving)
4) 비판적사고와 분석(Critical Thinking and Analisis)
5) 창의력과 오리지널리티, 그리고 선제적 접근 능력(Creativity, originality and initiative)

여기서도 어김없이 창의력의 중요성이 언급된다. 창의력을 배제한 일방적이고 보수적인 학교교육은 학습자로 하여금 시대에 뒤처지게 만들 것이 확실하다. AI 시대에 대체 불가한 인재가 되려면 끊임없이 의심하고 질문하고 비판적으로 분석하며 새로운 대안을 제시할 수 있는 교육환경을 제공해야 한다. 기존의 학교라는 감옥에 갇힌 학습자는 결코 창의적인 사고를 할 수 없다.

파트2에서는 새로운 가르침과 배움의 원리를 위한 트렌드를 제시한다.

1) 개인 맞춤형 학습(Making Learning Personal)
2) 새로운 학습 방법의 디자인(Re-imagining Learning design)
3) 교사의 역할 변화(Elevating the teacher)

개인 맞춤형 학습이란 정부나 조직이 일방적으로 기획한 커리큘럼을 따라가는 것이 아니라, 학습자와 교사가 함께 학습자의 필요에 맞는 정보와 지식을 선택할 수 있고, 그것을 위한 새로운 학습환경을 조성하며, 전혀 새로운 학습경험을 할 수 있도록 하는 것이다. 이것은 교육부가 정해 놓은 교육 과정을 그대로 따르는 공교육에서는 꿈도 꿀 수 없는 일이다. 기독교학교들 중에서도 자율학습이 보장된 기독교대안학교를 통해서만 이룰 수 있는 모델이라고 감히 말하고 싶다.

파트3에서는 새로운 교육 생태계를 위한 세 가지 트렌드를 제시하고 있다.

1) 학습환경의 업그레이드(Upgrading learning environment)
2) 데이터 제공을 통한 교사의 역량 강화(Empowering educators with data)
3) 학습 과정의 새로운 평가 방식(Re-evaluating the students process)

이러한 교육 생태계는 기독교학교에서 공교육 시스템보다는 용이하게 실현될 수 있다. 기독교학교는 실수가 너그럽게 용납되는 은혜의 공동체이기 때문이다. 특히 평가 방식에 있어서 세속 공교육과 차별을 둘 수 있다는 점에서 기독교학교교육이 갖는 장점이 크다고 볼 수 있다.

새로움을 추구하기 전에 기존의 틀을 깨야 한다

모든 사람이 천재로 태어나지만, 학교교육이 바보로 만든다는 말이 있다. 이상의 『날개』라는 소설의 서두에 나오는 것처럼 '박제가 되어 버린 천재'가 무수히 많다. 2006년 TED 강연 역사상 최고의 인기강연을 했던 영국의 교육 전문가 켄 로빈슨(Ken Robinson)도 "학교가 타고난 아이의 창의력을 죽인다"라고 했다. 학교는 제도이고, 제도는 표준화와 획일성의 특성을 갖는데, 바로 그것들이 학생들의 개성, 상상력, 창의성을 억누르는 결과를 가져왔다는 것이다.

피카소(Pablo Picasso)는 "모든 창조 행위는 먼저 파괴의 행동이다"라고 말했다. 새로움을 추구하기 위해서는 전통적인 방식에서 벗어나야 한다. 그렇기 때문에 창의력 개발은 대단한 용기를 필요로 한다. 위험이 따르기에 비판도 감수해야 한다. 천재성을 유지하고 빛나게 하기 위해서는 시대가 도와줘야 한다. 창의력을 개발한다는 것은 시대와 불화한다는 것이다(롬 12:2). 시대와 불화할 줄 모르는 천재는 역사적인 천재가 될 수 없다. 다만 좋은 머리로 남들보다 앞서나가 자신만을 위해 행복한 삶을 사는 '범재'(凡才)에 불과하다. 시대의 천재, 역사의 천재는 시대와 불화하거나 시대를 뛰어넘는 사람이다(김병기 외, 2006). 기독교교육을 통한 창의력 개발의 궁극적인 목표가 또 한 사람의 젊은 부자 관원을 키워 내는 것이 아니다.

헤르만 헤세(Hermann Hesse)는 「괴테와 베티나」라는 글에서 "천재(창의적 인재)는 모든 사람에게 '인류의 꽃'이라는 인정을 받으면서도 도처에서 고난과 혼란을 불러일으킨다. 그래서 천재는 항상 고립된 상태로 생활하고 고독한 운명을 지닌다!"라고 말했다. 근간에 한국 교회에도 기독교대안학교 운동이 활발하게 진행 중이다. 안타까운 것은 대안교육이 전혀 대안이 되지 못하고 있다는 것이다. 시대의 흐름에 부합하는 인간을 길러 내는 것이 기독교대안학교의 교육목표인 것처럼 보여 안타깝다. 복음의 핵심을 깨달았던 바울과 그 일행은 가는 곳마다 소란하게 했다. 기독교교육을 통한 창의력 개발이 공교육의 생태계를 흔들어야 한다. 도처에서 고난과 혼란을 불러일으키길 바란다.

---

1) 이 글은 2017년 ACTS교육연구소가 출판한 우리 시대의 기독교교육의 정체성과 과제라는 책에 수록된 것을 AI 시대의 기독교학교교육의 관점에서 수정한 글임을 밝혀 둔다.

2) https://youtu.be/kjya2tu6DXo

3) https://www.rmit.edu.au/study-with-us/education/discover-education/the-future-of-learning-and-teaching-big-changes-ahead-for-education

4) https://edu.google.com/future-of-education/ 이 문서는 아직 한글로 번역되지 않았다.

질문하고 생각하기

- 누가복음 18장에 나오는 젊은 부자관원의 이야기를 다시 읽어 보세요. 세속적 교육목표와 무엇이 다르다고 생각하나요?

- 창의성 혹은 창의력을 정의해 보세요. AI 시대를 맞이하며 우리가 회복해야 할 창의성은 무엇이라고 생각하나요?

- 공부를 재미있게 하게 할 수 있는 방법이 있다면 무엇일까요?

- 창의력과 독서의 상관관계는 무엇일까요?

- 디지털 원주민이라 불리는 다음세대에게 생각하는 힘을 기르게 하려면 어떤 학습활동을 제안해야 할까요?

PART 3

인공지능 시대의 미디어 사역

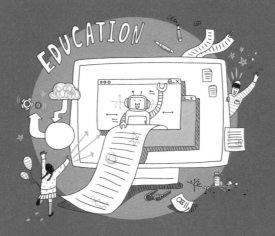

미디어로서의 교회: 미디어 개념을 통해 본 미디어 사역의 의미

———— 유지윤

　　최근 들어 미디어 사역에 대한 교회의 관심이 높아지고 있다. CGN(Christian Global Network)이 주관하는 퐁당 미디어 콘퍼런스처럼 미디어 전문가들이 목회자를 대상으로 미디어 목회 전략을 설명하는 강연회가 인기를 끄는가 하면, 영상 촬영 및 편집 기술을 가르쳐 주는 미디어 전문 사역자 양성 프로그램도 많아지고 있는 추세이다. 게다가 지난 4월에는 장로회신학대학교가 기독교 콘텐츠 공유 플랫폼 '스윗치'(SWITCH)를 오픈해 목회 현장에서 직접 사용할 수 있는 다양한 미디어 콘텐츠를 제공하기 시작했다. 이는 미디어 전문 사역자가 부재한 교회를 위해 제공되는 콘텐츠 공유 서비스로, 오늘날 목회 및 교회교육 현장에서 미디어가 얼마나 다양하게 활용되고 있으며 그에 대한 수요가 많은지 실감하게 만드는 대목이다. 한편 미디어를 활용한 예배 및 기독교교육에 대한 학계의 관심도 점차 높아지고 있는데, 최근에는 온라인 교회교육에 대한 교사들의 인식을 분석하거나(이수인·최솔, 2022), 유튜브를 통한 기독교 변증학적 활용 방안을 연구한 논문(강진구, 2020) 등이 나오면서 미디어 사역에 대한 우리의 이해를 더욱 풍성하게 만들어 주고 있다. 이처럼 미디어에 대한 교회의 관심은 기독교 미디어 콘텐츠를 제작하는 것부터 미디어 사역에 대한 신학적, 교육학적 논의를 생산하는 것까지 매우 다양한 측면으로 확장되고 있다.

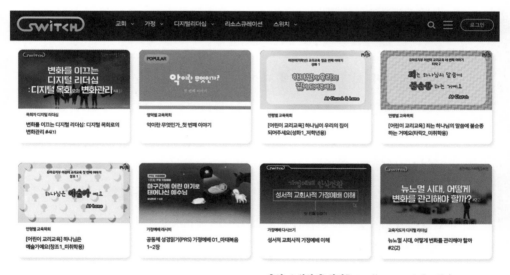

출처: 스위치 홈 화면(https://www.switch.or.kr)

우리나라 최초의 민영 방송사가 1954년 세워진 CBS 기독교 방송국이란 사실은 교회가 미디어를 활용해 온 역사가 그만큼 오래되었다는 것을 방증한다. 그러나 최근 들어 교회가 미디어에 갖는 관심은 두 가지 측면에서 다른 점이 있다. 먼저 코로나19의 대유행으로 모든 예배가 비대면으로 전환되면서 한국 교회는 온라인 예배를 집단적으로 체험했다. 물론 코로나19 이전에도 유튜브 같은 미디어를 활용한 예배가 있었지만, 과거에는 그것이 오프라인 예배의 물리적 한계를 보완하는 수단이었다면 코로나19로 인한 온라인 예배는 오프라인 예배를 대체하는 수단이었다. 초반에는 이와 관련된 신학적 논쟁이 일어났지만 모든 일상이 중지된 상황에서 교회는 온라인 예배를 전면적으로 수용할 수밖에 없었다. 그리고 이와 같은 경험은 교인들의 종교적 체험이나 예배에 대한 인식을 재구성하는 기회가 되었다. 정리하자면 코로나19라는 예외적 상황은 교회의 미디어 활용을 선택 사항이 아닌 필수 요소로 인식하게 만들어 놓았다.

또한 과거와 달리 오늘날 교회가 미디어 사역에 관심을 갖는 이유는 그것이 다음세대에게 알맞은 소통방식이기 때문이다. 라디오나 텔레비전과 같은 레거시 미디어(Legacy media)가 주류 미디어였던 시대에 미디어 사역의 목적은 물리적 한계를 극복하고 더 많은 사람에게 메시지를 전달하는 것이었다. 따라서 오프라인에서 생산되는 메시지는 별다른 가공 없이 미디어라는 채널을 통해 잡음 없이 전달만 되면 문제가 없었다. 오프라인 예배를 카메라를 통해 그대로 생중계하는 방식이 그 대표적인 예이다. 그러나 디지털 미디어가 일상화된 오늘날, 사람들은 초연결 사회(Hyper-connected society)에서 살고 있으며, 사용하는 미디어에 따라 다른 문법과 인간관계가 만들어지고 있다. 특히 디지털 미디어를 어렸을 때부터 자유자재로 사용해 온 디지털 네이티브(Digital native)에게 미디어는 단순히 메시지를 전달받는 수단이 아니다. 다른 사람들과 친밀한 관계를 맺고, 주어진 메시지를 수용하기도 하지만 직접 생산하고, 그러한 과정을 통해 자신의 정체성을 형성하는 '현실과 연결된 세계'이다.

실제로 한국기독교사회문제연구원이 2020년에 진행한 '2020 개신교인 미디어 활용실태에 대한 조사 연구 결과'에 따르면 2030 세대가 기독교 정보를 얻기 위한 통로로 소셜 미디어를 사용하는 비율(각각 34.2%, 31.0%)은 다른 세대에 비해 2배 이상 높았다. 이와 같은 수치는 다음세대를 위한 미디어 사역이 텔레비전이나 신문 같은 기존 미디어 문법에서 벗어나 소셜 미디어에서 통용되는 문화와 언어를 배우고 그에 알맞은 콘텐츠를 만들어 내야 함을 시사한다. 예를 들어 약 10만 명의 팔로워(2023년 5월 기준)를 보유하고 있는 인스타그램 페이지 '교회친구다모여'는 매체에 알맞은 콘텐츠를 생산하며 청년 사이에서 큰 인기를 얻고 있다. 인스타그램이 시각성이 강한 매체인 만큼 텍스트보다 이미지나 길이가 짧은 동영상(숏폼)을 활용하거나, 스와이프(Swipe) 인터페이스를 적극적으로 활용한 콘텐츠를 생산하는 등 다양하고 새로운 시도가 이어지고 있다. 다시 말해 청년 세대에게 가장 익숙한 미디어가 무엇인지 파악하고, 그 미디어 특성에 알맞은 콘텐츠를 고안하는 작업이 요청되고 있다.

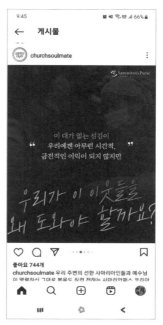

출처: 교회친구다모여 인스타그램(https://www.instagram.com/churchsoulmate/)

그러나 안타깝게도 교회가 미디어 사역의 필요성을 인지하고 있는 것에 비해 각 매체의 특성이나 미디어 전반에 대한 이해도는 그에 미치지 못하고 있는 듯하다. 오늘날 교회에서 생산하는 미디어 사역 담론의 대부분은 미디어의 중요성을 강조하거나, 대중매체가 생산하는 콘텐츠의 위험성을 경고하는 데 그치고 있다. 그 결과 목회 현장에서 미디어를 활용할 수 있는 실질적인 방법은 여전히 미궁에 빠져 있다. 이번 장에서는 미디어의 개념을 다각도로 살피고 레거시 미디어와 대비되는 뉴 미디어의 종류 및 특성을 설명한다. 각 매체의 특성을 파악하는 일은 그에 알맞은 콘텐츠를 기획하는 데 있어 반드시 필요한 작업이다. 이와 더불어 미디어라는 개념의 다차원성을 이해한다면 우리는 미디어 사역이 앞으로 나아갈 방향성을 다각도로 모색할 수 있다. 따라서 이번 장은 우리가 일상에서 사용하고 있는 미디어에 대한 전반적인 이해를 높이고, 그것을 통해 구체적인 미디어 사역 방법을 모색해 보는 것을 목표로 한다.

미디어의 개념 및 특징

1) 미디어 커뮤니케이션의 이해

미디어(Media)라는 영어 단어는 '중간의'라는 뜻을 가진 미디엄 (Medium)의 복수형이다. 한자어로 하자면 매체(媒體)로 옮길 수 있는데, 중매 혹은 매개라는 뜻을 내포하고 있다. 즉 미디어라는 개념에는 '사이' 혹은 '중간'이란 의미가 기본적으로 전제되어 있다. 이와 같은 개념적 접근을 통해 우리가 알 수 있는 사실은 첫째로, 미디어의 가장 기초적인 기능이 바로 '사이를 매개한다'는 것이다. 이처럼 미디어는 개인과 개인 사이뿐만 아니라 개인과 사회를 이어 주는 역할을 수행한다.

이러한 개념적 정의에 따르자면 미디어는 단순히 텔레비전이나 스마트폰 같은 전자 통신 장치만을 지칭하는 것이 아니다. 미디어는 개인의 생각이나 감정을 표현하는 '문자'이자, 사람과 사람 사이를 연결하는 '공간'이기도 하고, 인간과 신을 매개하는 '사람'이 되기도 한다. 실제로 미디엄(Medium)이란 단어를 영어사전에서 찾아보면 다섯 번째 의미로 '영매' 혹은 '무당'이란 뜻이 나온다. 뒤에서 더 자세히 설명하겠지만, 라디오나 신문처럼 사람들이 흔히 생각하는 미디어는 더 정확히 표현하자면 매스미디어(Mass media) 혹은 대중매체를 일컫는다. 그만큼 매스미디어는 미디어의 수많은 종류 중 하나일 뿐이며, 매스미디어를 미디어와 동의어로 사용해 온 것은 1950년대부터의 일이었다(김용찬, 2023). 이와 같은 사실은 라디오나 텔레비전과 같은 매스미디어가 현대사회에서 중심적인 위치를 차지하며 사람들에게 상당한 영향력을 발휘해 왔음을 시사한다.

멀리 떨어져 있는 불특정 다수(Mass)에게 정보를 전달하는 미디어(Media), 즉 매스미디어의 궁극적인 목적은 커뮤니케이션을 효과적으로 하는 것이다. 여기서 커뮤니케이션이란 "송신자와 수신자 간에 상징(Symbol)을 통해 정보를 교환하는 과정"이며, "송신자에서 수신자로 이르는 일방향 과정이 아닌 쌍방향적 활동"을 뜻한다(한균태 외, 2018). 커뮤니케이션학자 라스웰(Lasswell, 1948)은 일찍이 커뮤니케이션 과정을 메시지를 보내는 송신자(Sender), 교환의 대상이 되는 메시지(Message), 메시지의 전달 수단인 채널(Channel), 메시지를 받는 수신자(Receiver) 그리고 그 결과로 발생하는 영향(Effect)으로 설명했다. 훗날 여러 학자에 의해 라스웰의 커뮤니케이션 모델은 더욱 정교하게 발전했지만, 결국 커뮤니케이션은 송신자와 수신자가 채널을 통해 메시지를 주고받는 과정이며, 그 과정에 개입하는 잡음

(Noise)을 최소화함으로써 특정한 효과를 발생시키는 것을 목적으로 한다. 잡음은 커뮤니케이션 효과를 떨어뜨리는 방해 요소로, 외부에서 발생하는 물리적 간섭이 될 수도 있고, 수신자의 정보 부족이나 심리적 요소가 될 수도 있다(Wilson, 1989).

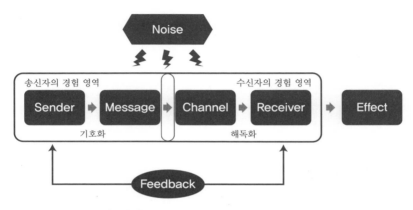

SMCRE 커뮤니케이션 모델(Shannon & Weaver, 1949; Schramm, 1954)

참고로 커뮤니케이션 학자 슈람(Schramm, 1954)은 기존의 일방향적인 커뮤니케이션 모델에 피드백(Feedback)이란 개념을 첨가해 커뮤니케이션을 쌍방향적이고 역동적인 과정으로 설명한다. 위의 그림에서도 볼 수 있듯이 피드백은 수신자가 전달받은 메시지에 대한 반응을 송신자에게 보내는 것을 뜻한다. 피드백이 중요한 이유는 송신자와 수신자 사이의 상호작용이 있어야 지속적인 커뮤니케이션이 가능할 뿐만 아니라 잡음의 문제도 어느 정도 해결될 수 있기 때문이다. 특히 오늘날 전 세계가 주목하는 인공지능 미디어는 고도로 발달한 피드백 기술을 통해 자동화된 커뮤니케이션 기능을 수행하고 있다. 인공지능 미디어에 있어 피드백이란 기존 데이터를 바탕으로 특정한 패턴을 조정함으로써 엔트로피(Entropy, 정보 측정 단위로서의 무질서)를 낮추는 것을 의미한다(Wiener, 1948). 예를 들어 인공지능 추천 기능(Recommendation AI)의 경우 사용자의 과거 이용 데이터는 피드백 루프(Feedback loop)로 인해 다시 되먹히고, 그 결과로 생성된 알고리즘을 통해 사용자가 이용했던 것과 유사한 콘텐츠를 추천하게 된다. 즉 인공지능 미디어의 능력은 인간-행위자로부터 주어진 피드백 데이터를 기계-행위자가 얼마나 정교하게 처리하는가에 달려 있으며, 이와 같은 맥락에서 보자면 인공지능 미디어는 인간과 기계의 '상호작용물'이라 할 수 있다(임종수, 2018).

한편 신문이나 라디오, 텔레비전 같은 전통적인 매스미디어를 통한 커뮤니케이션을 매스커뮤니케이션(Mass communication)이라 한다. 이와 같은 분류는 커뮤니케이션 과정에 참여하는 사람의 수나 집단의 크기에 의한 것으로, 송신자가 소수인 것에 비해 메시지를 전달받는 사람은 다수인 것이 매스커뮤니케이션의 특징이다. 문제는 이와 같은 커뮤니케이션 방식이 현대사회에서 주로 사용하는 미디어에는 적용되기 어렵다는 것이다. 예를 들어 페이스북(Facebook) 같은 소셜 미디어는 한 명의 송신자가 불특정 다수에게 메시지를 전달할 수도 있지만(전체 공개), 자신과 친구를 맺은 소집단의 사람들에게만 보이게 할 수도 있고(친구 공개), 동시에 일대일 커뮤니케이션(쪽지)도 가능하다. 매스미디어의 대표적인 예였던 텔레비전 또한 인터넷망을 이용한 쌍방향 서비스(IPTV)가 가능해지면서 이전과는 다른 기능을 선보이고 있다. 과거 텔레비전 시청자들이 똑같은 시간에 동일한 콘텐츠를 전달받았다면, 이제는 스스로 선택한 콘텐츠를 자신이 원하는 시간에 시청하고 있다.

따라서 최근에는 디지털 정보 통신 기술 및 그로 인해 달라진 기능을 바탕으로 매스미디어를 레거시 미디어와 뉴 미디어로 구분하고 있다. 뉴 미디어의 등장이 레거시 미디어를 모두 대체하는 것은 아니지만, 그만큼 미디어의 역사에 있어 디지털 정보 통신 기술이 갖는 의미는 크다고 볼 수 있다. 이어지는 내용에서는 레거시 미디어와 뉴 미디어의 종류와 특징을 살펴보도록 하겠다.

2) 레거시 미디어의 종류와 특징

레거시 미디어는 올드 미디어(Old media)로도 불리는데, 이는 디지털 정보 통신 기술이 발달하기 이전의 매스미디어를 일컫는다. 대표적인 예로는 책과 신문 같은 인쇄 미디어, 라디오와 텔레비전 같은 전파 미디어가 있다. 레거시 미디어는 전통적인 매스미디어답게 메시지 전달 범위가 넓다는 장점을 가지지만, 피드백이 즉각적이지 않다는 단점이 있다. 다시 말해, 레거시 미디어는 주로 다수를 겨냥한 일방향적인 커뮤니케이션을 한다. 또한 레거시 미디어는 생산자와 수용자의 구분이 상대적으로 뚜렷하고, 콘텐츠 생산에 있어 높은 비용 및 전문성이 요구된다. 예를 들어 하나의 방송 프로그램이

제작되려면 작가부터 시작해 카메라, 음향, 조명, 편집 등 다양한 분야의 전문가가 필요하지만, 유튜브 영상은 혼자 적은 비용을 가지고도 제작이 가능하다. 마지막으로 접근성에 있어 레거시 미디어는 시공간에 따른 제약이 존재한다. 앞서 언급한 동일한 시간대의 동일한 방송 프로그램 시청이 그 대표적인 예이다.

이와 같은 특징을 뚜렷하게 나타내는 인쇄 미디어는 인쇄술의 발달과 함께 성장해 왔다. 물론 인쇄술이 등장하기 이전에도 책은 존재했지만, 동일한 내용을 사람 손으로 일일이 베껴 쓰는 탓에 소량으로만 생산할 수 있었다. 그러다 발명된 목판 인쇄술이나 금속활자는 '메시지 복제의 양적 제한성'을 극복하는 획기적인 계기를 마련한다. 특히 금속활자는 한 페이지 분량의 목판을 제작하는 대신 글자 하나하나를 모형으로 만들어 책 내용에 맞게 배치함으로써 인쇄에 드는 시간을 대폭 줄일 수 있었다. 이와 같은 인쇄술의 발달은 사회구조를 뒤바꿀 만큼 가히 혁명적인 것이었다. 구텐베르크(Gutenberg)가 발명한 인쇄술은 성경의 대량 복제를 가능하게 만듦으로써 오랜 시간 지식과 교육을 독점해 왔던 교황청의 힘을 약화시켰고, 1517년 마르틴 루터(Martin Luther)의 '95개조 반박문'이 인쇄술을 통해 대량으로 배포되지 않았더라면 종교 개혁은 성공할 수 없었을 것이다. 다시 말해 인쇄술의 등장은 지식을 독점함으로써 권력을 유지하던 교권에 정면으로 도전하면서 지식의 대중화 및 권력의 탈집중화를 가져왔다(강상현, 2021).

여기서 한 가지 짚고 넘어가야 할 사실은 구텐베르크의 인쇄술보다 우리나라의 금속활자 발명이 훨씬 앞선다는 것이다. 기록에 따르면 우리나라는 고려시대(1234년)부터 금속활자를 보유하고 있었으며, 같은 시기에 만들어진 『직지심체요절』은 지금까지도 세계에서 가장 오래된 금속활자본으로 인정받고 있다. 그만큼 우리나라의 인쇄술은 구텐베르크의 발명보다 약 200년 정도 앞선 것이었지만, 인쇄술로 인한 사회 변화는 유럽만큼 크게 일어나지 않았다. 그 이유는 인쇄술을 발명한 목적이 애초에 서적의 대중화가 아닌 불경을 보존함으로써 불력을 강화하는 데 있었기 때문이다. 이후 조선시대에도 서적의 생산과 보급은 관청의 철저한 통제 아래 놓여 있었고, 당시 경제력을 갖춘 부농층이 일부 형성되긴 했지만 서적이 활발하게 유통될 만큼의 독자층을 형성하기에는 역부족이었다(유선영 외, 2007). 똑같은 인쇄술임에도 불구하고 한국과 독일에서 나타난 결과가 현저히 다르다는 사실은 그만큼 미디어 기술과 사회가 맺는 관계가 인과적이기보단 상호작용적임을 보여 준다. 말하자면 새로운 미디어 기술은 하나의 사회적 구성물이며, 또 그렇기 때문에 기존의 정치, 경제, 문화적 질서와 상호작용하면서 우리의 일상과 사회를 변화시킨다.

지금은 레거시 미디어로 분류되는 라디오나 텔레비전 또한 특정한 시대문화적 배경에서 탄생했으며 당대의 다양한 사회 질서와 상호작용하며 20세기 인류의 삶을 획기적으로 바꾸어 놓는 데 큰 영향을 미쳤다. 전파신호를 이용해 무선으로 동일한 메시지를 널리 전송하는 '라디오 와이어리스'(Radio wireless) 통신 기술은 1899년 마르코니(Marconi)에 의해 처음 발명되었지만 라디오가 대중화된 계기는 제1차 세계대전이 마련해 주었다. 이 기술의 군사적, 상업적 중요성을 꿰뚫어 보았던 미국과 영국은 일찍이 국가적 차원에서 전파를 관리했다. 제너럴 일렉트릭(GE)을 비롯한 전쟁 군수 기업들이 통신 시장에 뛰어들면서 라디오 기술은 대중의 이야기와 음악을 방송할 목적으로 대중화된다. 세계 최초 라디오 방송은 미국 군수기업인 웨스팅하우스(Westinghouse)의 기술자에 의해 1920년 11월 2일에 전송되었다. 참고로 우리나라 최초의 무선 전파 방송은 1924년 12월 10일 일본전보통신 경성지국 주최로 이루어졌으며, 이후 「조선일보」를 주축으로 대중에게 널리 소개되었다. 그렇게 라디오는 근대 문명의 상징물로서 대중화되었다(유선영 외, 2007).

브라운관을 통해 전파신호를 영상으로 전환하는 텔레비전 또한 라디오와 비슷한 시기에 발명되었지만, 텔레비전 방송 시대가 열린 것은 제2차 세계대전이 끝나고 난 이후였다. 라디오 방송으로 전국 네트워크를 형성하고 있었던 방송사들은 1950년대에 일제히 텔레비전 방송 산업에 뛰어들었고, 얼마 지나지 않아 케이블 텔레비전까지 등장하면서 전파가 닿지 않던 지역에서도 텔레비전 시청이 가능하게 되었다. 텔레비전 방송의 영향력은 실로 대단했다. '청각'을 주로 자극하는 라디오에서 '시각' 매체인 텔레비전으로의 전환은 사람들의 일상생활뿐만 아니라 감각 체계까지 바꾸어 놓았다. 텔레비전 선거 토론 방송을 통해 젊고 지적인 이미지를 직관적으로 전달한

케네디(John F. Kennedy) 후보가 닉슨(Richard Nixon) 후보를 극적으로 이긴 사례는 정치적 결정에 있어 합리적 사고뿐만 아니라 시각성이 얼마나 중요한 요소로 작동하게 되었는지를 보여 주는 사건이었다. 이처럼 미디어는 단순히 메시지를 전달하는 것만이 아니라 인간을 둘러싼 환경을 생태적으로 바꾸며 새로운 문화와 감각 체계를 만들어 낸다(이동후, 2021).

게다가 동일한 메시지를 광범위하게 전달하는 라디오 및 텔레비전의 등장은 매스미디어의 영향력에 대한 대중의 관심과 우려를 동시에 불러일으켰다. '커뮤니케이션학은 곧 매스미디어 효과(Effect of mass media) 연구'라는 말이 있을 정도로 메시지 전송 결과로서의 효과는 오랜 시간 동안 연구의 대상이었다. 초창기 매스미디어 효과에 대한 대중의 반응은 '공포심'에 가까웠다. 사람들은 라디오를 통해 전송되는 메시지가 즉각적으로 수신자의 태도나 행동을 변화시킬 것이라 믿었다. 이와 같은 가정을 '마법의 탄환 이론'(Magic bullet theory) 혹은 '피하주사 모델'(Hypodermic needle model)이라 하는데, 1940년대 이후 매스미디어 효과에 대한 과학적 연구가 활발히 진행되면서 모두 기각되었다. 과학적 실험과 검증을 통해 연구자들은 매스미디어의 효과가 주사처럼 빠르고 강력하게 나타나기보다는 수신자의 이용 동기나 태도, 주변 환경에 영향을 받으며 상당히 제한적으로 나타난다는 것을 발견하게 된다. 이 시기의 미디어 효과 연구를 '제한 효과 이론'이라고 부른다. 제한 효과 이론은 장기적으로 발생하는 미디어 효과나 인지적 변화를 설명하지 못한다는 한계점을 가지고 있지만, 심리학 개념을 커뮤니케이션 연구에 적용해 미디어 효과를 객관적으로 설명했다는 의의가 있다. 오늘날 미디어 효과 연구는 제한 효과 이론이 보지 못했던 새로운 효과들을 발견하며 다각도로 확장되고 있다. 비록 연구자들은 더 이상 미디어의 강력하고 즉각적인 효과를 믿지 않지만, 수용자가 세계를 '인지'하는 데 있어 매스미디어가 적지 않은 영향력을 행사한다는 데에는 대체로 동의하고 있다.

종합적으로 살펴보았을 때 레거시 미디어는 전쟁과 같은 특정한 사회문화적 배경에서 발달했으며, 기존 사회구조와 상호작용하며 새로운 사회 및 문화를 창출하는 데 크게 기여해 왔다. 특히 위에서 언급한 레거시 미디어의 특징 중 하나인 '동일한 메시지의 일방향적 전송'은 매스미디어에 대한 사람들의 기대와 우려를 키우며 지금까지도 미디어에 대한 많은 신화(Myth)를 만들어 내고 있다. 디지털 미디어가 발달한 오늘날의 시선에서 보자면 이와 같은 레거시 미디어의 특성이 한계로 느껴질지도 모르지만, 동일한 메시지를 불특정 다수에게 동시에 전송하는 레거시 미디어는 동일한 가치관 및 문화를 공유하는 데 있어 매우 효과적이다. 이와 같은 맥락에서 라디오 및 텔레비전과 같은 레거시 미디어는 수용자를 각각의 개인이 아닌 사회의 구성원인 '공중'(The public)으로 가정해 왔으며, 다양한 사회 제도를 통해 메시지의 공정성 및 공공성을 수호하려 끊임없이 노력해 왔다. 이것이 디지털 미디어가 대중화된 오늘날에도 공적 커뮤니케이션의 역할을 수행하는 레거시 미디어가 여전히 중요한 이유이다.

3) 뉴 미디어의 종류와 특징

20세기 후반 새로운 정보 통신 기술의 발달로 등장하게 된 뉴 미디어는 레거시 미디어가 가지고 있었던 많은 한계점을 보완하며 커뮤니케이션의 새로운 장을 열었다. 뉴 미디어는 레거시 미디어와 반대로 커뮤니케이션이 쌍방향으로 일어난다는 특징을 갖는다. 인쇄 미디어를 통해 생산되던 뉴스가 수용자에게 일방향으로 전달된다면, 인터넷이란 뉴 미디어를 매개로 생산되는 오늘날의 뉴스는 수용자들이 직접 찍은 영상이나 사진을 자료로 활용하는 것은 물론 댓글을 통해 뉴스에 대한 반응을 실시간으로 수집하고 있다. 또한 뉴 미디어에서 생산자와 수용자의 경계는 레거시 미디어만큼 뚜렷하지 않고 그 경계가 갈수록 흐려진다는 특징을 갖는다. 오늘날 유튜브와 같은 동영상 공유 플랫폼은 전문적인 훈련을 받지 않은 일반인도 방송을 할 수 있도록 채널을 제공하며, 많은 수용자가 자신의 취향 및 가치관에 따라 다양한 콘텐츠를 시청하고 있다. 그리고 그 결과 뉴 미디어를 통해 생산되는 메시지는 점점 더 개인화되고 있다. 동일한 메시지를 동시적으로 전송하던 라디오나 텔레비전과 달리 소셜 미디어는 개개인에 맞춘 콘텐츠를 다양하게 생산하고 있으며, 사용자들은 자신이 원하는 시간과 장소에서 해당 콘텐츠를 수용하고 있다. 심지어 인공지능 기술의 발달로 오늘날의 소셜 미디어는 과거 이용 데이터를 수집, 일정한 패턴을 찾아내 각각의 사용자가 관심 있을 만한 콘텐츠를 예측해서 보여 주기도 한다. 이와 같은 뉴 미디어의 특징을 레거시 미디어와 비교해 보면 아래의 표와 같이 정리할 수 있다.

	레거시 미디어			뉴 미디어		
종류	인쇄물	라디오	텔레비전	인터넷	스마트폰	소셜 미디어
시기	16세기	20세기 초반		20세기 후반		
특징	일방향적 커뮤니케이션			쌍방향적 커뮤니케이션		
	생산자/수용자 경계 높음			생산자/수용자 경계 낮음		
	동일한 메시지의 생산			개인화된 메시지의 생산		
	동시적 전송 및 수신			비동시적 전송 및 수신		

참고로 이와 같은 구분은 레거시 미디어와 구분되는 뉴 미디어의 특징을 직관적으로 이해하기 위함이지 각각의 항목이 완전히 배타적인 것은 아니다. 이와 더불어 뉴 미디어의 등장이 레거시 미디어를 대체하는 것이 아니라 현대사회에서는 이 둘의 융합이 일어나고 있다. 인터넷과 결합한 텔레비전(IPTV)이나 인터넷을 통해 방송 프로그램 및 영화 콘텐츠를 제공하는 OTT서비스(Over-The-Top media service)의 등장이 그 대표적인 예이다. 라디오 또한 여전히 생방송으로 송출되지만, 사람들은 관련된 웹 사이트나 모바일 앱

(Mobile app)을 통해 실시간으로 자신의 사연을 보내거나 자신이 원하는 시간과 장소에서 때를 놓친 라디오 방송을 듣기도 한다. 즉 레거시 미디어에서 뉴 미디어로의 '중첩적인 이동'이 일어나고 있으며, 이러한 현상을 '공명'이라 부른다(Bolter & Grusin, 2000).

뉴 미디어로의 중첩적 이동이 일어나게 된 배경에는 디지털 혁명이 자리한다. 디지털(Digital)이란 숫자를 의미하는 디지트(Digit)에서 유래한 말로, 0과 1의 숫자로 모든 정보 신호를 부호화해 처리하는 기술을 뜻한다. 예를 들어 디지털카메라는 렌즈를 통해 입력된 신호를 0과 1의 숫자로 변환하여 데이터화한다. 물론 예전처럼 광학 렌즈를 통해 입력된 화상 신호를 인화지에 현상할 수도 있지만, 해당 신호를 컴퓨터로 데이터화하면 사라지거나 퇴화하지 않는 이미지를 영구적으로 얻을 수 있다. 즉 디지털 기술은 사진, 노래, 영화와 같은 모든 정보를 부호로 변환하고 처리함으로써 정보의 빠른 이동은 물론 영구적 보존을 가능하게 해 준다. 그뿐만 아니라 위에서 우리가 살펴본 뉴 미디어의 특징은 모두 디지털 기술의 발달로 가능하게 된 것이다. 이러한 맥락에서 뉴 미디어를 '디지털 미디어'라 명명하는데, 디지털 부호로 처리된 정보는 생산, 편집, 유통이 쉽고 빠르기 때문에 수용자의 즉각적인 피드백과 콘텐츠의 직접 생산이 가능해진다. 또한 대용량의 정보 압축은 물론 장기간 보존이 가능하기 때문에 수용자는 디지털 미디어를 통해 원하는 정보를 자유롭게 선택해 자신이 원하는 때에 제공받을 수 있다. 이처럼 디지털 기술의 등장은 정보의 생산 및 유통 방식뿐만 아니라 생산자와 수용자의 경계를 무너뜨렸기 때문에 '디지털 혁명'이라 불린다.

디지털 혁명의 대표적 산물이 바로 인터넷이다. 인터넷은 냉전 시대 핵전쟁으로부터 컴퓨터 네트워크를 보호할 목적으로 처음 고안되었다. 미국 국방부는 하나의 컴퓨터 네트워크를 분산시킴으로써 핵 공격으로 한두 대의 컴퓨터가 폭파되어도 정보를 교환할 수 있는 네트워크 시스템 아르파넷(ARPANET)을 고안했는데, 이것이 인터넷의 시초가 되었다. 이후 1972년 아르파넷이 대중에게 공개되고, 전자우편(E-mail) 서비스 및 통신 규약이 도입되는 등 군사 목적으로 만들어졌던 인터넷은 점점 대중화되기 시작한다. 인터넷 사용자 수가 폭발적으로 성장하게 된 계기는 1990년대 들어와 발명된 월드와이드웹(WWW)과 웹 브라우저(Browser)가 마련해 주었다. 이 두 기술로 인해 사람들은 전 세계에 흩어져 있는 문서에 자유롭게 접근하는 것은 물론, 복잡한 컴퓨터 명령어를 익히지 않아도 클릭 한 번으로 인터넷에 접속하고 원하는 사이트에 들어갈 수 있게 되었다. 바야흐로 전 세계가 인터넷으로 하나가 되는 초연결 시대가 열리게 된 것이다.

인터넷이 연결한 것은 정보만이 아니었다. 오늘날 물리적으로 떨어져 있는 사람도 이메일이나 인스턴트 메신저를 통해 자유롭게 소통하고 있으며, 일면식이 없을지라도 블로그나 트위터, 페이스북 친구가 되어 관심사를 공유한다. 이처럼 다른 사람과 자신의 생각 및 경험을 공유하고 그로 인해 새로운 인간관계를 형성하는 플랫폼을 소셜 미디어(Social media)라 한다. 오늘날 우리가 일상에서 주로 사용하는 카카오톡, 인스타그램, 트위터, 유튜브가 모두 소셜 미디어에 포함된다. 소셜 미디어는 다섯 가지의 특징을 갖는데, 각각 참여, 공개, 대화, 커뮤니티, 연결이란 키워드로 설명이 가능하다(한균태 외, 2018). 즉 소셜 미디어를 사용하는 모든 사람은 콘텐츠 소비자인 동시에 생산자이며, 콘텐츠에 접근하는 데 있어 장벽이 없고, 서로의 생각이나 경험을 쌍방향적으로 공유한다. 또한 위에서도 잠시 언급했지만 관심사가 비슷한 사람들끼리 커뮤니티를 형성하기 용이하고, 사용자들 간의 연결이 항시적으로 일어난다는 특징을 갖는다. 레거시 미디어를 주로 사용하던 시대에는 상상하기 어려운 일들이 벌어지고 있는 것이다.

하지만 뉴 미디어의 일상화가 불러온 변화가 모두 긍정적인 것만은 아니다. 디지털 미디어의 다양한 기능을 충분히 활용할 수 있는 사람과 그렇지 않은 사람 사이에 발생하는 '디지털 정보 격차'는 여전히 우리 사회가 풀어야 할 숙제로 남아 있다. 2022년 기준 컴퓨터 및 스마트폰 기기를 보유한 사람의 비율은 전체 인구 대비 96%에 달하지만, 디지털 정보화 역량은 64.5%에 그치는 수준이다(한국지능정보사회진흥원, 2022). 특히 고령층이 디지털 정보화 수준에 있어 가장 낮은 수치(69.9%)를 보였는데, 한국이 고령사회라는 사실을 고려한다면 결코 가벼이 여길 수 있는 문제가 아니다. 또한 정보의 빠른 이동 및 영구 존속이란 디지털 미디어의 특성을 악용한 범죄가

기승을 부리기도 한다. 대표적인 예가 다크 웹(Dark web)을 통한 불법 촬영물 생산 및 유포이다. 특수한 경로를 통해서만 접속이 가능한 다크 웹은 익명성을 보장함으로써 표현의 자유를 증진한다는 장점이 있지만, 성범죄에 악용될 경우 최초 유포자를 추적하는 것은 물론 불법 촬영물을 완전히 없애는 것이 불가능에 가깝다. 이 밖에도 사이버 명예훼손이나 도박, 직거래 사기, 가짜 뉴스의 기승 등 디지털 미디어를 통한 각종 사회문제가 편재한 상황이다.

결론적으로 레거시 미디어에서 뉴 미디어로의 이동은 분명한 명암을 가지고 있다. 그러므로 각각의 미디어가 가진 특성을 정확하게 이해하고, 그것의 장점을 십분 활용할 뿐만 아니라 단점을 보완하는 작업이 무엇보다 중요하다. 지금까지 우리는 레거시 미디어가 등장하게 된 사회문화적 배경과 전반적인 특성을 살펴보았다. 그리고 레거시 미디어에 대비되는 뉴 미디어의 특징과 그로 인해 발생하는 사회문화적 현상도 함께 톺아보았다. 다음 장에서는 이와 같은 기본적인 이해를 바탕으로 교회가 미디어를 활용하고 있는 방식에 대해 고찰해 보고자 한다. 또한 한 걸음 더 나아가 미디어의 개념을 확장해 봄으로써 현재 미디어 사역의 한계점과 앞으로의 방향성을 모색해 보도록 하겠다.

미디어 및 미디어 사역 개념의 확장

1) 미디어의 다섯 가지 차원

앞선 장에서 우리는 미디어(Media)의 사전적 정의를 통해 미디어라는 개념이 기본적으로 라디오나 소셜 미디어 같은 통신 매체뿐만 아니라 '사이를 매개하는 것들'을 포괄한다고 배웠다. 다시 말해 미디어에 다양한 층위가 존재한다는 뜻인데, 김용찬(2023)은 이것을 다섯 가지 차원으로 나눠서 설명한다.

도구로서의 미디어(Media as tools)

이는 메시지를 전달하는 채널로서의 미디어를 의미하는 것으로, 미디어의 '물리적 토대'에 해당한다. 앞서 우리는 레거시 미디어에서 뉴 미디어로의 이동 과정을 추적하며 그것이 가능하게 된 기술의 등장과 그로 인한 사회적 변화를 공부했는데, 이와 같은 설명 방식에서 사용된 미디어 개념이 '도구로서의 미디어'에 가깝다. 오늘날 연구자들은 도구로서의 미디어가 어떠한 기술적 맥락에서 등장했는지 주목하는 것은 물론, 이전부터 존재했었던 사회적, 상징적, 제도적 맥락과 어떻게 상호작용하는지를 활발하게 연구하고 있다.

내용으로서의 미디어(Media as stories)

이는 쉽게 말해 '미디어 효과'에 해당한다. 동일한 메시지를 불특정 다수에게 전달하는 매스미디어의 등장이 불러일으킨 공포심은 지금으로서는 상상하기 어려운 것이었다. 실제로 라디오가 막 대중화된 20세기 초반 미국에서는 청취자들이 라디오 드라마와 실제 상황을 구분하지 못해 백만 명에 가까운 사람이 피난길에 오르는 사건이 발생하기도 했다. 이처럼 매스미디어의 영향력에 대한 대중의 관심이 높아지면서 미디어 효과는 20세기 통틀어 커뮤니케이션학에서 가장 활발하게 연구된 대상이 되었다. 앞서 잠시 언급한 '마법의 탄환 이론'이나 '제한 효과 이론'도 이와 같은 맥락에서 나왔으며, 현재는 디지털 미디어를 매개로 생산 및 소비되는 내용들이 어떠한 효과를 만들어 내는지에 대한 연구가 다각도로 진행 중이다.

제도로서의 미디어(Media as institutions)

이는 메시지를 생산하는 조직이나 제도적 차원을 이야기한다. 여기에는 단순히 신문사나 방송국 조직뿐만 아니라 그 조직에서 통용되는 관행, 규범, 정책 등이 모두 포함된다. 일찍이 미디어 연구자들은 미디어 조직의 문화나 관행을 분석함으로써 특정한 메시지가 생산되는 방식을 연구해 왔다. 또한 미디어 조직에 가해지는 정치적, 경제적 압력은 메시지 생산에 영향을 끼치는 주요한 요소로 인식되어 왔다. 한국 언론의 역사 속에서도 언론 통폐합을 통한 정치권의 탄압이나 방송 수신료 및 광고비 집행을 둘러싼 경제적 압박 등을 쉽게 찾아볼 수 있다. 즉 제도로서의 미디어는 메시지가 전달되는 채널이나 효과보다는 생산 과정에 집중함으로써 미디어를 하나의 사회적 구성으로 이해한다.

사람으로서의 미디어(Media as person/people)

19세기 서구에서 미디어라는 단어는 신과 인간을 이어 주는 사람, 즉 영매나 종교인을 뜻하는 말로 쓰였다. 이 밖에도 중개인, 통역관 등 사람과 사람 사이를 이어 주는 역할을 맡은 사람 역시 미디어로 불렸다. 20세기에 들어와서는 용법이 조금 달라졌지만, 커뮤니케이션학에서는 여전히 사람으로서의 미디어 차원을 주목하는 연구가 진행되고 있다. 그 대표적인 예가 '여론지도자'(Opinion leader)라는 개념이다. 카츠와 라자스펠드(Katz and Lazarsfeld, 1955)는 유권자들이 매스미디어를 통해 얻은 정보보다 주변 사람들이 제공한 정보에 더 많은 영향을 받는다고 주장했는데, 주변인 중에서도 특히 평소 매스미디어를 자주 수용한 사람이 여론을 형성하는 데 있어 상대적으로 많은 영향력을 행사한다고 보았다. 즉 여론지도자 자체가 곧 효과적인 미디어인 것이다. 오늘날 소셜 미디어 속 '인플루언서'(Influencer) 또한 이와 같은 맥락에 있으며, 초연결 사회에서 사람으로서의 미디어는 더욱 중요해질 것으로 보인다.

공간으로서의 미디어(Media as spaces)

우리가 활동하는 공간 자체가 하나의 거대한 미디어로 기능할 때가 많은데, 일찍이 발터 벤야민(Walter Benjamin, 1999)은 19세기 초반 파리라는 도시 공간을 면밀하게 관찰함으로써 해당 공간이 자본주의 메커니즘을 드러내는 방식은 물론 그 속에서 전유되는 의미와 욕망을 보여 주었다. 파리 아케이드의 예가 우리에게 다소 멀게 느껴진다면 광화문 광장을 떠올려 보자. 매년 다양한 시민 단체가 광화문 광장이라는 공간을 통해 자신들의 목소리를 내고 있으며, 그것의 상징성 때문에 서로 다른 입장을 가진 단체들이 해당 공간을 선점하려 시새우는 일도 종종 벌어지곤 한다. 즉 광화문 광장이라는 공간은 일종의 거대한 미디어로 작동하고 있으며, 그 공간을 통해 사람들은 서로 연결되거나 단절되고, 특정한 의미가 생산되거나 배제되기도 한다. 현대의 미디어 연구자들은 인공지능이나 사물인터넷 기술이 도시의 주요 인프라로 구축되고 있는 상황에서 공간으로서의 미디어 차원은 더욱 강조될 것으로 예측하고 있다.

2) 미디어 사역의 현재와 미래

앞서 살펴본 미디어의 다양한 차원을 바탕으로 오늘날 한국 교회가 미디어를 사용하는 방식이나 태도를 점검해 보자. 먼저 교회는 그동안 미디어를 '복음을 전달하는 도구'로 사유하며 적극적으로 활용해 왔다. CBS나 CTS 같은 기독교 방송국 설립이 그 대표적인 예인데, 교회는 새로운 미디어가 등장할 때면 으레 다른 종교보다 상대적으로 일찍이 해당 기술을 받아들였다. 오늘날 전 세계 사람들의 이목을 끌고 있는 인공지능 기술 또한 그러하다. 2023년 6월, 독일 바이에른주에 있는 성바울교회는 전 세계 최초로 인공지능 설교자를 예배에 등장시켰다. 강대상 위 대형 스크린에는 흑인 남성의 모습을 한 아바타가 등장해 "현재에 집중하고 예수 그리스도를 신뢰하라"라는 메시지를 선포했고, 국내 언론은 이 같은 소식을 빠르게 전달하며 인공지능 설교자에 대한 대중의 관심을 높였다.

인공지능 미디어를 통해 진행된 예배의 모습(출처: DPA 연합뉴스)

문제는 교회가 새로운 미디어를 수용하는 속도에 비해 미디어에 대한 진지한 고민은 부재하다는 사실이다. 앞서 우리는 레거시 미디어에서 뉴 미디어로의 이동 과정을 다각도로 살펴봄으로써 미디어가 단순히 새로운 기술적 맥락에서만 등장하는 것이 아니라 기존의 사회, 정치, 문화적 맥락과 상호작용한다는 것을 배웠다. 또한 미디어의 사용으로 변화되는 것은 메시지의 전달 범위만이 아니라 기존의 감각 체계, 규범, 문화 그리고 사회 전반을 바꾸어 놓는다는 것을 알게 되었다. 미디어의 변화가 이처럼 근본적인 수준의 변화를 불러일으키는 까닭은 미디어가 메시지를 전달만 하는 것이 아니라 '인간의 감각을 확장하는' 역할을 수행하기 때문이다(McLuhan, 1967). 주지하다시피 인쇄 미디어의 등장이 바꾸어 놓은 것은 성경의 보편화만이 아니라 그로 인한 지식의 대중화, 교황 권력의 약화 그리고 청각을 주로 사용하는 구술문화에서 시각문화로의 전환이었다(Ong, 1982). 즉 미디어의 기본적인 기능이 '사이를 매개하는 것'이기 때문에 교회는 하나님과 인간 사이를 매개하는 미디어의 이용과 그것이 재구성하는 감각 체계 및 교회 공동체에 대한 깊은 논의를 나누어야 한다. 그럴 때 비로소 교회에서의 미디어 활용에 관한 신학적 논의도 함께 깊어질 수 있다.

실제로 미디어 사역의 현주소를 살펴보면, 미디어에 대한 진지한 고민이 부족하다는 사실을 금방 알 수 있다. 오늘날 대다수 교회는 유튜브 같은 소셜 미디어나 화상 회의 플랫폼을 통해 예배를 온라인으로 송출하거나, 홈페이지 및 인스턴트 메신저를 통해 교회 소식을 교인들에게 전달하고 있다. 그러나 현재 사용하고 있는 미디어가 대부분 뉴 미디어임에도 불구하고 활용 방식은 레거시 미디어와 별반 다를 것이 없다는 한계를 가지고 있다. 이는 미디어의 특성을 제대로 활용하지 못할 뿐만 아니라 현세대의 커뮤니케이션 문화와도 맞지 않은 방식이다. 레거시 미디어와 대비되는 뉴 미디어의 특징이

'쌍방향적 소통'임을 기억한다면, 교회는 특정한 메시지를 일방향적으로 전달하는 것이 아니라 교인들의 활발한 참여를 독려하고 상호 소통하는 방향으로 미디어를 활용해야 한다.

특히 젊은 세대에게 디지털 미디어는 일상적 놀이 공간이자 자신의 정체성을 구성하는 데 있어 필수적인 요소로 자리하고 있다. 이와 같은 현상을 대표적으로 보여 주는 예가 바로 밈(Meme)이다. 밈은 온라인 공간에서 유행하는 말이나 행동을 그대로 모방하거나 자신만의 방식대로 재가공한 콘텐츠를 일컫는다. 다시 말해 밈은 생산자와 수용자 사이의 경계가 무너진 디지털 미디어의 특징을 매우 명징하게 보여 주는 현상으로, 오늘날 청소년들은 밈을 생산하면서 자신의 생각이나 감정을 자유롭게 표현하고 있다. 또한 밈을 적극적으로 생산한다는 것은 또래 집단 문화에 참여함으로써 일종의 소속감을 획득하고 있다는 것을 의미한다. 교회가 청년들과 소통함에 있어 이와 같은 밈 문화를 이용한다면 효과적인 커뮤니케이션은 물론 교회 공동체 구성원으로서의 소속감 또한 얻을 수 있다.

밈과 더불어 교회에서 시도해 볼 수 있는 또 다른 디지털 미디어 활용 방법은 바로 '챌린지'(Challenge)이다. 한국에서는 루게릭병 환우를 돕기 위한 릴레이 기부 캠페인 '아이스버킷 챌린지'를 시작으로 다양한 챌린지가 유행했는데, 코로나 팬데믹으로 고생하는 의료진을 응원하기 위한 '덕분에 챌린지'가 디지털 미디어를 통해 빠르게 퍼져 나가기도 했다. 챌린지는 공동체 구성원의 참여를 적극적으로 도모할 뿐만 아니라 특정 이슈에 관한 관심과 의식을 환기하는 효과가 있다. 따라서 교회 공동체 구성원들이 공유해야 하는 가치나 사회적으로 관심을 기울여야 할 이슈가 있다면 디지털 미디어를 통한 챌린지를 기획해 볼 수 있다. 물론 앞서 언급한 디지털 정보 격차를 고려해 디지털 미디어 활용이 어려운 구성원들에게는 적극적인 지원과 도움이 병행되어야 한다.

이 밖에도 미디어의 특성을 고려한 미디어 사역의 방법론은 여러 가지가 있겠지만, 마지막으로 우리가 놓치지 말아야 할 부분은 미디어를 단순히 복음을 전달하는 '도구'(Tools)로만 사유하지 않는 것이다. 만약 우리가 미디어 사역을 논하면서 미디어의 도구적 측면만 강조한다면 그것의 내용(Stories)이나 메시지 생산에 영향을 끼치는 제도적 측면(Institutions), 그 자체로 미디어인 사람(Person/People)과 공간(Spaces)을 간과하게 된다. 그리고 그 결과, 새로운 미디어가 나올 때마다 성급하게 받아들일 뿐 그것이 불러올 근본적인 변화나 기술에 대한 비판적 성찰 등 우리가 반드시 숙고해야 할 중요한 질문을 놓친다.

현대의 미디어 학자들은 생산자와 수용자의 경계가 무너진 상황에서 미디어의 다차원성을 포괄하기 위한 관점으로 미디어를 '환경' 혹은 '인프라'로 간주할 것을 제안한다(Postman, 1985; 김용찬, 2023; 이동후, 2021). 즉 미디어는 인간이 필요에 의해 만든 도구지만 그와 동시에 이 도구는 우리가 현실을 인식하는 방식에 영향을 끼치고, 사람과 사람 사이를 일정한 방식으로 매개하는 과정이자, 특정한 문화가 자라나는 터전으로 자리하고 있다. 미디어가 우리의 종교적 체험을 구성하는 환경이라면 앞으로의 미디어 사역은 기독교 콘텐츠 생산에만 국한될 것이 아니라 각종 미디어를 통해 생산되는 메시지와 그 생산 과정에 영향을 끼치는 다양한 사회문화적 맥락들을 함께 고려해야 한다. 이와 더불어 우리가 예배드리는 공간에 대한 미디어학적 성찰은 물론 현대사회에서 하나의 미디어로 살아가며 기능하는 기독교인의 삶의 자세는 몇 번을 강조해도 지나치지 않을 것이다.

미디어로서의 교회

이번 장은 미디어의 개념 정의부터 시작해 레거시 미디어에서 뉴 미디어로의 이동 과정 및 각각의 특징을 살펴보았다. 또한 미디어의 다차원성을 바탕으로 미디어 사역이 나아갈 방향을 모색해 보았다. 결국 미디어를 단순한 도구가 아니라 신앙생활을 구성하는 환경으로 고려한다는 것은 우리로 하여금 미디어의 본질을 되묻게 만든다. 도대체 미디어가 무엇이기에 이토록 우리의 일상에 편재하면서 근본적인 차원의 변화를 일으키는 것일까. 미디어 사역에 대한 우리의 고민은 바로 이 질문에서 시작해야 한다. 미디어에 대한 심층적인 이해 없이는 미디어 사역의 미래도 밝지 않기 때문이다.

또한 미디어의 다양한 차원을 이해하고 그것을 현실에 적용하는 것만큼이나 미디어의 근본적인 성질을 기억하는 것 역시 중요하다. 앞에서도 여러 번 강조했듯이 미디어는 사이를 매개하기 때문에 미디어이다. 미디어의 형질은 시대에 따라 변화를 거듭해 왔지만 맞닿아 있지 않은 인간과 인간, 인간과 비(非)인간 사이를 매개하는 미디어의 역할에는 변함이 없었다. 미디어는 벌어져 있는 사이를 잇고 관계를 맺으며 커뮤니케이션을 가능하게 한다. 그리고 그 과정을 통해 공동체가 만들어진다. 커뮤니케이션이라는 영어 단어가 '공동체'를 뜻하는 단어 'Commune'과 같은 어원(라틴어 'communis')을 가지고 있다는 사실은 분열되고 개인화된 현대사회에서 미디어의 역할이 얼마나 중요한지 다시금 깨닫게 만든다.

그렇다면 오늘날 한국 사회에서 교회가 미디어의 역할을 할 수는 없을까? 교회가 미디어를 복음 전달의 도구로만 사용할 것이 아니라 사람들의 고민과 고통을 듣는 창구로 활용할 수는 없을까? 그와 같은 과정을 통해 교회가 물질적으로, 이념적으로, 종교적으로 분열된 사람과 사람 사이를 잇고, 멀어진 하나님과 사람 사이를 연결하는 미디어가 될 수는 없을까? 교회는 이와 같은 질문을 진지하게 받아들이고 고민하기 시작해야 한다. 미디어가 삶의 환경으로 주어진 상황에서 미디어 사역은 더 이상 몇몇 사람에게만 부여된 사명일 수 없기 때문이다.

질문하고 생각하기

• 평소에 가장 많이 이용하는 미디어는 무엇인가요? 현재 자신이 이용 중인 미디어 및 콘텐츠를 소개하고, 특별히 어떤 이유에서 그 미디어를 선호하는지 나누어 보세요.

• 디지털 미디어를 이용하면서 느꼈던 장점과 단점은 무엇인가요? 직접 경험하지 않았더라도 디지털 미디어로 인해 일어나고 있는 다양한 사회문화적 현상을 생각해 보세요.

• 목회 현장에서 미디어를 활용할 수 있는 구체적인 방법에는 무엇이 있을까요? 레거시 미디어와 뉴 미디어 그리고 인공지능 미디어에 알맞은 방법을 생각해 보세요.

• 한국 사회에서 교회가 미디어로서의 역할을 수행하려면 어떻게 해야 할까요? 미디어의 다양한 차원을 고려해 생각해 보세요.

기독교와 대중문화: 대중문화 개념을 통해 본 문화 사역의 의미

———————————————— 유지윤

기독교 VS 대중문화?

우리는 하루 중 얼마나 많은 시간을 대중문화 콘텐츠 소비에 사용할까? 한국콘텐츠진흥원(2021)이 10대에서 50대까지 전국에 있는 3,000명을 대상으로 진행한 조사에 따르면 한국 사람들은 영상, 음악, 게임, 웹툰과 같은 디지털 콘텐츠를 하루 평균 4시간 정도 소비하는 것으로 나타났다. 한국인들의 하루 평균 여가 시간이 평일과 휴일을 합쳐 평균 4.2시간인 것을 감안하면 여가의 대부분을 디지털 미디어를 통한 대중문화 콘텐츠 소비에 사용한다는 설명이 가능해진다(문화체육관광부, 2022). 심지어 한국 대중문화를 소비하는 대상은 이제 한국인들에게만 국한되지 않는다. 한류라는 이름으로 대표되는 현상은 해를 거듭할수록 그 규모가 커져 2021년 콘텐츠산업 수출액은 124억 5,000만 달러를 기록했다(한국체육관광부, 2023). 그야말로 한국 대중문화가 우리의 일상은 물론 전 세계인의 즐길 거리로 자리하게 된 것이다.

한류 열풍에 힘입어 지금은 대중문화의 위상이 상당히 높아졌지만 처음부터 대중문화를 바라보는 사회적 시선이 고운 것은 아니었다. 유신정권 시절 대중문화는 미풍양속을 해치는 주범이자 민족문화와 대척점에 놓인 정화(淨化)의 대상이었다. 당시 모든 방송 프로그램이나 영화, 가요는 정부가 세운 심의 기구에 의해 검열당했고, 사람들의 옷차림이나 헤어스타일도 단속에서 제외되지 않았다. 하지만 1980년대에는 대중문화가 정치로부터 대중의 관심을 돌리기 위한 수단으로 여겨지면서 오히려 정부에 의해 육성되기도 했다. 오늘날 우리가 즐겨 보는 대부분의 프로 스포츠 선수단은 모두 이때 만들어진 것이다. 민주화 이후 대중문화는 부흥기를 맞이하지만 예술보다 '질이 낮은 문화'라는 부정적 인식은 한동안 지속되었다. 세종문화회관에서 대중 가수가 공연하게 된 것도 문민정부 출범 이후에나 가능한 일이었다. 다시 말해 세종'문화'회관은 한국의 문화예술을 진흥할 목적으로 설립되었지만, 문화의 범주에 대중문화가 포함되기까지는 오랜 시간이 필요했다. 이처럼 대중문화는 각 시대의 정치 그리고 경제적 상황에 따라 그 모습과 위상을 달리하며 오늘날의 한류까지 발전해 왔다.

대중문화에 대한 전반적 인식이 시대에 따라 변한 것처럼 교회가 대중문화를 바라보는 시선도 조금씩 달라져 왔다. 한국 교회가 대중문화에 관심을 보이기 시작한 때는 1960년대부터였다(이유나, 2013). 이 땅에 기독교가 어느 정도 정착한 이후 몇몇 신학자는 교조주의적 선교 방식에 대한 반성과 함께 신학을 토착화하려 했는데, 그 시도 중 하나로 서구와 다른 전통문화에 대한 관심이 일어난 것이다. 물론 이에 대한 비판이 신학 내부에서 일어났지만 한국만의 기독교 문화를 만들려는 노력은 그 이후로도 지속되었다. 대중문화의 부흥기인 1990년대에 들어오면 대중문화에 대한 교회의 논의가 본격적으로 활발해지는데, 이때 기독교 단체를 중심으로 생산된 담론은 크게 두 가지 관점을 갖는다.

하나는 대중문화를 기독교 세계관과 완전히 대립시키는 관점이다. 이 관점에서 대중문화는 영적으로 매우 타락한 것으로 청소년을 죽음과 음란으로 내모는 사회악으로 가정된다. 특히 이와 같은 관점은 1992년 미국 유명 가수의 내한 공연을 관람하던 청소년들이 죽거나 다치는 사고가 발생하면서 더욱 힘을 받게 되었다. 이 사건을 기점으로 기독교윤리실천운동을 위시한 기독교 단체들은 대중문화에 대한 총공세를 폈고, 새로운 가요나 영화가 유행할 때마다 그 내용의 폭력성과 선정성을 문제시하며 제도적 대응에 나섰다. 또한 기독교 월간 평론지였던 「낮은울타리」는 당시 유행하던 서태지와 아이들의 음악을 거꾸로 들으면 사탄의 목소리가 들린다고 주장하며 세간의 이목을 끌기도 했다.

교회가 대중문화를 바라보는 또 다른 관점은 대중문화를 '변혁의 대상'으로 삼는 것이다. 이때 변혁의 주체는 기독교인으로, 사람들에게 커다란 영향을 미치는 대중문화를 '깨어 있는 기독교인들'이 기독교적 세계관에 알맞게 변화시켜야 한다는 주장이다. 전자가 대중문화를 배척했다면, 이 입장은 기독교인들에게 대중문화를 이용할 것을 요청한다. 2000년대 초반 이와 같은 관점이 적극적으로 수용되면서 기독교 방송국이나 영상 콘텐츠가 활발하게 만들어졌고, '문화선교'라는 개념도 목회나 선교 현장에서 널리 사용되기 시작했다. 앞선 장에서 살펴보았던 '복음을 전달하는 수단으로서의 미디어'라는 관점도 이와 같은 맥락에서 이해할 수 있다. 미디어나 대중문화에 대한 이 같은 관점은 인공지능 미디어가 등장한 오늘날까지도 지속되고 있다.

교회가 대중문화를 바라보는 관점은 이렇게 두 가지로 구분될 수 있지만, 이 두 관점은 모두 대중문화와 기독교의 이분법을 전제로 한다는 점에서 같다. 다시 말해 대중문화와 기독교적 세계관을 이분법적으로 분리해 놓고 대중문화를 부정적으로 바라보는 것이다. 따라서 우리는 다음과 같은 질문을 해 보아야 한다.

첫째로, 이와 같은 이분법적 분리가 현실적으로 가능한 것일까? 기본적으로 문화란 이질적인 요소들이 서로 뒤섞여 있는 매우 '혼종적인 것'이다. 오늘날 우리가 케이팝(K-pop)이라고 부르는 가요도 서구에서 만들어진 비트와 장르 위에 한국의 정서와 문화가 덧

입혀진 결과물이다. 심지어 케이팝의 첨병으로 불리는 아이돌 그룹은 대부분 외국 국적의 멤버를 포함하고 있으며, 노래 가사도 절반 이상이 영어인 경우가 많다. 그럼에도 불구하고 마치 제품의 원산지를 표기하듯이 모든 문화 콘텐츠마다 'K' 자를 붙이는 행위는 '순수하고 고유한 문화'를 주장하고 싶은 인간의 욕망일 뿐이다. 성경에도 성경이 쓰인 당시의 문화적 맥락이 포함되어 있다는 사실을 잊어서는 안 된다.

둘째로, 대중문화와 기독교를 이분법적으로 사유하는 것이 과연 올바른 일인지 우리는 진지하게 고찰해 봐야 한다. 대중문화에는 기독교적 가치관에 어긋나는 부분이 분명 존재하지만, 그렇다고 모든 콘텐츠가 그런 것은 아니다. 하나님이나 십자가 같은 상징을 직접적으로 사용하지 않더라도 성경에서 말하는 이웃 사랑이나 정의, 평화, 구원의 메시지는 현대의 다양한 대중문화 콘텐츠에서도 발견할 수 있다. 그런데 그동안 교회는 대중문화 전체를 기독교와 상반되는 것으로 상정했기에 교회 밖 세상과 단절되고 스스로 고립되는 결과를 초래하고 말았다. 가치적인 측면에서 교회가 세상과 구별되는 것이 아니라 소통의 측면에서 세상과 단절된 것이다. 상황이 이렇다 보니 오늘날 대중문화에는 기독교의 독단적이고 위선적인 모습을 꼬집는 묘사가 넘쳐 나고 있다. 그리고 대중문화 콘텐츠뿐 아니라 실제로도 기독교에 대한 대중의 인식은 갈수록 나빠지고 있다.

목회자가 마약왕으로 등장하는 〈수리남〉과
목회자 자녀가 학교폭력 가해자로 나오는 〈더 글로리〉(출처: 넷플릭스)

최근 대중문화에 대한 교회의 입장은 하나로 정리되지 못한 채 여러 관점이 혼재된 양상이다. 이는 2000년대 이후 대중문화에 대한 기독교의 논의가 좀처럼 진척을 이루지 못한 채 답보 상태에 놓여 있기 때문으로 보인다. 게다가 이러한 상황에서 대중문화를 예배나 전도에 적극적으로 활용하는 '복음의 문화화'는 빠른 속도로 진행되고 있다(이유나, 2013). 대체로 이 입장에서는 대중문화를 더 이상 거부할 수 없는 것으로 보고 지혜롭게 '분별'해야 한다고 주장하지만, 그 분별의 구체적인 방법이나 내용에 대해서는 정리된 것이 없다. 따라서 이번 장에서는 대중문화를 분석의 대상으로 간주하는 문화연구(Cultural studies)를 소개하고자 한다. 문화연구에서 사용하는 다양한 개념과 문화에 대한 관점은 대중문화와 불가분의 관계를 맺으며 살아가는 기독교인들에게 상당히 유용한 분석의 틀을 제공해 줄 것이다.

대중문화(Mass culture)에서 대중문화(Popular culture)로

1) 대중사회 및 매스미디어의 등장

대중문화를 정의하는 방식은 다양하지만, 대체로 많은 학자가 매스미디어의 등장과 그것을 매개로 생산되는 문화를 대중문화(Mass culture)라 정의한다. 물론 그 이전에도 평범한 사람들이 향유하는 문화가 존재했지만, 산업화한 사회에서 매스미디어를 통해 생산 및 유통되는 문화는 여러 측면에서 과거의 문화와 아주 달랐다. 특히 과거에는 소수의 엘리트 집단이 문화를 선도했다면 산업사회로의 진입 이후 문화는 대중의 선호를 바탕으로 생산되었다. 이렇게 불특정 다수(Mass)가 사회의 주요 구성원이 된 사회를 대중사회(Mass society)라 한다. 전통사회에서 대중사회로의 이행은 많은 사람에게 투표 및 교육의 기회를 제공했지만, 도시화와 생산 과정의 분업은 '고독한 군중'을 만들어 내기도 했다(Riesman, 2001). 또한 대중사회에서 통용되는 문화는 과거의 문화보다 도덕적이나 미학적으로 수준이 낮다는 평가를 받았다. 바꾸어 말해 '대중문화는 저급한 문화'라는 관점이다.

이와 같은 문화관에 기틀을 마련한 사람은 19세기 영국 문화비평가 매튜 아널드(Matthew Arnold)였다. 1866년 아널드는 영국에서 벌어진 노동자들의 시위를 보고 그들을 교화시킬 방법으로 문명과 문화라는 개념을 고안하게 된다. 그에게 있어 문화란 '일종의 지식 체계이자 인간과 사회의 모든 측면을 발전시켜 완벽에 이르게 하는 수단'이었다(Arnold, 1960). 즉 진정한 의미에서의 문화는 인간의 이성과 신의 의지가 함께 힘써 발견한 최상의 진리이자 선함이자 아름다움이며, 그렇기 때문에 모든 인류를 위해 널리 공유되어야 하는 것이다. 아널드가 보았을 때 문제는 이러한 문화가 사라져 버린 것은 물론이고, 오히려 대중문화가 사회를 무질서하게 만들고 있는 현상이었다. 따라서 아널드는 국가가 나서서 대중을 교육하고 진정한 의미의 문화를 향유하게 만드는 것이 문명화된 사회를 이룩하는 데 중요하다고 보았다. 아널드의 이러한 문화관은 훗날 리비스(Leavis, 1930) 같은 학자들에게 영향을 미쳐 1950년대까지 서구 사회에서 상당한 권위를 갖게 된다. 종합하자면 아널드를 위시한 이 문화관은 한국 교회가 대중문화를 사유하는 방식과 흡사하게 문화를 완벽에 가까운 예술이나 문명과 같은 항으로 놓고 대중문화를 그 반대 항으로 사유한다.

아널드 외에도 대중문화를 비판적으로 바라본 지식인이 많았다. 프랑스의 정치철학자 토크빌(Tocqueville, 1969)은 대중문화가 사람들을 공동체 이익에 무관심하게 만들어 민주주의 성장을 저해한다고 보았고, 스페인을 대표하는 철학자 가세트(Gasset, 1951)는 대중문화를 심미안이 없는 폭도들(Rabble)이 반역을 통해 만든 결과물로 폄하했다. 대중문화에 대한 지식인들의 비판과 우려는 제1차 세계대전 이후 유럽 곳곳에서 등장한 전체주의 체제 때문에 한층 심화된다. 특히 아돌프 히틀러(Adolf Hitler)가 라디오 같은 매스미디어를 적극적으로 활용함으로써 자신의 체제를 선전하고 그에 부화뇌동하는 사람들의 모습은 대중문화의 힘을 더욱 실감하게 만들었다. 이에 호르크하이머와 아도르노(Horkheimer & Adorno, 1969)는 대중문화를 기계적으로 표준화된 문화로 보고, 이러한 문화의 수용이 결국 대중의 비판적 사고를 마비시킨다고 진단했다.

앞서 간략하게 살펴본 주장은 저마다 다른 이유와 관점에서 대중문화를 부정적으로 평가하지만, 그들은 모두 대중을 '수동적이고 비이성적인 존재'로 상정한다는 점에서 동일하다. 즉 여기서 대중문화(Mass culture)는 '매스미디어를 통해 불특정 다수에게 일방적으로 전달되는 문화'로 정의되며, 대중(Mass)은 '수동적으로 그 문화를 받아들이는 존재'로 가정된다. 한국 교회가 그동안 대중문화를 배격 및 변혁의 대상으로 보는 시선에도 이와 매우 유사한 가정이 전제되어 있다.

2) 문화주의의 부상과 문화관의 변화

대중문화를 부정적으로 바라보는 오래된 시각에 균열이 일어나기 시작한 계기는 문화주의(Culturalism)가 마련해 주었다. 문화주의란 '대중이 스스로 만들어 낸 문화'에 관심을 갖고 그것의 가치와 가능성을 긍정적으로 평가하는 입장이다. 실제로 우리가 앞에서 살펴본 문화관은 대중을 늘 문화의 객체이자 교육의 대상으로 상정하지만, 문화주의자들은 대중의 문화적 창조성을 옹호함으로써 이러한 시선을 완전히 바꾸어 놓았다(Gunster, 2004). 특히 1964년 현대문화연구센터(Center for Contemporary Cultural Studies, CCCS)를 설립한 리처드 호가트(Hoggart, 1957)는 노동 계급 가정에서 성장한 자신의 경험을 근거로 대중은 언제나 스스로 문화를 만들어 왔다고 주장했다. 즉 매스미디어를 통해 전달되는 대중문화의 힘이 크지만 사람들이 그것을 있는 그대로 다 받아들이지는 않는다는 설명이다. 비록 호가트의 이러한 입장은 지나치게 노동 계급을 낭만화한다는 비판을 받았지만, 그동안 아무도 주목하지 않았던 노동 계급의 문화와 그것의 가능성을 설명했다는 점에서 의의가 크다.

노동자처럼 평범한 사람들의 일상을 주목한 또 다른 문화주의자는 바로 레이먼드 윌리엄스(Williams, 1980)다. 윌리엄스는 문화를 '일상 혹은 평범한 것'(Ordinary)으로 간주하며, 문화를 인간의 사고나 표현의 정수로 바라본 아널드식 정의에 새로운 관점을 더하였다. 윌리엄스의 문화관은 문화의 사회학적이고 인류학적인 측면을 강조한 것으로, 그는 문화를 '평범한 사람들이 만들어 낸 특정한 생활 방식이나 의미 및 가치가 표현된 것'이라 정의했다. 그리고 이 같은 정의 방식은 문화가 더 이상 소수 집단의 전유물이 아니라 같은 시대 및 사회를 살아가는 사람들이 공통적으로 경험하며 공유하는 것이란 점을 일깨워 주었다. 예컨대 윌리엄스의 문화관을 잘 드러내는 개념 중 하나가 바로 감정구조(Structure of feeling)다. 감정구조란 특정한 집단이나 계급, 사회가 공유하는 사회적 느낌을 뜻하는데, 윌리엄스는 이 개념을 통해 한 사람이 느끼는 감정에도 사회적 차원이 존재한다는 것을 밝혔다. 즉 감정구조의 한 형식인 문화는 독자적으로 존재하는 것이 아니라 경제나 정치 같은 다른 제도 및 기구와 상호작용하는 지극히 '사회적인 것'이다. 따라서 문화를 연구한다는 것은 소설이나 영화의 텍스트만 분석하는 것이 아니라 그 텍스트를 둘러싼 사회적 맥락과 연결하여 총체적으로 이해하는 작업이 되어야 한다. 윌리엄스는 이렇게 '문화의 사회적 측면'을 강조함으로써 문화를 단순히 즐길 거리가 아닌 사람과 사회를 이해하는 연구의 대상으로 삼았다.

또한 윌리엄스는 문화의 생산 시기를 구분함으로써 한 시대 및 사회 안에 다양한 문화가 공존하고 있음을 밝혔다. 이는 주도 문화(Dominant), 뜨는 문화(Emergent culture), 잔존 문화(Residual culture)로 나뉘어 설명되는데, 주도 문화는 특정 시대를 대표하는 주류 문화를 뜻한다. 하지만 주도 문화는 시간이 지남에 따라 새롭게 뜨는 문화의 도전을 받게 된다. 오늘날 한국 사회에서 MZ 세대의 문화가 기성세대가 만들어 놓은 문화와 벌이는 갈등을 떠올리면 쉽게 이해할 수 있는 부분이다. 게다가 가부장제처럼 시간이 흘러도 사라지지 않고 남아 있는 잔존 문화도 다른 문화들과 함께 있다. 결국 문화란 정태적인 것이 아니라 시간이 지남에 따라 변하는 것은 물론 다양한 문화가 공존하며 주도권 싸움을 벌이는 장소이다. 윌리엄스는 이처럼 '문화의 역동성'을 강조함으로써 우리로 하여금 문화를 단순히 주어진 것이 아닌 경쟁을 통해 획득되는 것으로 바라보게 만들어 주었다.

문화주의의 영향을 받은 후대의 문화연구자들은 문화라는 개념에 전제된 사회 그리고 대중의 모습이 이전과 크게 다르다는 것을 표현하고자 대중문화(Popular culture)의 표기를 달리한다. 새롭게 정의된 대중문화에서 사회는 계급, 인종, 성별 등에 따라 여러 개의 지배 집단과 피지배 집단이 존재하는 곳으로 사유된다. 또한 이전 정의에서 대중(The mass)은 비이성적이고 수동적인 존재였다면, 여기에서 대중(The popular)은 문화를 소비할 뿐만 아니라 능동적으로 생산하는 사람들로 가정된다. 종합하자면 대중문화는 매스미디어 등장 이전부터 존재했던 평범한 사람들이 스스로 만들어 온 삶의 방식이나 의미 체계를 뜻한다. 이와 동시에 대중문화는 한 사회 내에 존재하는 다양한 지배 집단과 피지배 집단이 서로 주도권을 잡기 위해 투쟁하는 장소이다. 이 밖에도 문화연구가 발전시킨 대중문화에 대한 논의는 많고 복잡하지만 이해를 돕기 위해 이전 개념과

거칠게 비교한다면 아래와 같이 정리될 수 있다.

	Mass culture	Popular culture
사회	소수의 엘리트와 불특정 다수	복수의 지배 집단과 피지배 집단
대중	문화를 소비하는 수동적 존재	문화를 생산·소비하는 능동적 존재
대중문화	일방적으로 전달되는 문화	지배집단 문화와 경쟁하는 장
대상 범위	매스미디어 등장 이후의 문화	산업사회 이전 민중문화까지 포함
논의 방향	문화의 생산과정에 집중	문화의 수용과정에 집중

이데올로기 싸움터에서 능동적 수용자 되기

1) 구조주의 문화론과 문화연구의 발전

문화연구는 앞서 살펴본 문화주의에서 출발했지만, 그와 대립하는 구조주의(Structuralism)를 함께 받아들임으로써 대중문화를 분석할 수 있는 다양한 개념 및 이론을 발전시켰다. 이 짧은 지면을 통해 구조주의를 설명하는 것은 불가능할 뿐 아니라 불필요하니, 구조라는 개념에서 시작해 보자. 구조란 표면적으로 드러난 사건이나 행동 이면에서 그것을 가능하게 만드는 심층적 체계를 뜻한다. 우리는 자유롭게 그리고 의지적으로 어떤 생각이나 행동을 하는 것 같지만 사실 그것을 가능하게 만드는 구조가 존재한다. 자살을 예로 들어 보자. 스스로 목숨을 끊는 행위는 그 행위를 한 사람의 자율적인 선택이기 전에 그 사람을 자살로 몰고 간 다양한 요소, 예컨대 경제적 어려움이나 건강상의 문제, 관계의 단절 등이 존재한다. 즉 자살을 방조하는 사회 '구조'가 있기 때문에 스스로 목숨을 끊는 행위가 가능해지는 것이다. 구조주의 문화론은 이처럼 개별적인 문화적 현상들 이면에 존재하는 보편적인 구조를 드러냄으로써 특정한 문화가 생산되고 유지되는 메커니즘을 밝힌다. 문화연구는 이와 같은 구조주의적 입장을 적극적으로 받아들여 문화주의에서 말하는 대중의 창조적 자율성을 옹호하는 것은 물론, 대중의 생각과 행동을 일정한 방향으로 틀 짓는 구조를 함께 분석한다.

구조주의는 대중문화 텍스트가 의미를 생산하는 방식만이 아니라 그것의 효과가 무엇인지 분석할 수 있는 틀을 제공한다는 점에서 상당히 유용하다. 구조주의 시각에서 처음으로 대중문화를 분석한 사람은 프랑스의 대표적인 구조주의자 롤랑 바르트(Barthes, 1972)였다. 그는 대중문화 텍스트의 의미가 만들어지는 구조를 분석함으로써 대중문화가 사회적으로 널리 통용되는 믿음이나 가치, 다시 말해 신화(Myth)를 재생산한다고 주장했다. 여기서 신화란 지배 이데올로기(Ideology)와 유사한 말로, 사회에서 더 많은 권력을 가진 집단의 이익을 대변하는 생각이나 가치관을 뜻한다. 예컨대 백인 중심의 사회에서 통용되는 지배 이데올로기는 '하얀 피부가 아름답다' 혹은 '흑인은 게으르다' 등이 있고, 남성 중심의 사회에서는 '여자는 리더가 될 수 없다' 혹은 '남자는 경제적 능력이 있어야 된다' 등의 지배 이데올로기가 존재한다. 문제는 광고나 영화 같은 대중문화 텍스트가 이러한 지배 이데올로기를 계속해서 재생산한다는 사실이다. 하얗게 빛나는 피부를 강조한 화장품 광고나 남성에게만 전문직 역할을 부여한 영화를 보면서 우리는 특정한 지배 이데올로기를 자연스럽게 받아들이고 있다.

이 같은 맥락에서 구조주의 마르크스주의자로 분류되는 루이 알튀세르(Althusser, 1971)는 대중문화를 이데올로기적 국가기구(Ideological State Apparatuses, ISA)라는 개념으로 설명한다. 이데올로기적 국가기구란 경찰이나 군대 같이 강제력을 가지고 있진 않지만, 자본가에게 유리한 이데올로기를 재생산하며 결국 자본주의 체제가 유지되는 데 일조하는 기구를 말한다. 여기에는 대중문화만이 아니라 가족, 학교, 그리고 종교도 포함이 된다. 이들은 지배 이데올로기로 포장된 지식이나 규범을 지속적으로 대중에게 전달하고, 사람들은 이데올로기적 국가기구에 적극적으로 참여함으로써 특정한 이데올로기를 내면화하고 이데올로기를 통해 자신과 세상을 이해하게 된다. 그리고 그 결과, 개인은 지배 이데올로기를 적극적으로 실천하는 주체(Subject)가 된다. 가부장적 가정에서 태어나, 학교에서 반장은 남자만 되는 것이라 배우고, '사나이는 울지 않는다'라는 광고를 보고 자란 개인은 자신도 모르는 사이 가부장적 이데올로기를 그대로 실천하는 주체가 되는 것이다. 알튀세르는 이처럼 개인이 주체가 되는 과정을 이론적으로 정립함으로써 대중문화가 가진 이데올로기적 힘은 물론 우리 중 그 누구도 지배 이데올로기가 지속되는 원인에서 벗어날 수 없다는 사실을 폭로했다. 결국 구조주의 문화론은 대중문화 텍스트가 특정한 의미를 생산하는 방식을 체계적으로 분석함으로써 텍스트 이면에 존재하는 지배 이데올로기를 해체하는 것을 목적으로 삼는다.

2) 헤게모니와 능동적 수용자의 중요성

위에서 살펴보았듯이 구조주의는 대중문화를 분석하는 데 있어 구체적이고 체계적인 개념과 방법론을 제공한다는 장점을 갖지만, 문화주의에서 주장하는 대중의 창조적 자율성이 크게 간과된다는 한계 또한 갖는다. 따라서 문화연구자들은 그람시(Gramsci, 1971)의 헤게모니(Hegemony) 개념을 통해 구조주의와 문화주의의 통합을 시도했다. 헤게모니는 지배를 받고 있는 피지배 계급이 지배 계급에 유리한 질서나 생각에 '자발적으로 동의'하도록 부추기는 과정을 뜻한다. 이 과정이 중요한 이유는 피지배 계급에게 현재의 질서는 매우 불리하지만 그것이 옳다고 믿거나 동의해야만 기존 질서가 계속해서 유지될 수 있기 때문이다. 일제 강점기에도 수많은 지식인이 일본의 통치를 적극적으로 받아들이는 것이 조국의 빠른 독립을 위한 길이라 믿었고, 바로 그 헤게모니로 인해 일본의 식민 체제가 지속될 수 있었다. 헤게모니 관점에서 보았을 때 대중문화는 상식을 구축하고 사람들의 동의를 끌어내는 데 있어 효과적이기 때문에 상당히 중요하다. 역사적으로 보았을 때 권력을 많이 가진 집단과 그렇지 않은 집단은 대중문화를 통해 더 많은 사람의 동의를 얻으려 치열한 전투를 벌여 왔다. 즉 대중문화는 서로 다른 생각과 이해를 가진 집단이 경쟁하고, 설득하고 때로는 타협하는 지극히 '정치적인' 장소이다. 문화연구는 이렇게 대중문화를 '상징적 투쟁의 장'(Field)으로 가정함으로써 의미를 결정짓는 구조와 사람들의 자율적 실천이 절합(Articulation)된 결과물로 문화적 현상이나 대중문화 텍스트를 분석하고 있다.

말하자면 대중문화는 이데올로기 전쟁터이기 때문에 문화를 수용하는 사람들의 태도나 해석은 매우 중요한 문제로 남게 된다. 대표적인 문화연구자 스튜어트 홀(Hall, 1973)은 이와 같은 문제의식을 가지고 텔레비전 수용자들이 프로그램을 어떻게 해독(Decoding)하는지 연구했다. 여기서 말하는 해독이란 단순히 주어진 의미를 전달받는 것이 아니라 자기 나름의 방식으로 해석하고 더 나아가 사회적 행위를 하는 것까지를 모두 포함한다. 홀의 연구 결과에 따르면 사람들은 세 가지 방식으로 텍스트를 해독하고 있었다. 첫 번째 방식은 지배적(Dominant) 해독으로 수용자들은 텍스트에 내포된 지배 이데올로기를 있는 그대로 받아들이고 있었다. 두 번째 방식은 교섭적(Negotiated) 해독인데, 이 사람들은 텍스트 전반의 메시지는 수용하지만 자신의 상황에 따라 부분적으로 다르게 생각하기도 했다. 일종의 주어진 의미와 타협하고 절충하는 태도이다. 마지막으로 저항적(Oppositional) 해독은 주어진 의미를 정확하게 간파하고 반대로 해석하는 방식을 말한다. 저항적 해독을 하는 '능동적 수용자'들은 텍스트에 내재된 지배 이데올로기를 부정하고 상당히 능동적으로 의미를 생산해 냈다.

　문화연구에 있어 능동적 수용자 개념과 해독 전략은 상당히 중요한 위치를 차지한다. 왜냐하면 대중문화를 매개로 재생산되는 지배 이데올로기를 해체하고, 그러한 작업을 통해 주체를 해방하는 것이 문화연구라는 학문이자 실천의 궁극적인 목표이기 때문이다. 우리가 일상에서 즐기는 다양한 대중문화가 현실의 경제적 불평등을 공고히 하고, 특정 집단의 이익을 주로 대변함으로써 주변화된 목소리가 발생한다면 하나님 나라를 소망하는 기독교인들이야말로 능동적인 수용자가 되어야 하지 않을까? 대중문화가 무엇보다 상징적 투쟁의 장소라면 그와 함께 살아가는 기독교인들이 자신에게 주어진 문화적 텍스트를 저항적으로 해독하는 것은 물론 새로운 문화를 만들어 나가야 함은 아무리 강조해도 지나치지 않을 것이다.

문화 사역의 방향 재설정

　이번 장에서 우리는 기독교와 대중문화의 관계 설정을 시작으로 대중문화에 대한 전반적인 관점이 역사적으로 어떻게 변화해 왔는지 살펴보았다. 특별히 문화연구라는 분야가 탄생하기까지의 지적 여정을 살피면서 우리는 사회와 대중에 대한 시각이 변함에 따라 대중문화에 대한 정의도 달라졌음을 배웠다. 이처럼 대중문화는 하나로 고정될 수 있는 것도, 단일한 차원을 갖는 것도 아니다. 대중문화는 특정한 사회의 경제 그리고 정치 분야와 상호작용하며 그 모습과 의미를 달리해 왔다. 대중문화의 이러한 다차원성에도 불구하고 교회가 대중문화를 무턱대고 거부하거나 변혁의 대상으로만 삼는 일은 현실적으로 불가능할 뿐만 아니라 올바른 관계 설정도 아님을 앞에서도 지적했다. 대중문화의 영향력이 우려된다면 교회가 해야 할 일은 무엇보다 '능동적 수용자를 길러 내는 일'이다. 오늘날 우리 사회에서 통용되는 지배 이데올로기가 무엇인지 파악하고, 그 이데올로기가 어떻게 대중문화 텍스트를 통해 재생산되는지 분석할 줄 알아야 그에 저항하는 문화도 생산할 수 있다. 특히 디지털 미디어의 발달로 문화의 생산자와 수용자의 경계가 무너진 현대 사회에서 이와 같은 해독 능력은 더욱 요구되고 있다.

또한 우리는 대중문화가 서로 다른 이해와 권력관계를 가진 집단이 상징적으로 투쟁하는 장소임을 기억해야 한다. 사람들은 언제나 평등하고 정의로운 사회를 소망해 왔지만, 현실은 여전히 계급과 인종, 성별과 장애의 유무에 따라 특정 집단을 차별하고 있다. 이러한 차별을 공고히 하는 수단이 바로 대중문화다. 대중문화는 사회에서 더 많은 권력을 가진 집단의 생각을 대변하며 그렇지 않은 집단에 대한 차별을 정당화하고 있다. 심지어 이 같은 지배 이데올로기를 무비판적으로 수용한다면 우리는 자신도 모르는 사이에 '선량한 차별주의자'가 될 수밖에 없다(김지혜, 2019). 따라서 우리는 끊임없이 자신의 의식을 스스로 점검해 봐야 한다. 내가 상식적으로 알고 있는 지식, 믿고 있는 가치, 행하고 있는 실천이 누구의 편에 서 있는 것인지 계속해서 관찰하고 질문하고 성찰해야 한다. 이와 더불어 사회에서 소외된 이웃들의 목소리를 대변하는 콘텐츠를 발굴하고 스스로 만드는 것 또한 문화 사역의 중요한 부분이다. 대중문화는 지배 이데올로기만이 아니라 그에 대항하는 이데올로기가 끊임없이 투쟁하는 장소이기 때문이다.

마지막으로 기억해야 할 것은 동시대를 살아가는 사람들의 생각과 감정, 가치관이 반영된 결과물이 바로 대중문화라는 사실이다. 우리는 앞서 감정구조라는 개념을 통해 문화란 결국 평범한 사람들이 만들어 낸 삶의 방식이자 의미 체계이며, 거기에는 한 사회가 공유하는 사회적 느낌이 담긴다는 것을 배웠다. 즉 대중문화를 보면 사람들이 공통으로 느끼는 현실의 결핍과 미래의 소망을 읽어낼 수 있다. 앞서 잠시 언급했듯이 최근의 한국 대중문화는 교회를 상당히 부정적으로 그리고 있다. 이것은 무엇을 의미하는 것일까? 박진규(2023)는 이와 같은 문화적 현상이 기독교에 대한 세속 사회의 기대와 상상을 드러낸다고 진단한다. 사람들이 상상하는 종교의 사회적 역할이 있지만 그것이 현실에서 제대로 이루어지지 않고 있기 때문에 부정적인 재현으로 나타난다는 설명이다. 우리가 대중문화를 중요한 사역의 영역으로 생각한다면, 바로 이 지점에 주목해야 한다. 대중문화는 변혁의 대상이기 이전에 세속 사회와 소통하는 창구이며 진지하게 들어야 할 사람들의 목소리다. 교회가 이 목소리를 외면한다면 사람들도 교회에 대한 기대를 저버리게 될 것이다.

질문하고 생각하기

- 최근 가장 흥미롭게 본 대중문화 콘텐츠는 무엇인가요? 각자 돌아가면서 어떤 콘텐츠였는지 소개하고 어떤 이유에서 흥미를 느꼈는지 나누어 보세요.

- 반대로 최근에 가장 문제라고 느낀 대중문화 콘텐츠가 있나요? 그것이 무엇인지 소개하고 어떤 이유에서 문제라고 생각했는지 나누어 보세요.

- 대중문화를 정의 내리는 방식은 크게 두 가지가 있다고 배웠습니다. 각각의 정의 방식 중 평소 자신의 생각과 더 가까운 것은 무엇인가요? 그 이유도 생각해 보세요.

- 문화 사역은 앞으로 어떤 방향으로 나아가야 할까요? 구체적인 방법론이나 방향성을 함께 고민해 보세요.

생성형 AI 시대의
가짜 뉴스와 미디어 리터러시

──────── 이수인

2023년 3월, 미국의 전 대통령 도널드 트럼프(Donald Trump)가 경찰에 체포되는 사진이 소셜 미디어를 중심으로 확산되는 일이 있었다. 당시 그는 '성 추문 입막음' 사건으로 수사를 받던 중이었는데, 문제가 된 사진 속에는 트럼프가 체포되지 않기 위해 강하게 저항하거나, 경찰을 피해 도망치는 모습 등이 생생하게 담겨 있었다. 그런데 이 사진들은 영국의 온라인 매체 '벨링캣'(Bellingcat)의 창립자이자 저널리스트인 엘리엇 히긴스(Eliot Higgins)가 이미지 생성 AI 서비스인 미드저니(Midjourney)를 통해 만들어 낸 가짜 사진들이었다(고석용, 2023).

　이처럼 OpenAI의 챗GPT나 구글의 바드(Bard)를 비롯한 다양한 생성형 AI 서비스들이 등장해 사회의 전 영역에 충격을 주고 있는데, 그중에 가장 염려되는 영역이 바로 언론과 미디어이다. 특히 생성형 AI는 간단한 명령어만 입력하면, 글부터 시작해 사진이나 동영상까지 엄청나게 짧은 시간에 많은 결과물을 산출해 낼 수 있기 때문에 사용자의 의도와 능력에 따라 정교한 가짜 뉴스를 수도 없이 만들어 낼 수 있는 시대가 되었다. 그렇지 않아도 가짜 뉴스 때문에 우리 사회가 어려움을 겪고 있는데, 불에 기름을 끼얹은 격이다.

　오늘날 미디어 환경의 변화에 우리는 어떻게 대처해야 할 것인가? 특별히 이 시대를 바르게 분별하고, 이 땅을 하나님의 나라로 변혁해 나갈 사명이 있는 우리 그리스도인이 어떻게 이 생성형 AI 시대 속에서 발생한 혼란과 수없이 나타날 가짜 뉴스를 바르게 분별하며 살아갈 수 있을까? 이번 장에서는 먼저 가짜 뉴스의 역사적 사례들과 정의, 그리고 우리가 가짜 뉴스에 잘 빠지게 되는 이유들을 살펴볼 것이다. 그리고 그리스도인으로서 우리가 이 시대적 도전 앞에 어떻게 대처하며 살아가야 할지 함께 이야기해 볼 것이다.

가짜 뉴스의 역사적 사례들과 정의

가짜 뉴스는 최근 우리 삶에 밀접하게 파고들어 영향을 주고 있기 때문에 요즘 들어 생긴 현상이 아닌가 생각하기 쉽다. 하지만 사실 인류 역사를 더듬어 보면 가짜 뉴스와 관련된 이야기는 다양한 국가와 문화에서 반복해서 등장했다. 『삼국유사』를 보면 훗날 백제 무왕(武王)이 되는 서동(薯童)이라는 인물이 신라 진평왕의 셋째 딸인 선화공주와 결혼하기 위해 "선화공주님은 남몰래 정을 통해 두고 서동 도련님을 밤에 몰래 안고 간다"라는 거짓 노래를 지어서 아이들이 부르게 한다(금준경, 2020). 아마도 이것이 우리나라 최초의 가짜 뉴스일 것이다. 또한 서양의 경우도 가짜 뉴스는 일찍부터 있었는데, 카이사르의 양자였던 옥타비아누스(Octavianus)는 자신의 정적이었던 안토니우스(Antonius)를 제거하기 위해 안토니우스가 클레오파트라(Cleopatra VII)와의 방탕한 관계로 그녀의 꼭두각시가 되었기 때문에 당시 로마에 오랜 시간 저항해 왔던 이집트와 동맹을 맺을 것이라는 거짓 소문을 퍼뜨린다(최은창, 2020). 서동(薯童)은 훗날 백제 무왕(武王)이 되고, 옥타비아누스는 나중에 초대 로마 황제인 아우구스투스(Augustus)가 되니, 두 사람 모두 가짜 뉴스를 만들어 퍼뜨린 보람이 있었다고 할 수 있겠다(이수인, 2023).

인류 역사 속에서 수많은 사람이 자
신의 목적을 이루기 위해 가짜 뉴스를
의도적으로 많이 사용해 왔다. 그렇지
만 다양한 가짜 뉴스가 지속적으로 수
많은 사람의 삶과 생각에 영향을 미치
게 된 것은 비교적 최근의 일이다. 특히
지난 2016년 도널드 트럼프 후보와 힐

러리 클린턴(Hillary Clinton) 후보가 경쟁했던 미국 대통령 선거 때부
터 가짜 뉴스는 사회적인 현상으로 떠오르게 된다. 당시 선거가 치러
지기 약 6주 전 '엔딩 더 페드'(ETF) 뉴스에 이런 기사가 올라온다. "프
란치스코 교황이 도널드 트럼프 대통령 후보 깜짝 지지, 성명서를 발
표하다." 이 기사는 전혀 근거가 없는 가짜 뉴스였는데, 게시된 시점
부터 선거일까지 페이스북에서 무려 96만 회나 공유되면서 트럼프가
대통령에 당선되는 데 큰 역할을 한다(Cailin O'Connor&James Owen
Weatherall, 2019).

반대로 힐러리 클린턴 후보는 오히려 자신을 비방하는 가짜 뉴
스 때문에 곤혹을 치른다. 그녀가 워싱턴 D.C.에 있는 '코멧 핑
퐁'(The Comet Ping Pong)이라는 피자집 지하에 비밀 사무실을 차
려 놓고 은밀하게 아동 성매매 조직을 운영하고 있다는 뉴스가 나
온 것이다. 이는 말도 안 되는 가짜 뉴스였다. 그런데 문제는 이 가

짜 뉴스가 정말 진짜 같아서 실제로 20대 청년이 문제의 피자 가게를 찾아가 갇혀 있는 어린아이를 구하겠다고 총격을 가하는 사건이 일어나기도 했다(쿨라, 2020).

이처럼 2016년 미국 대통령 선거 때 이후로 가짜 뉴스가 전 세계적으로 큰 반향을 일으키게 되었고, 그로부터 1년 뒤 영국의 콜린스(Collins) 사전은 '가짜 뉴스'(Fake news)라는 단어를 '2017 올해의 단어'로 선정한다(박인영, 2017). 올해의 단어로 선정이 되었다는 것은 그만큼 한 해 동안 전 세계적으로 큰 영향을 미치고 또 주목받았다는 뜻이다. 그때 이후로 '가짜 뉴스'는 현대인이 많이 사용하는 단어 중 하나가 되었다.

이렇게 '가짜 뉴스'라는 단어를 많이 들어보기도 하고, 실제로 가짜 뉴스를 접한 경우도 많을 것이다. 그러나 가짜 뉴스가 무엇인지 그 정의를 내려 보라고 하면 쉽게 정의하는 사람은 많지 않다. 단순하게는 '진실이 아닌 거짓이 담긴 뉴스'가 아닌가 생각하기도 하는데, 가짜 뉴스에는 그 이상의 의미가 담겨 있다. 그렇다면 과연 가짜 뉴스란 무엇일까? 인터넷 백과사전인 위키백과에서는 가짜 뉴스를 이렇게 정의한다. "가짜 뉴스(Fake news, Junk news, Pseudo-news, Hoax news) 또는 허위정보(虛僞情報, False information)는 사람들의 흥미와 본능을 자극하여 시선을 끄는 황색언론(옐로 저널리즘)의 일종이다." 사람들의 흥미와 본능을 자극하여 시선을 끄는 황색언론이 무엇인지 개념이 잘 정리되지 않을 수 있다. 조금 더 실제적인 예를 통해 가짜 뉴스가 무엇인지 정리해 보려고 한다. 이제 기사 두 개를 소개할 텐데, 과연 어떤 기사가 가짜 뉴스인지 맞혀 보길 바란다. 첫 번째 기사는 다음과 같다.

"남양 '불가리스' 코로나 예방 효과 있다" 연구 결과 발표

입력 2021.04.13. 16:20 수정 2021.04.13 16:25

발효유 '불가리스' 코로나19 예방 효과 연구결과 나와
"코로나19 77.8% 저감효과 확인"
"완제품에서 새로운 가치 발견 의미 있어"

남양유업의 주력 제품인 발효유 '불가리스'가 인플루엔자와 코로나19 예방에 효과 있다는 연구 결과가 나와 눈길을 끈다.

박종수 항바이러스 면역 연구소 박사는 13일 서울 중림동 LW컨벤션에서 열린 '코로나19 시대 항바이러스 식품 개발 심포지엄'에서 항바이러스 면역 연구소 운영과 '불가리스' 항바이러스 연구 성과를 발표했다. 이날 발표로 식품 완제품이 맛, 영양, 기능적 범주를 넘어 질병 예방과 부분적 치료 중심으로 식품 연구 전환점을 마련할 수 있을지 주목된다.

발표에 따르면 최근 한국의과학연구원(KRIBS)에서 불가리스 항바이러스 효과를 분석한 결과, 감기 바이러스인 인플루엔자바이러스(H1N1)를 99.999%까지 사멸했으며 충남대학교 수의대는 불가리스가 중증급성호흡기 증후군인 코로나19 억제 효과 연구에서 77.8% 저감 효과를 확인했다. (중략)

그리고 두 번째 기사는 다음과 같다.

과연 두 가지 기사 중에 어떤 것이 가짜 뉴스일까? 이 질문에 대해 많은 사람이 1번이 가짜 뉴스라고 대답을 한다. 그러나 정답은 2번, 즉 두 번째 기사가 가짜 뉴스다. 말도 안 된다고 생각할 수 있

다. 실제로 첫 번째 뉴스의 정보는 사실과는 거리가 먼 잘못된 뉴스다. 여러 전문가와 팩트체킹 기관에서 점검해 본 결과 요구르트 음료에 코로나19 예방 효과가 있다는 것은 잘못된 정보로 밝혀졌고, 결국 식품의약품안전처(식약처)는 이 회사에 행정처분 및 고발 조치를 한다(문영중, 2021). 기억이 날지 모르겠는데, 첫 번째 기사가 나온 날 여러 언론사에서 비슷한 기사들이 나왔는데, 그 기사들이 나가고 그날 오후 편의점과 마트에 저 요구르트를 사려고 사람들이 몰려들기도 했고, 회사의 주가도 급등하는 등 해프닝이 벌어지기도 했다. 그러나 첫 번째 뉴스는 가짜 뉴스가 아니고, 두 번째 뉴스야말로 전형적인 가짜 뉴스다. 겉보기에는 제대로 된 언론사의 뉴스인 것처럼 보이지만, 사실 이 뉴스는 경기도의 한 고등학교에 재학 중인 고등학생 2명이 장난삼아 가짜 뉴스를 만들어 단체 카카오톡 방에 공유한 것이다(김소정, 2020). 이때는 코로나 팬데믹 초창기로 단 1명의 확진자가 나와도 지역 사회 전체가 긴장할 때였는데, 포털 사이트에서 노출되는 뉴스 화면을 그대로 캡처해 진짜 뉴스인 것처럼 퍼뜨리는 바람에 물의를 일으켰다.

이렇게 두 가지 기사가 다 잘못된 정보를 전달하는 기사들이다. 그런데 왜 첫 번째 기사는 가짜 뉴스가 아니고 두 번째 기사만 가짜 뉴스일까? 가짜 뉴스를 판별하는 데 있어서 중요한 요소 중 하나는 바로 '의도성'이다. 뉴스를 만들 때 어떤 의도를 가지고 잘못된 정보를 만들었는지가 중요하다. 그래서 첫 번째 뉴스는 가짜 뉴스라고 하기는 어렵다. 이런 기사는 오보(誤報)라고 한다. 표준국어대사전에서는 오보를 "어떠한 사건이나 소식을 그릇되게 전하여 알려 줌. 또는 그 사건이나 소식"이라고 정의하고 있는데, 한마디로 보도를 잘못한 것이다. 언론사에서 일부러 잘못된 뉴스를 만들지는 않는다. 마감 시간에 쫓겨서 급하게 기사를 쓰거나, 기자의 전문성이 부족해 확인이 부족했거나, 혹은 단순한 실수로 그런 일이 일어나는 것뿐이지 대한민국 대부분의 언론사는 의도적으로 잘못된 뉴스를 만들지 않는다. 그랬다가는 오히려 신뢰도가 떨어져 더 큰 타격을 받기 때문이다. 어쩌다가 오보를 냈을 경우에도 대부분 기사에 대한 정정 보도나 사과 보도를 하며 바른 사실을 밝히려고 노력한다.

그러나 가짜 뉴스는 그 뉴스를 만드는 사람이 분명한 의도를 가지고 만드는 것이다. 경제적인 이익을 얻기 위해서든, 자신과 경쟁하는 다른 사람을 폄훼하기 위해서든 혹은 위에서 살펴본 것처럼 잠깐의 재미와 장난을 위해서든 분명한 목적을 가지고 의도적으로 만들어 내는 것이 바로 가짜 뉴스이다(황치성, 2018). 이런 이유로 영국의 미디어교육 전문가인 데이비드 버킹엄(David Buckingham) 교수는 가짜 뉴스를 "거짓말을 하거나 기만할 목적으로 조작된, 그리고 신중하게 의도된 뉴스"로 설명하고 있는데, 이 설명이 가짜 뉴스의 핵심을 잘 짚어 주고 있다(황치성, 2018).

그런데 흥미롭게도 해외의 사례와는 달리 우리나라에서 주로 퍼지는 가짜 뉴스 같은 경우 언론사의 뉴스 형식을 갖추고 있는 것보다는 '지라시' 형식으로 유포되는 경우가 많다(금준경, 2020). 즉 카카오톡과 같은 메신저 프로그램 혹은 인터넷 카페나 커뮤니티, 소셜 미디어를 통해 주고받는 소식과 같은 형식으로 가짜 뉴스들이 많이 퍼지는데, 왜 이런 차이가 나타날까? 여기에는 아이러니한 이유가 있다. 사실 사람들을 속이기 위해서는 '신뢰'가 필요하다. 사람들이 믿도록 해야 하기 때문이다. 즉 '공신력'이 있어야 사람들이 믿는 것인데, 외국의 경우 유명 언론의 공신력이 높다. 그래서 가짜 뉴스도 언론사에서 만든 뉴스인 것처럼 제작하는 것이다. 반면 우리나라의 경우 오히려 언론을 불신하는 풍조가 있기 때문에 언론으로 위장할 경우 오히려 잘 믿지 않는 결과가 나타난다. 그래서 의도적으로 언론의 기사 형식이 아닌 지라시의 형식을 많이 사용한다(금준경, 2020).

현재 우리 사회의 상황에서는 잘못된 의도가 없었던 언론사의 오보나, 명확히 잘못된 의도를 가지고 만든 가짜 뉴스나, 뉴스의 형식을 전혀 갖추고 있지 않은 허위 정보나 다 통칭해서 '가짜 뉴스'로 부르는 경향이 있다. 그렇기 때문에 본 장에서 가짜 뉴스와 미디어 리터러시를 공부할 때도, 이를 세세하게 구분하지는 않으려고 한다. 그러나 가짜 뉴스의 본질과 각각의 차이를 기억해야 한다.

사람들은 왜 가짜 뉴스에 속아 넘어갈까?

지난 2018년 시난 아랄(Sinan Aral)과 MIT의 연구진은 굉장히 재미있는 연구를 발표했다. 이들은 진짜 뉴스와 가짜 뉴스의 확산 정도를 비교하기 위해 2006년부터 2017년까지 300만 명의 트위터 사용자가 공유한 12만 6,000개의 뉴스 항목을 조사했는데 가짜 뉴스는 진짜 뉴스보다 리트윗되는 비율이 70%가량 높았고, 1,500명에게 전달되는 속도를 비교한 결과 가짜 뉴스가 진짜 뉴스보다 6배 더 빠르게 확산했다(Vosoughi & Aral, 2020). 이렇게 가짜 뉴스가 엄청난 속도로 퍼진다는 것이 연구를 통해 확인되었는데, 참 의아한 부분이 있다. 왜냐하면 모든 사람이 가짜 뉴스가 문제라는 것을 알기 때문이다. 한국언론진흥재단에서 지난 2021년 12월에 발표한 '2021 언론 수용자 조사'에 의하면 한국 언론 보도와 관련하여 가장 큰 문제라고 생각하는 것은 바로 허위/조작 정보(23.8%, 가짜 뉴스)라고 나타났다(한국언론진흥재단, 2022). 이 통계 조사를 통해 알 수 있듯이 대한민국 국민은 이 가짜 뉴스의 심각성과 폐해를 잘 알고 있다. 그런데도 왜 가짜 뉴스는 여전히 퍼지고 있으며, 또 많은 사람이 믿게 되는 것일까? 필자는 세 가지 이유가 있다고 생각한다.

1) 넘쳐 나는 정보

첫 번째 원인은 오늘날 정보 통신 및 미디어 기술의 발전으로 정보가 너무 많아졌기 때문이다. 최근의 변화된 미디어 환경에서는 기존의 언론사 외에 수많은 뉴스 플랫폼이 등장했다. 거기에 더해 다양한 소셜 미디어를 통해 한 명의 개인도 얼마든지 뉴스를 생산해 낼 수 있게 되었다. 그렇다 보니 과거와는 비교할 수 없을 정도로 수많은 정보와 뉴스들이 쏟아져 나오고 있다.

"홍수가 나면 마실 물이 없다"라는 옛말이 있다. 즉 우리가 접하는 정보가 너무나 많아졌기 때문에 오히려 양질의 정보와 그렇지 않은 정보를 구별하기 어려워진 것이다. 특히 가짜 뉴스가 나와서 사회적으로 화제가 되거나 물의를 일으키면, 전문가와 기관을 통해 검증을 하게 된다. 그런데 뉴스가 워낙 많이 쏟아지다 보니 그 모든 뉴스를 다 검증하기가 어려운 상황이 되어 버린 것이다. 게다가 팩트 체크에는 뉴스를 만들어 내는 것보다 더 오랜 시간이 걸리는 게 일반적이다. 그러다 보니 가짜 뉴스가 다 퍼지고 사람들의 생각 속에 어느 정도 다 파고든 다음에 뒤늦게 팩트체크가 이루어지기도 한다.

2) 휴리스틱(Heuristic)

우리가 가짜 뉴스에 잘 빠지는 두 번째 이유는 바로 휴리스틱 (Heuristic) 때문이다. 휴리스틱이란, 충분한 시간과 정보를 가지고 꼼꼼하게 따져보며 판단하는 것이 아니라 그동안의 경험에 근거하여 반사적으로, 또 직관적으로 판단하고 일을 처리하는 것을 말한다. 대니얼 카너먼(Daniel Kahneman)과 아모스 트버스키(Amos Tversky)는 인간들이 쉽게 빠지는 휴리스틱과 인지적 편향 현상에 주목하여 많은 실험을 했다. 그리고 나중에 카너먼은 이러한 연구의 내용을 정리해서 『생각에 관한 생각』이라는 책을 내는데, 이 책에서 그는 인간이 두 가지 사고 체계를 가지고 있다고 설명한다. 시스템 1은 휴리스틱으로, 직관적이고 신속하게 판단을 내리는 사고 시스템이고, 시스템 2는 논리적이며, 시간이 걸리고 노력이 필요하지만 이성적으로 판단하는 시스템이다(카너먼, 2018).[1] 시스템 1과 2는 작동 원리도 다르고, 무엇보다 용도가 좀 다르다. 예를 들어 2+2가 얼마인지 계산하려면 시스템 1을 사용하지만 256 × 24를 계산하려면 시스템 2를 사용하는 것이다.

그러면 어느 시스템이 더 신뢰할 수 있고 오류가 적을까? 당연히 시스템 2가 더 믿을 만하다. 그런데 문제는 우리는 무의식중에 가급적 복잡한 인지적 작업을 안 하려 하는 성향을 가지고 있다는 것이다. 복잡한 인지적 작업, 즉 시스템 2는 에너지를 많이 쓰기 때문에 휴리스틱인 시스템 1을 훨씬 많이 쓰고, 때로는 시스템 1을 쓰면 안 될 때도 시스템 1을 사용하고는 한다. 우리 뇌의 기본적인 세팅이 이런 식으로 되어 있기 때문에 우리는 쉽게 가짜 뉴스에 빠지게 되는 것이다. 어떤 뉴스를 접하게 되면, 그 뉴스가 사실인지 아닌지 꼼꼼하게 따져보며 받아들이는 것이 아니라 반사적으로 작동하는 뇌의 어림짐작, 이 휴리스틱에 빠져서 '대충 맞겠지' 하면서 그냥 받아들이게 되기 때문이다.

3) 확증편향

우리가 가짜 뉴스에 잘 빠지게 되는 세 번째 이유는 우리 확증편향(確證偏向, Confirmation bias) 때문이다. 위키백과에서는 확증편향을 "원래 가지고 있는 생각이나 신념을 확인하려는 경향성", 그리고 "내가 원하는 바대로 정보를 수용하고 판단"하는 것으로 설명한다. 확증편향은 기본적으로 정보의 처리 과정에서 일어나는 인지편향 현상 중 하나이다. 우리가 어떤 정보를 접했을 때 바른 태도는 어떤 것일까? 그렇다. 그 정보가 사실이면 받아들이고, 사실이 아니면 무시하거나 거부하면 된다. 아주 간단한 문제이다. 그런데 확증편향은 그게 사실인지, 사실이 아닌지로 받아들일지 말지를 판단하는 것이 아니라 평소 자기 생각과 신념에 맞으면 사실로 받아들이고, 맞지 않으면 받아들이지 않는 것이다. 그러니까 아무리 맞는 말이라도 내 신념과 안 맞으면 가짜 뉴스고, 아무리 가짜 뉴스여도 내가 믿는 것과 맞으면 바른 정보가 되는 것이다.

이렇게 우리는 진실을, 그리고 사실을 받아들이기보다는 이미 자신이 믿고 싶은 것, 그리고 받아들이고 싶은 것을 받아들이는 경향이 있다. 자신의 기존의 신념이 일종의 필터 역할을 해서 그걸 통과해야만 받아들이게 되는 것이다. 그리고 이렇게 진실 여부와 상관없이 자신이 받아들이고 싶은 것만 인정하다 보니 자연스럽게 가짜 뉴스에도 잘 빠지게 된다. 그런데 더 놀라운 것이 있다. 이렇게 가짜 뉴스에 속아 잘못된 믿음을 가지고 있는 사람에게 제대로 된 사실을 알려 주면 어떤 일이 일어날까? 확증편향에 빠지지 않은 사람은 자신이 잘못된 믿음을 가지고 있었음을 깨달으면 자신의 생각을 고친다. 그런데 확증편향에 이미 빠져 있는 사람은 그렇게 반응하지 않는다. 심지어 팩트를 제시하면서 그 정보와 믿음이 잘못되었다는 것을 설명해도 받아들이지 않는다. 오히려 팩트가 날조된 것이고, 네가 속고 있는 것이라는 식의 주장을 하고는 한다. 그렇기 때문에 확증편향에 빠지는 것이 참 무서운 것이다.

우리가 지금까지 살펴본 세 가지 이유, 정보의 홍수로 인한 검증의 어려움과 인지 능력의 저하, 휴리스틱, 그리고 지금 살펴본 확증편향 때문에 최첨단 기기들로 각종 정보를 마음껏 찾아볼 수 있는 21세기에 가짜 뉴스들이 기승을 부리고 있다. 그렇다면 이러한 가짜 뉴스들에 대해 우리가 어떻게 대응해야 할까? 우리가 '가짜 뉴스'에 대응하는 방법은 여러 가지가 있겠지만, 크게 다음의 네 가지 방향으로 정리해 볼 수 있다.

가짜 뉴스에 어떻게 대응해야 할까?

1) 국가의 공적 개입

가짜 뉴스에 대응하는 첫 번째 방법은 국가가 공적으로 개입해서 가짜 뉴스를 규제하는 것이다. 즉 관련 법률을 제정해 가짜 뉴스를 생산 및 유포하는 사람을 처벌하는 것과 같은 조치를 통해 범람을 줄이는 것이 가능하다. 예를 들면 프랑스는 지난 2018년 11월에 '정보 조작 대처에 관한 법안'을 제정해 인터넷과 소셜 미디어에서의 정보 왜곡에 대응하고 있고, 독일에서도 지난 2017년 일명 '네트워크 법 집행법'을 제정하여 가짜 뉴스와 혐오 발언에 대응하고 있다(황치성, 2018). 그러나 법안과 강제력을 동원해 가짜 뉴스에 대응하는 일은 그렇게 간단하지 않다. 가짜 뉴스인지 아닌지 분별하기도 쉽지 않고, 무엇보다 민주주의 사회의 가장 중요한 가치인 표현의 자유를 억압하는 여러 부작용이 생길 수 있기 때문이다(구본권, 2019).

2) 지속적인 팩트체크

가짜 뉴스를 찾아내기 위한 적극적인 노력, 즉 팩트체크를 통해 지속적으로 가짜 뉴스를 분별해 내는 것이다. 실제로 이 가짜 뉴스 문제의 심각성을 느낀 많은 언론인이 뜻을 모아 팩트체크를 위한 국제기구를 만들었다. 미국의 저명한 비영리 저널리즘 연구기관인 포인터 연구소(Poynter Institute)에서 운영하는 IFCN(International Fact-Checking Network), 즉 '국제 팩트체킹 네트워크'이다. 이 외에도 미국의 팩트체크 기구(FactCheck.org)나 우리나라의 JTBC 뉴스룸의 팩트체크, 그리고 서울대학교 팩트체크 기구(SNU 팩트체크) 등과 같은 팩트체크 기관들이 있는데 이러한 곳들을 통해 가짜 뉴스를 분별해 내기 위해 적극적으로 노력하고 있다. 그런데 이러한 접근 방법에도 문제가 있다. 우선 적시성의 문제가 계속 따라온다. 위에서 잠시 언급했듯이 팩트체크에는 어느 정도의 시간이 걸리기 때문에 가짜 뉴스가 다 퍼지고 사람들에게 영향을 미친 다음에 팩트 체크가 이루어지는 경우가 많고, 또 정치적 신념이 뚜렷한 사람들은 확증편향에 빠져 있는 경우가 많기 때문에 정정 결과가 별 영향을 미치지 못하는 경우가 많다.

3) 온라인 플랫폼 기업들의 자율적 노력

소셜 미디어나 인터넷 커뮤니티 같은 가짜 뉴스가 주로 유통되는 온라인 플랫폼을 소유하고 있는 기업이 자율적으로 가짜 뉴스를 규제하기 위해 노력하는 것이다. 각 플랫폼에 올라오는 콘텐츠 중 가짜 뉴스로 확인이 될 경우 빠르게 삭제하거나 차단하는 방법을 통해 가짜 뉴스가 확산되는 것을 막을 수 있고, 또 지속적으로 가짜 뉴스를 퍼트리는 유저를 차단하여 가짜 뉴스의 유통을 조절할 수 있다. 그러나 이 역시 한계가 있다. 기본적으로 플랫폼 기업들은 이윤을 추구하는 사기업이기 때문에 이들에게 어느 정도의 공적 책임을 일깨워 줄 수는 있으나 강제적으로 사용자들을 규제하도록 하기는 어렵다. 말 그대로 자율 규제는 어디까지나 자율이기 때문에 한계가 있다.

4) 올바른 '미디어 리터러시' 함양

마지막 네 번째 방법이 중요하다. 네 번째 방법은 미디어를 이용하는 사람들이 바른 '미디어 리터러시'(Media literacy)를 길러 좋은 정보와 가짜 뉴스를 스스로 분별해 낼 수 있게 되는 것이다. '리터러시'(Literacy)라는 용어가 약간 생소하게 느껴질 수 있는데, '리터러시'란 주로 교육학에서 사용해 온 용어로 글을 읽고 쓰는 능력, 즉 문해력을 의미한다. 그러므로 '미디어 리터러시'란 오늘날 다양한 미디어에서 제공되는 정보에 접근하여 이를 이해하고, 사용·평가하며, 또 미디어를 통해 정보를 생산해 낼 수 있는 능력이다(장소원·이수연·김혜영, 2020). 실제로 '인터넷의 아버지'라 불리는 구글의 빈트 서프(Vint Cerf) 부사장은 지난 2018년 한국을 찾았을 때 가짜 뉴스를 기술적인 방법으로 막는 것에는 한계가 있기에 결국 가장 강력한 필터는 우리의 '머리'라고 말했다. 사용자 스스로 가짜 뉴스나 잘못된 정보를 걸러 내야 한다는 것이다. 신문이나 잡지 등에서 다양한 정보를 얻을 때 잘못된 정보를 접할 가능성은 언제나 존재하기 때문에 비판적 사고를 통해 사용자가 판단할 수밖에 없다(유창선, 2018).

특히 미디어 리터러시의 핵심을 이루는 '비판적 사고'가 정말 중요하다. 우리나라에서는 '비판'이라는 말이 '비난'과 비슷한 느낌으로 쓰이기도 하는데, 비판이란 잘못된 점을 지적하고 비난한다기보다는 이성적으로 판단하고 근거에 의해 사고하는 것을 의미한다. 원래 비판적(Critical)이라는 말은 그리스어 '크리네인'(krinein)에서 나온 말로, '정확하게 가른다', '식별하다', '판단하다'라는 뜻이다. 즉 비판적 사고는 "주어진 지식이나 주장을 수동적으로 받아들이는 게 아니라, 스스로 그 지식이나 주장이 참인지 거짓인지, 유용한

지 무용한지를 주의 깊게 따지면서 생각하는 것을 의미"한다(구본권, 2019, 303). 이처럼 비판적 사고력에 기반한 미디어 리터러시 역량을 갖추고 지혜롭게 이 시대와 세상의 뉴스들을 올바르게 분별하는 것이 가짜 뉴스에 가장 잘 대응하는 방법이라 하겠다.

생성형 AI 시대와 미디어 리터러시

그렇다면 챗GPT를 비롯한 다양한 생성형 AI 서비스들이 나오고 있는 이 시대에 미디어 리터러시는 어떤 중요성을 가질까? 우선 미디어 리터러시는 생성형 AI 시대, 모든 사람이 갖추고 있어야 할 기본적인 역량이다. 사실 인류 역사 가운데 미디어가 발전해 온 역사를 되짚어 보면 일종의 공식과도 같은 패턴이 존재한다는 사실을 알 수 있다. 즉 원래 어떤 미디어가 이미 존재하고 있었다. 그러나 이때는 소수의 사람만 이 미디어를 사용한다. 그런데 갑자기 미디어 혁명이 일어나게 되고 모든 사람 즉, 일반 대중까지 그 미디어를 사용할 수 있게 된다. 그러면 그 미디어를 사용할 수 있는 리터러시가 중요해진다. 이게 바로 미디어 혁명과 리터러시의 관계 속에서 나타나는 일정한 패턴이다.

이게 역사 속에서 어떻게 반복되었는지를 살펴보자. 역사상 가장 처음 일어난 미디어 혁명은 바로 인쇄술이다. 그런데 인쇄술이라고 하는 미디어 혁명이 일어나기 전에도 '글'이라는 미디어는 이미 존재했다. 그러나 소수의 사람만 글을 사용했고, 그러한 시대에는 리터러시가 그렇게 중요하게 여겨지지 않았다. 그러다가 인쇄술을 통해 미디어 혁명이 일어나게 되었고, 인쇄술을 통해 일반 대중이 글을 접하는 시대가 되었다. 그랬더니 무슨 일이 일어나는가? 글을 읽고 쓰는 문해력 즉, 리터러시가 중요한 능력으로 떠올랐다.

이후에도 신문과 TV 방송 등 레거시 미디어만 미디어를 생산하고 전달하던 시대에는 미디어 리터러시의 필요성이 대두되지 않았다. 그러나 스마트폰의 등장과 함께 소셜 미디어를 중심으로 뉴 미디어 혁명이 일어났다. 이제는 소셜 미디어와 다양한 형식의 동영상 플랫폼을 통해 누구나 스마트폰 하나로 미디어를 생산해 낼 수 있는 시대가 되었다. 그리고 이렇게 뉴 미디어와 스마트폰을 통해 일반 대중도 미디어를 생산해 낼 수 있는 시대가 되자 미디어 리터러시가 중요해지게 되었다. 앞에서 이야기한 미디어 혁명과 그로 인한 리터러시의 중요성과 그 변화가 반복되고 있는 것이 보이는가?

그리고 최근 챗GPT와 인공지능이 화제가 되고 있는데, 인공지능은 전에도 있었다. 이세돌 9단과 바둑을 두던 알파고를 다들 기억할 것이다. 알파고 말고도 딥 블루, 왓슨 등 여러 인공지능이 있었다. 그러나 극소수의 연구진만 접근할 수 있었고, 대중이 사용하기는 어려웠다. 그런데 챗GPT는 다르다. 유료 버전도 있기는 하지만,

누구나 무료로 이용할 수 있다. 그 외에도 다양한 생성형 AI 서비스들이 대중에게 공개되고 있다. 이렇게 일반 대중도 이용할 수 있는 시대가 되면 무엇이 중요해질까? 무엇이 필요할까? 그렇다. 리터러시가 필요해진다. 이제는 인공지능 리터러시가 중요한 시대가 되고 있다.

물론 "아, 난 모르겠다, 복잡하다, 그냥 살던 대로 살겠다…." 이렇게 반응하는 사람도 있을 수 있다. 그런데 미디어 혁명이 일어날 때 그 미디어를 읽고 쓸 수 있는 리터러시가 없는 사람들에게는 무슨 일이 일어날까? 굉장히 좁고 제한된 세계에 갇혀서 살아갈 수밖에 없다. 오늘날 글을 읽고 쓸 수 없다면 그는 얼마나 좁고 제한된 세계를 살아갈까? 마찬가지다. 이제는 미디어 리터러시와 인공지능 리터러시가 없다면, 매우 좁고 제한된 세계를 살아갈 수밖에 없다.

그런데 지금 인공지능 시대를 이야기하면서 왜 인공지능 리터러시가 아닌 미디어 리터러시를 강조할까? 여기에는 두 가지 이유가 있다. 첫 번째는 우선순위의 문제 때문이다. 사실 이건 아주 상식적인 것이다. 우리에게 문해력이라 일컫는 '리터러시'가 없다면 '미디어 리터러시'를 가질 수 있을까? 아마 어렵다고 본다. 글도 읽고 쓰지 못하는데 미디어를 어떻게 자유롭게 읽고 쓸 수 있겠는가? 즉 리터러시가 미디어 리터러시의 기초이자, 선행과제가 된다.

인공지능 리터러시도 마찬가지이다. 인공지능 리터러시를 갖추려면, 두 가지 선행학습이 이루어져야 한다. 바로 리터러시와 미디어 리터러시이다. 최소한 글을 읽고 쓸 수 있어야 하고, 미디어도 읽고 쓸 수 있어야 한다. 글도 모르고 미디어도 못 다루는데 인공지능을 어떻게 다루겠는가? 그러니 물론 앞으로는 인공지능 리터러시가 필요하겠지만, 우선 미디어 리터러시부터 갖춰야 한다. 이와 같은 우선순위의 문제 때문에 인공지능 시대에 미디어 리터러시를 강조하는 것이다.

두 번째로 생성형 AI와 그것이 야기할 다양하고 심각한 문제 때문에 미디어 리터러시가 중요하다. 사실 챗GPT가 나오기 이전에도 딥페이크와 같은 인공지능 기술을 이용한 가짜 뉴스는 심각한 문제였었다. 지난 2018년 4월에는 미국의 온라인 매체인 버즈피드에 오바마 전 미국 대통령이 "트럼프는 전혀 쓸모없는 인간이야!"(President Trump is a total and complete dipshit!)라고 욕하는 동영상이 올라와 충격을 주기도 했는데, 이 영상은 인공지능 기술을 이용한 가짜였다(황치성, 2018). 그런데 이는 앞으로 다가올 위기 상황의 예고에 불과한 것 같다. 최근 등장한 생성형 AI 서비스들은 간단한 명령어만 입력하면 제법 긴 글들도 잘 써 주고, 심지어 이미지와 동영상까지 만들어 준다. 즉 이제는 정교한 가짜 뉴스를 누구나 쉽게 만들어 낼 수 있게 된 것이다. 이처럼 인공지능 기술을 이용한 가짜 뉴스가 수도 없이 나올 수 있는 상황이기 때문에 비판적 사고력에 기초한 바른 미디어 리터러시 능력이 그 어느 때보다 중요해졌다.

또한 인공지능 자체의 문제 때문에 미디어 리터러시의 중요성이 주목받고 있다. 필자도 챗GPT를 사용해 보니 많은 부분에서 놀랄 정도로 발전했음을 발견할 수 있었다. 그러나 그에 못지않게 치명적인 결함도 있음을 알게 되었다. 바로 PART 1 '챗GPT, 교육적 가능성과 한계'에서 살펴본 할루시네이션(Hallucination) 현상이다. 다시 한번 설명하자면, 이 말은 '환각'이라고도 번역할 수 있는데, 인공지능과 관련하여 이 용어를 사용할 경우 인공지능이 오류가 있는 데이터를 학습해 잘못된 답변을 맞는 말처럼 제시하는 현상을 의미한다(김규섭 외, 2023). 챗GPT는 대화형 챗봇이기 때문에 검색 결과나 출처를 함께 알려 주는 것이 아니라 답만을 정리해서 이야기해 주는데, 틀린 답을 너무나 뻔뻔하게 맞는 답처럼 이야기한다. 이처럼 인공지능의 기술적인 한계 때문에 생길 수 있는 문제 때문에 앞으로 다가올 인공지능 시대에는 어떤 지식이나 정보가 참인지 거짓인지 꼼꼼하게 따져 보는 비판적 사고력이 있어야 한다.

베뢰아 사람들과 같은 태도로

비판적 사고와 이에 기초한 미디어 리터러시는 모든 그리스도인이 가져야 할 가장 성경적인 사고방식이자 삶의 태도라고 할 수 있다. 위에서 살펴봤듯이 비판적 사고란 주어진 지식이나 주장을 수동적으로 받아들이는 것이 아니라 그 지식과 주장이 참인지 거짓인지, 주의 깊게 따져 보는 것을 의미하는데 이러한 모습은 바로 사도행전 17장에 등장하는 베뢰아 사람들의 모습과 너무나 유사하다. 사도행전 17장을 보면 베뢰아 사람들을 다음과 같이 묘사한다.

베뢰아의 유대 사람들은 데살로니가의 유대 사람들보다 더 고상한 사람들이어서, 아주 기꺼이 말씀을 받아들이고, 그것이 사실인지 알아보려고, 날마다 성경을 상고하였다(행 17:11, 새번역)

"그것이 사실인지 알아보려고"라는 표현을 NIV 영어 성경으로 보면 이렇게 번역하고 있다.

Now the Berean Jews were of more noble character than those in Thessalonica, for they received the message with great eagerness and examined the Scriptures every day to see if what Paul said was true.

즉 '그것이 사실인지 알아보려고'가 아니라 '사도 바울이 말한 것이 사실인지 알아보려고'라고 표현하고 있다. 그러니까 이 베뢰아 사람들은 심지어 사도 바울이 한 말인데도 불구하고 그것이 참인지 아닌지 따져 가며 성경을 보았다는 것이다. 사실 진정한 신앙은 덮어놓고 믿는 믿음이라고 하기는 어렵다. 이해를 추구하는 신앙(Fides quaerens intellectum, fides seeking understanding)을 강조했던 안셀무스(Anselmus)처럼 우리의 신앙은 믿음에서 시작하지만, 성경과 하나님을 더 알아 가고 이해하는 것을 통해 성장하게 되는 것이다. 그렇기 때문에 우리가 교회에서 설교를 듣든, 혹은 성경을 공부하든, 그리고 여러 미디어를 통해 뉴스를 접하든 베뢰아 사람들처럼 항상

이게 참인지 거짓인지, 그리고 하나님의 뜻에 맞는지를 깊이 있게 고민하고 따져 봐야 한다. 이 글을 읽는 모든 그리스도의 제자가 깊이 있게 사고하며 비판적으로 성찰하는 바른 신앙의 태도로 살아가기를 바란다. 또한 이 시대의 미디어 메시지들을 바르게 분별하며, 하나님의 뜻을 이 땅 가운데 이루어 나가는 귀한 하나님의 사람이 되기를 소망한다.

1) 대니얼 카너먼, 생각에 관한 생각, (서울: 김영사, 2018), 39.

질문하고 생각하기

- 혹시 가짜 뉴스를 접한 경험이 있나요? 자신이 접한 가짜 뉴스에 대해 이야기해 보고, 그때 어떻게 반응했는지 경험을 나누어 보세요.

- 가짜 뉴스 문제가 심각한 오늘날, 법으로 규제하는 것에 대해 어떻게 생각하나요? 혹시 부작용이 있다면 어떤 부작용이 있을지 생각해 보세요.

- 오늘날 교회 내에도 가짜 뉴스가 많이 퍼지고 있습니다. 교회 내에 가짜 뉴스가 퍼지게 되는 이유와 그것이 어떤 문제를 일으킬 수 있는지 이야기해 보세요.

- 인공지능의 개발과 미디어 리터러시가 어떤 관계에 있는지 함께 이야기해 보세요.

- 챗GPT와 같은 생성형 AI 서비스들이 가짜 뉴스 생산에 어떤 역할을 하는지 이야기해 보고, 이를 어떻게 대응해야 할지 논의해 보세요.

참고문헌

제1부 인공지능이 도대체 뭔가요?
- 챗GPT, 그 교육적 가능성과 한계
단행본 및 논문
김봉섭(2021). 인공지능 기술 시대의 핵심 역량. **인공지능, 디지털 플랫폼 시대 미디어 리터 러시 이해**. 서울: 한울, 2021. 47-83.
박휴용(2021). **포스트휴먼 학습론**. 전주: 전북대학교출판문화원.
변문경, 박찬, 김병석, 전수연, 이지은(2023). **ChatGPT 인공지능 융합교육법**. 서울: 다빈치 books.
빅토르 위고(2005). **파리의 노트르담**. 정기수 역. 서울: 민음사.
신동광, 정혜경, 이용상(2023). 내용중심 영어 교수 학습의 도구로서 ChatGPT의 활용 가 능성 탐색. **영어교과교육**, 22, 171-192.
이시한(2023). **GPT 제너레이션**. 서울: 북모먼트.
이주호, 정제영, 정영식(2021). **AI 교육 혁명**. 서울: 시원북스.
파커 파머(2014). **가르침과 배움의 영성**. 이종태 역. 서울: IVP.
플라톤(2013). **파이드로스 메논**. 천병희 역. 서울: 도서출판 숲.

언론사 인터넷 기사 및 인터넷 사이트
김동원(2023.03.10). 챗GPT 차기 버전 베일 벗는다… GPT-4 곧 발표. THE AI. https://www.newstheai.com/news/articleView.html?idxno=3820에서 2023. 3. 20 인출.
김민준(2023.03.23). 마케팅 없이 1주일간 5만 명이 사용한 '주님AI' 개발기. https://brunch. co.kr/@minjoon/314에서 2023. 3. 30 인출.
김소연(2023.02.21.). 챗GPT 교육 현장서 활용하려면…충남교육청, 자료 보급. 매일경제. https://stock.mk.co.kr/news/view/45226에서 2023. 3. 21 인출.
김은성(2023.03.05.). AI에 죄 고백하고 기도… 가톨릭성인 챗봇 등장. 경향신문. https://m.khan.co.kr/economy/market-trend/article/202303051949001 에서 2023. 3. 28 인출.
박양규(2023.03.07). 교육Talk: 챗GPT, 우리는 어떻게 해야 하는가? 교회교육연구소 유튜브 채널.

    https://youtu.be/xhEMzwkfSoc?t=670.

박예나(2023.02.14). AI법 과방위 법안소위 통과…"우선허용-사후규제". 서울경제.

    https://www.sedaily.com/NewsView/29LQZ6VBI3에서 2023. 3. 30 인출.

박현진(2023.02.12). 인공지능 윤리 교재 발간, 누구나 사용할 수 있도록...과기부-KISDI, 온 라인 설명회 개최. 인공지능 신문.

    https://www.aitimes.kr/news/articleView.html?idxno=27341에서 2023. 3. 22 인.

우병훈(2023.02.11). 챗지피티(ChatGPT) 시대의 목회와 설교. 코람데오닷컴.

    https://www.kscoramdeo.com/news/articleView.html?idxno=24379에서 2023. 3. 20 인출.

이승우(2023.02.07). 참 거짓 모르는 챗GPT… '그럴듯함의 오류' 퍼뜨린다. 한경 IT·과학

    https://www.hankyung.com/it/article/2023020709661에서 2023. 3. 20 인출.

이효석(2021.01.11). 성희롱·혐오논란에 3주만에 멈춘 '이루다'...AI윤리 숙제 남기다. 연합 뉴스.

    https://www.yna.co.kr/view/AKR20210111155153017에서 2023. 3. 30 인출.

허진, 정혜진(2023.03.15). 이미지 인식도 가능...더 강력해진 '챗GPT'. 서울경제.

    https://www.sedaily.com/NewsView/29N1CSS3JH에서 2023. 3. 16. 인출.

Audrey Watters(2015.03.12.). A Brief History of Calculator in the Classroom. Hack

Education, https://hackeducation.com/2015/03/12/calculators에서 2023. 3. 11. 인출.

Selwyn, Neil(2019). Should Robots Replace Teachers?: AI and the Future of Education (Digital Futures). Cambridge, UK: Polity Press.

제2부 인공지능 시대의 기독교교육

- 생성형 AI 시대의 교회교육

김규섭 외(2023). **챗GPT 목사님 안녕하세요**. 서울: 뜰힘.

박상진(2008). **교회교육 현장론**. 서울: 장로회신학대학교출판부.

이숙경(2015). **신앙과 기독교교육**. 서울: 그리심.

이정미(2010). "기독교적 교육과정 개발". 기독교학교교육 연구소. **학교교육에 대한 기독 교 적 이해**. 서울: 교육과학사.

정일웅(2011). **교회교육학**. 서울: 총신대학출판부.

최윤식(2013). **2020-2040 한국 교회 미래지도**. 서울: 생명의말씀사.

한춘기(2014). **교회교육 코칭**. 서울: 대한예수교장로회총회.

현유광(2008). **교회교육 길라잡이**. 서울: 생명의 양식.

Fernando. A(2013). **NIV 적용주석: 사도행전**. 채천석 역. 서울: 솔로몬.

Harper, N. E.(2005). **그리스도의 제자 만드는 기독교교육**. 이승구 역. 서울: 토라.

Harris, M.(1997). **교육목회 커리큘럼**. 고용수 역. 서울: 한국장로교출판사.

Arnold, C. E.(2002). Ephesians. Zondervan Illustrated Bible Backgrounds Commentary. Grand Rapids, MI: Zondervan.

Bass, R. V. & Good, J. W.(2004). Educare and Educere: Is a balance possible in the educational system? [Electronic version]. The Educational Forum, 68, 161-168.

Bruce, F. F.(1984). The epistles to the Colossians, to Philemon, and to the Ephesians. New International Commentary on the New Testament. Grand Rapids, MI: Eerdmans.

Dewey, J.(1938). Experience and education. New York, NY: Touchstone.

Grudem, W.(1994). Systematic theology: An introduction to biblical doctrine. Grand Rapids, MI: Zondervan.

Klein, W.(2006). Ephesians. Expositor's Bible commentary (Vol.12). Grand Rapids, MI: Zondervan.

Lawson, M.(2008). The Church's Role in Teaching. In W. R. Yount (Ed.) The teaching ministry of the church (2nded., pp.124-140). Nashville, TN: B&H Academic.

Mims, G.(2003). The kingdom focused church. Nashville, TN: B&H.

Morris, L.(1995). The introduction to the Gospel of John. New International Commentary on the New Testament. Grand Rapids, MI: Eerdmans.

O'Brien, P. T.(1999). The Letter to the Ephesians. Pillar New Testament Commentary. Grand Rapids, MI: Eerdmans.

Pazmino, R. W.(1997). Foundational issues in Christian education: An introduction in evangelical perspective (2ndEd.). Grand Rapids, MI: Baker Books.

Ravitch, D.(2000). Left back: a century of battles over school reform. New York: A Touchstone Book.

Snodgrass, K.(1996). Ephesians. The NIV application commentary. Grand Rapids, MI: Zondervan.

Wilkins, M. J.(2004). The NIV application commentary: Matthew. Grand Rapids, MI: Zondervan.

Willard, D.(1998). The Divine conspiracy: Rediscovering our hidden life in God. San Francisco: Harper San Francisco.

Yount, W. R.(2008). Jesus, the Master Teacher. In W. R. Yount (Ed.) The teaching ministry of the church (2nded., pp.345-360). Nashville, TN: B&H Academic.

- 기독교세계관교육: 학교교육과 미디어교육까지
김도일 편(2013). **미래시대 미래세대 미래교육**. 서울: 기독한교.
기독교학교연구소 편(2010). **학교교육에 대한 기독교적 이해**. 서울: 교육과학사.
기독교학교연구회(1999). **우리가 꿈꾸는 기독교학교**. 서울: 예영커뮤니케이션.
심재승(2012). **기독교교육선언**. 서울: 교육과학사.
유경상(2013). **하나님, 생각이 뭐예요?**. 서울: CUP.
유승민(2015). "중고등학교에서 예술교과통합을 통한 기독교적 인성수업 개발" 기독교학문 연 구회 교육분과 2015 학술대회 발표집.
이숙경(2005). **기독교교육과 문화이해**. 서울: 그리심.
이숙경(2015a). **신앙과 기독교교육**. 서울: 그리심.
이숙경(2015b). "다음세대 교회교육과 뉴미디어" 기독교학교교육연구소 제10회 학술대회 발 표집.
Buckingham, D.(2004). **미디어 교육**. 기선정, 김아미 역. 서울: jNBook.

De Jong, N.(1985). **진리에 기초를 둔 교육.** 신청기 역. 서울: 생명의 말씀사.

Edlin, R. J.(2004). **기독교교육의 기초.** 기독교학문연구회 교육학분과 역. 서울: 그리심.

Greene, A. E.(2003). **기독교세계관으로 가르치기.** 현은자 외 역. 서울: CUP.

Harper, N.(1995). **현대기독교교육.** 이승구 역. 서울: 엠마오.

Miller, D. L.(1999). **생각은 결과를 낳는다.** 윤명석 역. 서울: 예수전도단.

Webber, R. E.(1990), **기독교 사회운동: 그 본질과 한계.** 박승룡 역. 서울: 라브리.

Wolters, A. M., Goheen, M. W.(2005). **창조 타락 구속.** 양성만 홍병룡 역. 서울 :IVP.

Anthony, M. J.(ed.)(1997). Evangelical Dictionary of Christian Education, Grand Rapids, Michigan: Baker Book House.

- 기독교가족생활교육

단행본 및 논문

박주희 (2012). **현대가족을 위한 가족생활교육의 실제.** 서울: 구상.

송정아 외 (1998). **가족생활교육론.** 서울: 교문사.

정현숙 (2007). **가족생활교육.** 서울: 신정.

한국가족상담연구소 (2011). **가족생활교육.** 서울: 교문사.

Dail, P.W. (1984). Constructing a Philosophy of family life education: Educating the educators. *Family Perspective, 18(4), 145-149*

East, M. (1980). Home economics: Past, present and future. Boston: Allyn & Bacon.

Gangel, K. O., Wilhoit, J. C. (2013). The Christian Educator's Handbook on Family Life Education. Grand Rapids, Mich: Baker Books.

Powell, L. H., Cassidy, D. (2007). Family Life Education: Working with Families across the Life Span, Second Edition. Long Grove, Ill: Waveland Press.

언론사 인터넷 기사 및 인터넷 사이트

Future of Education. https://edu.google.com/future-of-education/

한국가족관계학회 www.kafr.or.kr

NCFR www.ncfr.org

- 기독교다문화교육

단행본 및 논문

권순희 외(2010). **다문화사회와 다문화교육**, 교육과학사.

이주희, **강자의 조건**, 엠아이디. 2014.

전병철, 다문화 사회와 한국 교회. 월드뷰 2016년 8월호.

Au, Wayne. Rethinking Multicultural Education, Teaching for Racial and Cultural
    Justice. A Rethinking Schools Publication. 2009.

언론사 인터넷 기사 및 인터넷 사이트

법무부, 출입국 통계 2022. https://www.moj.go.kr/moj/2411/subview.do

이수정(2020.7.17.). 유럽 속 무슬림, 그들이 사는 세상: 이주와 정착, 사회통합의 과정과 갈
    등, Asian Regional Review Diverse Asia. Vol.3. No.2.(2020).
https://diverseasia.snu.ac.kr/?p=3959

정영민(2016.12.27.). 다문화사회, 미국에서 기독교인으로 산다는 의미. 뉴스엠.
http://www.newsm.com/news/articleView.html?idxno=17078

- 창의력을 회복하는 기독교학교교육

단행본 및 논문

김병기 외(2006). **한국사의 천재들**. 서울: 생각의나무.

로버트 루트번스타인 외(2007). **생각의 탄생**. 서울: 에코의서재.

이광연(2014). **수학 인문으로 수를 읽다**. 서울: 한국문학사.

유진 피터슨(2002). **목회 영성의 흐름**, 주일과 주일 사이. 서울: 좋은씨앗.

정민(2013). **오직 독서뿐**. 서울: 김영사.

제인 벨라(2002). **효과적인 교육은 대화에서 시작된다**. 허진 역. 서울: 베이스캠프미디어.

켄 베인(2005). **미국 최고의 교수들은 어떻게 가르치는가**. 안진환/허형은 역. 서울: 뜨인돌.

켄 로빈슨(2015). **아이의 미래를 바꾸는 학교혁명**. 서울: 21세기북스.

콜린 로즈 외(2002). **21세기를 위한 가속학습**. 서울: 고려대학교출판부.

밥 파이크(2004). **밥 파이크의 창의적 교수법**. 김경섭/유제필 역. 서울: 김영사.

하워드 헨드릭스 (1998). **리더십이 자라는 창의력혁명**. 곽철호 역. 서울: 디모데.

헨리 클라우드(2011). **크리스천을 위한 마음코칭**. 전병철 역. 서울: 생명의말씀사.

앤서니 라빈스(2002) **네 안에 잠든 거인을 깨우라**. 이우성 역. 서울: 씨앗을 뿌리는 사람.

(2008) **무한 능력**. 조진형 역. 서울: 씨앗을 뿌리는 사람.

Sweet, L.(2014). The Well Played Life. Bonita Springs, FL: TydaleMomentum.

언론사 인터넷 기사 및 인터넷 사이트

Google, Future of Education, https://edu.google.com/future-of-education/

제3부 인공지능 시대의 미디어 사역

– 미디어로서의 교회: 미디어 개념을 통해 본 미디어 사역의 의미

강상현(2021). **커뮤니케이션과 사회 변동: 미디어 기술이 과연 세상을 바꾸는가**. 서울: 컬처룩

강진구(2020). **프란시스 쉐퍼의 기독교 변증학에 따른 유튜브의 이해와 활용**. 신앙과 학문, 25(4), 5-29.

김용찬(2023). **포스트매스미디어**. 서울: 컬처룩.

유선영 외 7명(2007). **한국의 미디어 사회문화사**. 서울: 한국언론재단.

이동후(2021). **미디어는 어떻게 인간의 조건이 되었는가**. 서울: 컬처룩.

이수인·최솔(2022). **코로나19 이후 비대면 교회교육 현황 연구: 교회학교 교사들의 인식을 중심으로**. 신학과 실천, 78, 443-468.

임종수(2018). **오토마타 미디어: AI 미디어의 커뮤니케이션 양식을 위한 시론**. 언론과 사회, 26(4), 33-84.

한국기독교사회문제연구원(2020). 2020 **개신교인 미디어 활용실태에 대한 조사** 연구 결과 보고서

한국지능정보사회진흥원(2022). **디지털정보격차 실태조사**

한균태 외 13명(2018). **현대사회와 미디어**. 서울: 커뮤니케이션북스.

Benjamin. W.(1999). The arcade project, translated by Howard Eiland and Kevin McLaughlin. Harvard University Press.

Bolter, J. D., & Grusin, R.(2000). Remediation: Understanding new media. Cambridge: MIT Press.

Katz, E. & Lazarsfeld, P.(1955). Personal influence: the part played by people in the flow fo mass communications. Illinois: The Free Press.

Lasswell, H.(1948). The structure and function of communication in society, in L. Bryson(ed.), The communication of ideas, New York: Harper.

McLuhan, M. & Stern, G.(1967). McLuhan: Hot and Cool. New York: The Dial Press.

Ong, W. J.(1982). Orality and literacy: the technologizing of the word. London: Methuen.

Postman, N.(1985). Amusing ourselves to death: public discourse in the age of show business, New York: Viking.

Schramm, W.(1954). The process and effects of mass communication, University of Illinois press.

Shannon, C. & Weaver, W.(1949). The mathematical theory of communication, University of Illinois press.

Wiener, N.(1948). Cybernetics: Or control and communication in the animal and the machine. MIT Press.

Wilson, R.(1989). Mass media/Mass culture, New York: Random House.

- 기독교와 대중문화: 대중문화 개념을 통해 본 문화 사역의 의미

김지혜(2019). **선량한 차별주의자**. 서울: 창비.

문화체육관광부(2022). **국민여가활동조사보고서**.

문화체육관광부(2023). **2021년 기준 콘텐츠산업조사 보고서**.

박진규(2023). **미디어, 종교로 상상하다**. 서울: 컬처룩.

이유나(2013). **현대 한국 "개신교 문화" 담론의 의미**. 종교와 문화, 제24호, 105-120.

한국콘텐츠진흥원(2021). **디지털전환 시대 콘텐츠 이용 트렌드 연구: 온라인 동영상, 온라인 공연, 메타버스, 오디오 콘텐츠**.

Althusser, L.(1971). Lenin and philosophy and other essays, B. Brewster(trans.), New York: Monthly Review Press.

Arnold, M.(1960). Culture and Anarchy, London: Cambridge University press.

Barthes, R.(1972). Mythologies, A. Lavers(trans.), New York: Farrar, Straus and Giroux.

Gasset, J.(1951). The revolt of the masses, London: Allen & Unwin.

Gramsci, A.(1971). Selections from the prison notebooks. Q. Hoare & G. Smith(eds.), New York: International Publishers Co.

Gunster, S.(2004) Capitalizing on culture: critical theory for cultural studies, Toronto: University of Toronto press.

Hall, S.(1973). "Encoding and decoding in the television discourse," in CCCS selected working papers. Vol. 2 (2007). A. Gray et al(eds.), Abingdon: Routledge.

Hoggart, R.(1957). The uses of literacy: aspects of working class life, London: Chatto and Windus.

Horkheimer, M. & Adorno, T. (1969). Dialectic of Enlightenment, New York: Continuum international publishing group.

Leavis, F.(1930). Mass civilization and minority culture, Cambridge: Minority press.

Riesman, D.(2001). The lonely crowd, revised edition: a study of the changing American character. New Haven: Yale University press.

Tocqueville, A.(1969). Democracy in America, H. Mansfield & D. Winthrop(trans.), Chicago: University of Chicago press.

Williams, R.(1961). The long revolution, Cardigan: Parthian Books.

– 생성형 AI 시대의 가짜 뉴스와 미디어 리터러시

단행본 및 논문

구본권(2019). **뉴스를 보는 눈**. 서울: 풀빛.

금준경(2020). **미디어 리터러시 쫌 아는 10대**. 서울: 풀빛.

대니얼 카너먼(2018). **생각에 관한 생각**. 이창신 역. 서울: 김영사, 2018.

장소원, 이수연, 김혜영(2020). **뉴미디어 시대의 미디어 리터러시**: 어떻게 읽고 어떻게 쓸 것 인가. 서울: 태학사.

최은창(2020). **가짜뉴스의 고고학**. 서울: 동아시아.

카롤리네 쿨라(2020). **도대체 가짜 뉴스가 뭐야?**. 김완균 역. 서울: 비룡소.

케일런 오코너, 제임스 오언 웨더럴(2019). **가짜 뉴스의 시대: 잘못된 믿음은 어떻게 퍼져 나 가는가**. 박경선 역. 서울: 반니.

한국언론진흥재단(2021). **2021 언론 수용자 조사**, 서울: 한국언론진흥재단.

황치성(2018). **세계는 왜 가짜뉴스와 전면전을 선포했는가?**. 서울: Book Star.

Vosoughi S, Roy D, Aral S.(2018), "The Spread of True and False News Online," Science 359, 1148-1149. doi: 10.1126/science.aap9559. PMID: 29590045.

언론사 인터넷 기사 및 인터넷 사이트

고석용(2023.03.22.). 도망가는 트럼프, 경찰에 체포?…美서 난리난 '이 사진' 정체는. 머니 투 데이 https://news.mt.co.kr/mtview.php?no=2023032222195387331에 서 2023. 6. 20 인출.

김소정(2020.01.29.). '수원에 코로나 확진자' 가짜뉴스 작성자는 '고등학생'. 이데일리. https://www.edaily.co.kr/news/read?newsId=03198006625642640& mediaCodeNo=257에서 2022. 10. 20 인출.

유창선(2018.05.15.). 빈트 서프 구글 부사장 "구글도 가짜 뉴스 막기 어려워" 전자신문. https://www.etnews.com/20180515000246에서 2023. 6. 23 인출.

문영중(2021.04.16). 식품 불가리스가 코로나 억제 효과 있다고?. 후생신보. http://www. whosaeng.com/126380에서 2022. 10. 20 인출.

박인영(2017.11.02). 콜린스 사전 올해의 단어는 '가짜뉴스'… 트럼프가 일등공신. 연합뉴스. https://www.yna.co.kr/view/AKR20171102148000009에서 2022. 10. 11 인출.

ACTS 교육연구소를 소개합니다

아신대학교의 ACTS 교육연구소는 교회뿐만 아니라 가정과 학교, 그리고 미디어에서 이루어지는 모든 교육이 하나님의 뜻 위에 바로 세워지는 것을 목표로 기독교교육학자들과 교사들의 뜻과 정성이 함께 모여 설립되었습니다. 이러한 목적을 이루기 위해 본 연구소에서는 연구와 교육 포럼, 그리고 출판 사역을 통해 한국의 기독교교육에 기여하고자 노력해 왔으며, 그 결과로 교회교육은 물론, 기독교학교교육과 미디어 교육에까지 이르는 다양한 스펙트럼의 기독교교육 관련 도서를 출판해 왔습니다.

지난 2021년에는 체계적인 교사교육 프로그램의 부재로 어려워하고 있는 한국 교회와 교회학교의 교사들을 위해 온라인 교육 플랫폼을 이용한 3년(6학기) 과정의 '아신(ACTS) 온라인 교사대학'을 시작했습니다. 기독교교육, 성경신학, 조직신학, 상담 등 각 전공에서 오랜 연구와 사역의 경험을 가진 아신대학교의 교수들과 이재훈 목사(온누리교회), 김형국 목사(나들목교회), 강준민 목사(새생명비전교회), 강영안 교수(미국 칼빈 신학교) 등 한국 교회를 이끌어 가는 최고의 강사들에게 직접 배우는 수준 높은 강의는 수강생 모두의 높은 만족도 속에 진행되고 있습니다.

또한 ACTS 교육연구소는 미디어 교육과 사역의 발전을 위해 다양한 연구와 콘텐츠를 개발하고 있습니다. 매년 아신(ACTS) 미디어 콘텐츠 공모전을 개최하여 교회학교 사역자와 대안학교의 교사 및 중·고등학생들에게 미디어 콘텐츠 발표 기회를 제공하고 있으며, 2023년에는 기독교학교와 대안학교는 물론 교회학교에서 사용할 수 있는 성경적 세계관에 기초한 '미디어 리터러시' 교재를 제작하려 합니다.

기도와 후원으로 ACTS 교육연구소의 사역에 누구나 참여하실 수 있습니다. 이 귀한 교육 사역을 위해 함께 기도해 주시고, 물질로 후원해 주시길 부탁드립니다. 후원해 주신 물질은 기독교교육의 발전을 위한 깊이 있는 연구와 다양한 콘텐츠 개발, 나아가 기독교교사 및 학생을 세우는 프로그램을 위해 귀하게 사용됩니다.

문의: 교육연구소 031-770-7787(edu@acts.ac.kr)

교사대학 031-770-7889

교육연구소 홈페이지: http://www.actsedu.co.kr

AI 시대의
교육목회와 미디어

초판 1쇄 발행일 2023년 8월 24일

지은이 유지윤, 이수인, 이숙경, 전병철

발행인 김은호
편집인 주경훈
책임 편집 김나예
편집 박선규 권수민 이민경
디자인 박정호 디엔에이디자인

발행처 도서출판 꿈미
등록 제2014-000035호(2014년 7월 18일)
주소 서울시 강동구 양재대로81길 39, 202호
전화 070-4352-4143, 02-6413-4896
팩스 02-470-1397
홈페이지 http://www.coommi.org
쇼핑몰 http://www.coommimall.com
메일 book@coommimall.com
인스타그램 @coommi_books

ISBN 979-11-983177-9-7 03230

도서출판 꿈미는 가정과 교회가 연합하여 다음 세대를 일으키는 대안적 크리스천 교육기관인 사단법인 꿈이 있는 미래의 사역을 돕기 위해 월간지와 교재, 각종 도서를 출간합니다.